“互联网 + 教育”新形态教材

新能源汽车技[illegible]

主　编　龙　磊　李　涛

副主编　李丽君　王国琪　李昊臻

　　　　张　勇　孙浩浩　周金辉

湘潭大學出版社

XIANGTAN UNIVERSITY PRESS

前言

汽车的发明与发展，为人类社会发展做出了巨大的贡献，同时也带来了急需解决的能源紧缺与环境污染问题。发展新型能源汽车是解决石油危机的有效途径之一。

为了维护地球能源安全，改善大气污染状况，提高汽车工业的竞争力，我国对新能源汽车的研发和推广高度重视，已将增强新能源汽车领域的技术创新力、实现汽车工业跨越式发展列入国家发展战略。《新能源汽车产业发展规划（2021—2035 年）》指出，发展新能源汽车是我国从汽车大国迈向汽车强国的必由之路，是应对气候变化、推动绿色发展的战略举措。我国将深入实施发展新能源汽车国家战略，以融合创新为重点，突破关键核心技术，提升产业基础能力，构建新型产业生态，完善基础设施体系，优化产业发展环境，推动我国新能源汽车产业高质量可持续发展，加快建设汽车强国。

新能源汽车的最大特点是能源新、技术新或装置新，从而达到节能、环保、无污染或低污染的目的，什么是新能源？什么样的汽车才算是新能源汽车？它又有哪些汽车类型？我国的新能源发展的现状如何？带着这些小问题我们一起进入本教材进行学习吧。

本书配有大量的结构原理图片和实物照片，并用不同颜色突出图片中的重点内容。这些图片精美清晰，能生动地展示相关技术原理、设备结构等，为学生营造一个直观的认知环境。

本书依据国务院印发的《国家职业教育改革实施方案》的相关要求，结合职业教育教学标准编写而成。本书可作为职业学校新能源汽车技术专业及汽车相关专业的教材，也可供新能源汽车维修人员学习参考。

由于编者水平有限，书中存在的疏漏与不妥之处，敬请广大读者批评指正。

编者

2022.2

目录

第一章　新能源汽车概况

章节概述

本项目主要介绍新能源汽车的基本概念，主要包含新能源汽车的定义和类型，了解国内外的新能源汽车发展现状，尤其是我国的发展状况，特别描绘了我国新能源汽车的未来发展方向。通过本章的学习，应对新能源汽车有初步的认识，并能够熟悉我国新能源汽车的发展历程，为后续的专业知识的学习做好铺垫，为新能源汽车相关专业的岗位工作打下基础。

学习目标

1. 掌握新能源汽车的定义和类型。
2. 理解新能源汽车的概念。
3. 了解国内外新能源汽车的发展状况及面临的问题。

第一节　新能源汽车的发展概况

进入 21 世纪，能源问题已成为制约社会和经济发展的瓶颈，寻找新型能源和可替代能源成为人类社会可持续发展的必经之路。据国内外权威专家预计，在今后 20 ~ 30 年内，世界汽车保有量将会急剧增长。环境保护的迫切性和石油储量日见短缺的压力，迫使人们重新考虑未来汽车的动力问题。近几十年来，世界各国政府和学术界以及工业界一直致力于研究开发和推广使用电动汽车，以解决日益严重的能源紧缺和空气污染等问题。

一、国外新能源汽车技术发展及政策导向

美国、日本和欧洲等发达国家和地区对新能源汽车技术高度重视，并大力推行新能源汽车产业发展优惠政策，为技术研发、税收、补贴等方面提供支持，积极促进各自新能源汽车产业的发展。

（一）美国

美国政府对新能源汽车的生产、销售以及相关基础配套设施都制定了大幅度税收减免政策。首先，通过《能源独立和安全法案》对制造新能源汽车的企业和制造新能源汽车相关零部件的企业给予了税收减免和向银行贷款的政策支持。其次，为了激励汽车企业生产代替传统燃料的新能源燃料，美国政府还对这些专门生产代用燃料的企业实行税收减免政策，根据这些企业的生产规模制定减免幅度。

对于基础设施建设，《美国国家能源政策法案》中规定，凡是代用传统燃料的基础设施建设，统一实行税收优惠政策，如规模比较大的加气站可以给予最多 3 000 美元的减税，如果比较小型的加气站，则最多能给予 1 000 美元的减税。

此外，为了鼓励消费者购买新能源汽车，政府还提供高额税收减免，规定凡是购买通用汽车、福特及日系符合条件的混合动力车，还可以获得 250 ~ 2 600 美元的税款抵免优惠。

1991 年，美国通用汽车公司、福特汽车公司和克莱斯勒汽车公司共同协议，成立了“先进电池联合体”（USABC），共同研究开发新一代电动汽车所需要的高能电池，并且与美国能源部签订协议，在 1991—1995 年间投资 2.26 亿美元来资助电动汽车高能电池研究。20 世纪 90 年代中期，美国政府曾制定了发展电动车的“新一代汽车伙伴（PNGV）计划”，集中研究电池驱动的纯电动汽车。但鉴于当时蓄电池技术还未能获得关键性突破，纯电动汽车一次充电后的续驶里程短，充电时间长，降低电池造价

困难，在技术上也难以解决处理废旧电池二次污染、回收困难的问题，而且电池价格昂贵，故而商业化进展缓慢。美国加州在环保及环保车辆问题上经过 13 年的探索实践，表示不再积极鼓励发展纯电动汽车，而转向了燃料电池。EV1、Chrysler EPIC 等相继停产，通用公司也曾经宣布不再继续加大对纯电动汽车研究的投入，而只是对已经在路上使用的电动汽车进行维护。不过美国国家实验室还在继续进行纯电动汽车先进驱动系统、先进电池及其管理系统等的深入研究。2002 年，美国能源部批准经费 1 500 万美元，用于“工业研究、开发和演示使用电池的电动汽车”的费用共担项目，包括使用效率和动力储存、供电质量等。小型、低速、特种用途的纯电动汽车得到不断发展。

近年来，美国政府加大对插电式混合动力汽车的研发投入和推广。2007 年 11 月，美国能源部增加 2 000 万美元投入加强对插电式混合动力汽车的研发。《2008 年紧急经济稳定法案》规定从 2009 年 1 月 1 日起，购买插电式混合动力汽车的消费者将获得 2 500 ~ 7 500 美元的税收抵扣额度。2009 年，奥巴马政府将插电式混合动力汽车看成刺激美国经济和拯救汽车业的一张王牌，短期内出台了多项措施：投入 140 亿美元支持动力电池、关键零部件的研发和生产，支持充电基础设施建设、消费者购车补贴和政府采购。奥巴马在 2009 年 4 月表示,联邦政府将购买由美国三大汽车厂商制造的 1.76 万辆节能与新能源汽车。2010 年，美国首次将新能源汽车提到国家战略层面，明确提出 2015 年美国要有 100 万辆插电式混合动力汽车。同时美国联邦政府计划到 2012 年联邦政府购车中一半是充电式混合动力汽车或纯电动汽车，从 2015 年开始联邦政府仅采购纯电动、混合动力或其他新能源汽车作为政府用车。

随后以特斯拉汽车为引领的美国新能源汽车开始了强势增长，2016 年，美国新能源汽车累计销量接近 16 万台，与 2015 年相比同比增长了 37%。到 2019 年美国新能源汽车销量保持在近 40 万辆，其中特斯拉 Model3 以突破 30 万辆的销量傲视群雄，在 12 月它还创下新的销售纪录 5 万多辆，是 2018 年同期的两倍。

（二）日本

在日本，混合动力汽车已经进入普及阶段，据日本经济产业省统计，2013 年，混合动力汽车的销量已经达到了 100 万辆，2015 年，日本的混合动力汽车销量达到 150 万辆。日本政府在推广新能源汽车时支持力度大而且收效很大，其规划到 2030 年新能源汽车市场占有率达到 50% ~ 70%。

推广和普及燃料电池汽车是日本经济成长战略的组成部分，为了支持和扶持新能源汽车的发展，日本政府对购买使用新能源汽车的消费者给予补贴。对售价在 380 万 ~ 440 万日元的电动汽车给予清洁能源汽车补贴，每辆汽车最高补贴 85 万日元。

20 世纪 70 年代，日本开始开发纯电动车，许多汽车企业都陆续进行了一些产品发布与销售运行，但坚持下来进行研发和销售的只有大发和铃木两家。20 世纪 90 年代之后，由于环境污染等问题，一些大汽车企业重新开始研发第二代纯电动车。然而由于技术与价格等方面的原因，在新能源汽车研发战略中，更多的日本汽车企业选择了混合动力汽车作为重点发展方向，坚持纯电动汽车蓄电池技术研发的重任落在三菱重工、富士重工等动力装备类企业的身上。纯电动汽车的产品开发向小型化发展，单人和双人车型成为主力车型，车辆技术、零部件技术、充电设施技术都已相对成熟。

2002 年，日本政府联合各大汽车厂商、能源企业，推出了《日本氢能和燃料电池实证示范工程（JHFC）》。示范工程包括两部分：一部分为燃料电池汽车示范运行，8 个汽车厂用所制造的燃料电池轿车和公交车进行道路试验，通过试验测得车辆运行的各种状态参数，再对车辆的性能进行分析评价。另一部分为氢燃料供给设施示范，在东京建立 9 个加氢站，每个加氢站都采用不同的技术，如汽油重整、石脑油重整、甲醇重整、碱液电解、高压氢存储、液态氢存储等，为氢供给设施的推广应用提供了经验和数据。

从 2009 年 4 月，日本实施了《绿色税制》，它的适用对象包括纯电动汽车、混合动力汽车、清洁柴油车、天然气汽车及获得认定的低排放且燃油消耗量低的车辆。前三类车被定义为“新一代汽车”，购买这类车可享受免除多种税收的优惠。

2010 年 4 月，日本经济产业省发布的《新一代汽车战略 2010》对日本汽车新能源产业发展进行了规划。该战略计划的主要内容如下：① 积极推动新一代汽车发展，力争 2030 年普及率达 50% ~ 70%。具体目标为：到 2020 年新一代汽车新车销量占新车总销量的 20% ~ 50%；到 2030 年新一代汽车普及率达到 50%~70%。② 继续推动传统汽车的节能，具体措施包括制定 2020 年的车辆油耗基准值，对采用节能技术的汽车给予减税补贴等政策支持，推广低油耗驾驶方式以及完善城市交通管理体系等。③ 促进汽车能源的多样化发展，具体包括推进生物燃料使用及相关基础设施的配套建设，推进清洁柴油车、柴油混合动力汽车和燃料电池汽车的普及等。

2016 年，在日本市场混合动力汽车已经优先普及，由于不需要建设配套基础设施，其销量已经远超电动汽车和插电混合动力汽车。据统计，2016 年第一季度电动汽车、插电混合动力汽车的市场销量仅占混合动力汽车销量的 3.3%。另外，处于市场投放期的 FCV 则表现出了强大的市场潜力，第一季度燃料电池车的销量为 170 辆，占电动汽车、插电式混合动力汽车的市场销量的 2.3%，加氢站等配套基础设施建设也在逐步推进。

2018 年，日本政府再次施加压力，2020 年在所有销售的新车中，新能源汽车占比接近 80%，到 2050 年将只销售电动汽车，以减少乘用车 90% 的温室气体排放。可以预计，日本依托其在电动汽车领域的技术优势，再加上日本政府不断推出的产业扶持政策，未来日本电动汽车行业发展前景广阔，将会处于世界领先地位。

（三）欧洲

欧洲将发放 70 亿欧元贷款支持制造商生产清洁与节能汽车，德国政府提出 2020 年普及 100 万辆电动汽车的目标。英国颁布未来五年的电动汽车计划，购买电动汽车奖励 2 000 ~ 5 000 英镑。相对于美国和日本，欧洲更加侧重于温室气体减排战略。满足日益严格的二氧化碳排放限制要求已经成为欧洲对新能源汽车发展的主要驱动力。

欧洲的新能源汽车发展在早期主要以生物质燃料、天然气，以及氢燃料为主，21 世纪初曾提出到 2020 年 23% 的石油替代目标。近期，欧洲则对电动汽车给予高度关注。例如，德国 2009 年下半年发布电动汽车计划，高度重视纯电动汽车的发展，以纯电动汽车为重点，分别提出了 2012 年、2016 年、2020 年的产业化和市场化目标。

与美国相比,欧洲更崇尚追求完美零污染的纯电动汽车。成立于 1990 年的欧洲“城市电动车”协会在欧共体组织内至今已有 60 座城市参与，它帮助各城市进行电动汽车可行性的研究和安装必要的设备，并指导城市的电动汽车运营。其中，最为成功和著名的就是电动标致 106 车型，这种以镍镉电池为动力的电动汽车已经在欧洲各国，尤其是在政府部门当中拥有大量的用户。这与法国政府给予纯电动汽车高度重视和支持，出台了许多鼓励研发和生产产业化的优惠、支持、补贴和扶持政策密切相关。法国政府、法国电力公司、标致 - 雪铁龙汽车公司和雷诺汽车公司签署协议，共同承担开发和推广电动汽车，共同合资组建了电动汽车的电池公司——萨夫特（SAFT）公司承担电动汽车的高能电池的研究和开发，以及电池的租赁和维修等工作。但它终究还是没有能成功地解决一次充电后的续驶里程短的问题，因此也没有进行更大规模的扩张，而是更多地转向清洁柴油车的产业化。目前,还有一些机构在继续做纯电动汽车的研究开发，例如，体现法国政府意向的法国重要的国营企业——法国电力公司，它与达索集团签订了纯电动汽车的合作开发项目。

二、我国新能源汽车发展情况

我国发展新能源汽车是应对节能减排的重大挑战需要，同时也是汽车产业式发展和提升国际竞争力的需要。欧、美、日这些国家都把新能源汽车作为战略制高点来考虑，国家投入力量加强产业的发展。我国传统汽车领域和国外相比还比较落后，但在新能源汽车方面，我们和发达国家是站在同一起跑线上的，说法较多的是“弯道超车”，我们有机会在新能源汽车领域与西方发达国家在一个相同的层面上创新。我国汽车工业以纯电驱动作为技术转型的主要战略方向，重点突破电池、电机和电控技术。推进纯电动汽车、插电式混合动力汽车产业化，实现汽车工业跨越式发展。近期以混合动力汽车为重点，大力推广普及节能汽车，逐步提高我国汽车燃油经济性水平。

近几年，我国陆续出台了节能与新能源汽车示范推广以及私人消费补贴的相关政策，并在不断扩大试点的范围。在政策的支持下，我国新能源汽车消费市场开始启动，电动汽车基础设施建设也得到了初步发展，部分城市已经形成新能源汽车网络雏形。随着 2009 年“十城千辆”工程的实施、电动汽车能源供给基础设施的潜在机会开始受到重视，国家电网公司、南方电网公司、普天海油公司等能源企业，围绕国家新能源汽车发展战略，强势介入充电基础设施建设，各示范城市和社会各界也积极响应。

（一）我国新能源汽车发展计划

在 21 世纪初，科技部就将新能源汽车的研发和产业化作为国家高新技术研究发展计划（863 项目计划）的重点项目，至今已经连续执行了三个项目计划周期。

1. 电动汽车重大科技专项

该专项选择新一代电动汽车技术作为我国汽车科技创新的主攻方向，计划在“十五”期间，以电动汽车的产业化技术平台为工作重点，力争在电动汽车关键单元技术、系统集成技术及整车技术上取得重大突破，促进符合现代企业制度和市场经济发展要求的研发体系和机制的形成。

该专项的任务是建立燃料电池汽车产品技术平台。实现混合动力电动汽车的批量生产，开发的产品通过国家汽车产品型式认证；推动纯电动汽车在特定区域的商业化运作。同时完善国家电动汽车示范区和相关电动汽车检测基地的建设；研究、制定促进电动汽车产业化的政策、法规和相关标准，完善相关基础设施的建设；支持北京绿色奥运车辆的研发和应用示范，为我国在 5~10 年内实现电动汽车的产业化奠定技术基础。该专项强调建立符合整车开发规律的严密的整车开发程序，提出以整车开发为主导，关键零部件和相关材料紧密结合、基础设施协调发展，政策法规、技术标准与评估技术同步展开的基本方针，保证电动汽车重大专项产品化和产业化目标的实现。

2. 节能与新能源汽车

该项目的任务是推进燃料电池汽车研发和示范运行。实现混合动力汽车规模产业化，拓展纯电动汽车的应用范围，进一步扩大代用燃料汽车的推广应用；促进节能与新能源汽车产业政策、法规和相关标准的研究与制定；完善相关检测评价能力，形成知识产权保护和投资融资服务体系，构建节能与新能源汽车公共服务平台，建立我国节能与新能源汽车产业联盟；把握交通能源动力系统转型的重大机遇，建立以企业为主体的产学研结合的自主研发创新体系，实现产业化技术的跨越发展，为我国汽车工业可持续发展奠定坚实的基础。

该项目的总体布局是建立以燃料电池汽车、混合动力汽车和纯电动汽车动力系统技术平台为“三纵”，以燃料电池和动力蓄电池技术、电驱动系统技术及共性基础技术为“三横”的电动汽车“三纵三横”的研发布局。

3. 电动汽车关键技术与系统集成

该项目总体目标是加强电动汽车产业化关键技术突破，强化示范考核和产业化研发，建立以企业为主体的产学研相结合的技术创新体系，支撑和引领我国汽车工业技术进步和跨越式发展。

该项目主要研究内容是开展系列化混合动力汽车产品的产业化技术研发。重点突破产品性价比的瓶颈，形成市场竞争力；开发系列化纯电驱动汽车及其能源供给系统，并探索电动汽车技术与商业运营模式的集成创新；发展以燃料电池汽车为代表的高端前沿技术，建立下一代纯电驱动动力系统技术平台，研制下一代纯电动汽车并进行考核示范。

（二）我国新能源汽车产业相关政策

日益严重的环境污染及能源短缺问题使得新能源汽车推广迫在眉睫，摆在政府和企业面前的推广任务十分艰巨。

对于新能源汽车这样的产业来说，相关政策的影响作用是不言而喻的。近年来，国家在新能源汽车行业发展方面出台了较多扶持政策。2012 年 3 月，科技部发布《电动汽车科技发展“十二五”专项规划》，确立了纯电驱动技术转型战略，着力推进关键零部件技术、整车集成技术和公共平台技术的攻关与完善、深化与升级。随后不久，国务院发布《节能与新能源汽车产业发展规划（2012—2020 年）》，称将以纯电驱动为新能源汽车发展和汽车工业转型的主要战略趋向，当前重点推进纯电动汽车和插电式混合动力汽车产业化。此前几年间，有关部门还先后推动了“十城千辆”节能与新能源汽车示范推广应用的工程，《私人购买新能源汽车试点财政补助资金管理暂行办法》《关于加快培育和发展战略性新兴产业的决定》等政策的施行。2015 年，国家又颁布了几项新能源政策，其中：财政部发布了《关于节约能源使用新能源车船车船税优惠政策的通知》，要求对节约能源车船减半征收车船税，对使用新能源车船，免征车船税。财政部正式发布《关于完善城市公交车成品油价格补助政策加快新能源汽车推广应用的通知》。通知规定，从 2015 年起，对城市公交车成品油价格补助政策进行调整，中央财政对完成新能源公交车推广目标的地区给予新能源公交车运营补助，新能源公交车最高可以补助 8 万元 / 年。国务院发布《中国制造 2025》，文件要求继续支持电动汽车、燃料电池汽车发展，掌握汽车低碳化、信息化、智能化核心技术，提升动力电池、驱动电机、高效内燃机、先进变速器、轻量化材料、智能控制等核心技术的工程化和产业化能力，形成从关键零部件到整车的完整工业体系和创新体系，推动自主品牌节能与新能源汽车同国际先进水平接轨。财政部、科技部、发改委和工信部在 2015 年 4 月 22 日联合发布了《关于 2016—2020 年新能源汽车推广应用财政支持政策的通知》，公布了 2016—2020 年的新能源汽车推广应用补助政策。这一系列举措所形成的合力，保持了较高的政策热度，从战略、技术、推广等多个层面推动产业成长，对车企的行动也有着重要的指引作用。

三、我国新能源汽车产业发展近况

（一）国内主要新能源汽车企业

1. 一汽集团新能源汽车

2017 年 11 月，中国第一汽车集团公司完成集团公司制改制，更名为中国第一汽车集团有限公司，简称中国一汽。2018 年 1 月，中国一汽发布新红旗品牌战略，要把新红旗打造成为“中国第一、世界著名”的“新高尚品牌”；2018 年 12 月，正式发布《中国一汽 2025 战略愿景规划》，到 2025 年基本完成世界一流移动出行服务公司建设的主体工程，实现再创一个中国一汽的目标。在“十一五”期间，一汽集团开发出解放牌全混合动力城市公交客车，比传统客车节油 38%、排放达到欧 IV 标准。同时，一汽集团还将混合动力技术运用到卡车上。商用车的油耗和排放远大于轿车，混合动力商用车的开发对节能和减排的意义重大。一汽集团生产的我国首批 50 辆气电混合动力公交车已经投入运营，按每天每台车运行 200 km 计算，平均每台车每年能减少排放二氧化碳 54 t。

一汽集团还开发了奔腾 B70 和 B50 全混合动力汽车，如图 1.1 和 1.2 所示，它们采用双电机全混合结构，具备混合动力汽车的所有功能（纯电动、发动机单独驱动、联合驱动、制动能量回收等），节油达到 42%，排放优于国三标准。奔腾 B50 混合动力汽车还具备插电式可外接充电功能，40 km/h 等速工况下纯电动续驶里程达到 60 km。

图 1.1 奔腾 B70HEV

图 1.2 奔腾 B50 PHEV

一汽集团还研发了 E-wing 与 E-coo 两款纯电动仿生概念车，如图 1.3 所示。E-wing 具有家用充电和快速充电两种充电模式，采用了单体自适应电量平衡技术。红旗品牌已上市首款品牌电动车 E-HS3 如图 1.4 所示，E-HS3 采用三元锂离子电芯，通过 16 项严苛的安全性考验，防尘防水等级到达 1P67, 车辆最大扭矩 680 N·m，电耗为 16 kW·h/100 km，续航里程最高达 400 km，支持双向充放电功能，同时，该车还可以实现 15 min 闪速快充功能。

图 1.3 E-wing

图 1.4 E-HS3

2. 北汽福田汽车

福田汽车公司是国内开发新能源汽车种类较多的汽车公司，其车型涉及插电式混合动力 MPV、纯电动 MPV、混合动力大客车、燃料电池大客车、CNG/LPG 大客车、纯电动大客车、纯电动轻型环卫车，以及混合动力轻型卡车。自 2009 年开始销售以来，福田汽车公司总计销售新能源汽车超过 3 000 辆。福田汽车公司未来将致力于将电动汽车技术运用于商用车、乘用车系列产品。福田汽车公司开发的新能源汽车预计将达到五大类十多种车型。

2008 年 12 月，以福田汽车公司为中心的北京新能源汽车设计制造产业基地正式成立，科技部和北京市政府联合授予福田汽车公司北京新能源汽车设计制造产业基地。北京新能源汽车产业联盟的办公机构也位于福田汽车公司，该联盟整合了北京乃至全国新能源汽车领域的优势资源，包括整车企业、零部件企业、科研院所，以及终端用户等。该联盟由北汽控股、北京公交集团、北京理工大学等单位共同发起，目前已有精进电动科技、中信国安盟固利、ZF 传动等几十家企业，以及清华大学、中科院、运载火箭技术研究院等多家高校、科研院所加入了联盟。

为了实现打造高科技、现代型、世界级汽车品牌的目标，福田汽车正加快推动“五个转型”建设：一是商用车从低端到高端转型；二是从商用类向乘用类转型；三是业务从国内向海外转型；四是从制造业向服务业转型；五是黄金价值链延伸。在福田汽车的全面转型中，科技创新为其重要的一环。通过技术规划与开发能力建设，平台模块化战略导入，工程质量、全球研发布局能力等方面的提升，全力打造“高科技、创新型、世界级”的产品创造中心。

2016 年 9 月 4 日至 5 日，G20 峰会期间，福田欧辉 80 台“智蓝 BJ6127 混合动力客车”（见图 1.5）作为官方唯一指定的摆渡用车，为与会的各国政要和官方媒体提供“绿色出行”的品质服务保障。智蓝 N6127 一次充电即可续驶 90 km，且每千米耗电低至 1 度，运营成本较传统柴油车省 70%。从此福田汽车开始了福田智蓝新能源之路，图 1.6 所示为拓陆者智蓝汽车。同时，基于各方在电堆、动力系统、整车集成等方面的技术优势与产业积累，联合研发面向 2022 年北京 – 张家口冬奥会的氢燃料电池客车。

图 1.5　智蓝 BJ6127 混合动力客车

图 1.6　拓陆者智蓝

3. 北汽集团新能源汽车

北汽新能源汽车是北汽集团下一个子品牌，北汽新能源是一家绿色智慧出行一体化解决方案提供商。致力于为用户创造电动化、智能化、个性化的驾乘体验，构建汽车与能源，互联网，AI 人工智能产业融合发展的新生态、新格局，打造面向未来的绿色智能科技服务平台。自 2009 年成立以来，北汽新能源以电动化为突破口，以科技创新为核心，以全新的造车理念走出了一条全新的发展道路。北汽新能源布局“六国八地”的全球研发中心，掌握了三电核心技术，构建了全新平台，具备了开发新能源整车体系化的能力，并以“达尔文系统”技术品牌的发布为标志，全面进入整车人工智能时代。

2018 年 3 月北汽新能源牵头建设了国家新能源汽车技术创新中心，集中优势资源，开展深层次的合作融合，联合共建新能源汽车技术创新高地；以“擎天柱计划”对接能源与电力行业，进入能源管理与服务领域，实现新能源汽车与可再生能源的融合发展；以“轻享出行”科技服务平台为抓手，积极响应共享经济的浪潮，通过服务转型打造出行业务的高效未来。北汽新能源目前拥有中国北京、美国硅谷、德国亚琛、德国德累斯顿、美国底特律、西班牙巴塞罗那等六大研发中心，涵盖电驱动总成系统、互联网和智能化、增程式电动汽车动力系统、轻量化多材料整车，以及高性能运动车型的设计和研发等多个领域。

北汽新能源拥有全球最完整的产品矩阵，覆盖家用轿车、SUV、商用车 A00 级轿车等方面，产品的续航能力也在不断提升：从 EC220 到 EU7、再到 EX5，北汽新能源汽车续航里程实现了 200 km → 300 km → 400 km → 500 km 的飞跃，完成了“2345”战略规划。系列产品 EU7、EX5（分别见图 1.7 和图 1.8）上市以来更是持续热销，产品在动力方面，搭载的电动机是 160 kW 大功率电动机，峰值扭矩为 300 N · m，最高车速为 160 km/h。新车采用三元锂离子电池组，电池容量为 61.8 kW · h。北汽新能源第三代先进电控管理技术 EMD3.0 智能电控系统，体积更小，质量更轻，布局更安全合理，续航里程超过 500 km。

图 1.7 EU7

图 1.8 EX5

北汽新能源关注相关基础设施的建立，着手充电桩和换电站的布局。截至 2016 年 9 月末，其建设私人充电桩全国累计已达 16 774 个，并计划完成 30~50 个换电站的布局，形成“充电、换电”的兼容模式。2016 年是北汽集团“十三五”战略的开局之年，北汽集团明确了“差异化、电动化、智能化、网联化、国际化和服务化”的战略转型路径，吹响了“向服务制造型和创新型企业转型”的冲锋号角。目前，北汽已经与新能源发展较领先的一些国际企业在整车制造领域、电池领域、控制系统，以及研发和轻量化方面，都在进行深度合作。未来，这种合作也将不断加深，实现北汽新能源“走向世界”的目标。

4. 上汽集团新能源汽车

上汽集团主要业务包括整车研发、生产和销售，正推进新能源汽车、互联网汽车的商业化，并开展智能驾驶等技术研究和产业化探索。2018 年上汽集团全年销售整车 705.17 万辆，同比增长 1.75%，成为中国首家年销量突破 700 万辆大关的汽车集团。上汽集团目前下属的品牌包含上汽荣威名爵、上汽通用五菱等自主品牌和依维柯等商用车品牌，以及大众等众多合资品牌。

2014 年，上汽成功举行“创新征程——2014 新能源汽车万里行”全国巡游活动；在第十二届必比登全球新能源汽车挑战赛上，荣威 E50 纯电动车、荣威 E550 轿车和荣威 750 燃料电池车在操控、动力、加速、制动、经济性各方面均表现优异，最终在纯电动组、混合动力组、燃料电池组中分获小组第一的好成绩，力压宝马、戴姆勒、PSA 等国际品牌，最终成为必比登挑战赛开赛以来首个包揽“大满贯”的汽车企业。

2010 年上海世博会期间，上汽集团提供了 1 125 辆新能源汽车，其中混合动力汽车比例最大，混合动力大巴 150 辆，混合动力出租车 350 辆。并且上汽集团在国内较早实现新能源汽车的产业化。2011 年，荣威 750HYBRID 混合动力轿车上市；2012 年，荣威 E550 电动轿车上市；2013 年，荣威 550PHEV（后更名为 E550）上市。研发的荣威 750 中度混合动力轿车和荣成 550 插电式强混动力轿车早已批量投放市场，它们综合节油分别达到 20% 和 50% 以上。荣威混合动力的精髓在于它所提出的“双芯三核八模”。“双芯”即是汽油电动两套动力系统；“三核”指的是其搭载 VTI-Tech 汽油发动机、ISG 启动和发电一体机、TM 牵引电机三核动力，“八模”是指其混合动力系统共有 8 种模式工况。

上汽集团目前在插电混动领域及纯电动领域率先掌握电池、电控、电驱动三大核心技术，形成了较为完备、国内领先、国际一流的技术水平，构建国内领先的新能源体系。顶尖的三电系统：EDS 智能电驱系统、VCU 高效智能电控系统、高能量密度三元锂电池，凭借完美的结构安全设计和超强大脑的逻辑运算、源源不断的能源供应，成为新能源强大的核心技术基石。高集成设计使整车结构紧凑、质量更轻，带来更大空间和更低能耗。

荣威 eRX5（见图 1.9）新能源技术的“蓝芯 + 绿芯”黄金动力组合，以蓝芯高效动力科技结合绿芯新能源科技，智能策略控制油动力与电动力，其综合油耗、三电效率、充电时间均领先同级 20%，油电混合的峰值扭矩更是高达 704 N · m，同时荣获全球顶级设计大奖，并拥有智能便捷的互联网科技。

图 1.9　荣威 eRX5

纯电动互联网 SUV 荣威 ERX5（见图 1.10），搭载上汽绿芯新能源及互联网新科技，实现 60 km/h 匀速续驶里程 425 km，40 min 80% 直流快冲，更凭借强大的互联网生态，可进行车辆远程控制、精微语音交互等操作。

图 1.10 荣威 ERXS

上汽集团的其他新能源品牌产品也不少，如名爵 EZS 纯电动版本（见图 1.11）搭载最大功率 105 kW（143 马力）、最大扭矩 353 N · m 的永磁同步电动机，电池电量为 44.5 kW · h 与国内外版本保持一致，该版本公布的 WLTP 续航里程为 262 km；另外如宝骏 E100（图 1.12），这是一款 A00 级的微型车，官方指导售价在 4~5 万元。车辆在动力方面，搭载了一台永磁同步电动机，最大功率为 29 kW，最大扭矩为 110 N · m，满电情况下续航里程达到 155 km。宝骏 E100 采用不依赖传统充电桩的模式，可使用 220 V 家用电源充电，充电功率低于 2 kW，E100 充满电约需 8 h。

图 1.11 名爵 EZS

图 1.12 宝骏 E100

5. 比亚迪集团汽车

在中国说起新能源汽车，怎么能不提起比亚迪汽车呢？比亚迪是全球首个被联合国授予“联合国能源特别奖”的新能源企业，比亚迪公司是新能源汽车龙头，是全球唯一具有原材料、电机电控、动力电池、整车、充电桩全产业链的跨国企业。比亚迪汽车占据中国新能源汽车 30% 的市场份额。IT、汽车、新能源是比亚迪的三大核心产业，并且在行业内皆是处在领先地位。比亚迪汽车在中国有 9 个生产基地，分布在广东、北京、上海、陕西等地，并且计划在美国、欧洲、日本、韩国等地设立分公司。

比亚迪以 10 万余辆的销售成绩一骑绝尘，再度引领新能源乘用车市场，更是稳坐 2016 年“全球新能源汽车销量第一”宝座，2018 年更是有近 23 万辆新能源汽车的销量，这与比亚迪的产品布局和技术领先是分不开的。目前，比亚迪新能源汽车的产品阵容涵盖 BEV、PHEV 两大技术种类，以及轿车、SUV、MPV 三大品类，拥有比亚迪秦、唐、宋、元、E5、E6 等多款明星产品。秦、唐双雄销量表现持久而强势。

即便 2017 年新能源车补贴退坡，比亚迪依然淡定，2017 年，新政似乎并未对其带来过多影响，以“铁电池”的研发和生产为核心，向私家车、商用车、特种车、机场港口、储能、光伏、轨道、舰船、航空领域辐射的比亚迪，在 2017 年仍享受着尖端技术预研发、成熟技术领先市场 1.5 代、整车成本低廉的红利，并且比亚迪确定了新车销售策略。与丰田普锐斯、凯美瑞等新能源汽车产品相比，比亚迪电动汽车以及混动汽车具有高配低价的优势，易获得追求经济效益的购车者喜爱。但与传统汽油车相比，无论是国产还是外资，比亚迪等新能源汽车发展实力都较为弱小。

比亚迪的“王朝”系列发展得轰轰烈烈，如图 1.13 所示。比亚迪对“王朝”系列的定义是以朝代命名的车型。中华民族上下五千年，底蕴深厚，秦、汉、唐、宋、元、明等都是中国历史上的鼎盛朝代。作为新能源汽车的引领者，比亚迪始终致力于新能源汽车的推广和发展，促使资源与环境问题得到有效解决，为用户提供看得见、摸得着、用得起的领先科技，让大家享受到健康、安全、便捷的绿色生活。“秦”“唐”“宋”“元”这些车型再也不是大家眼中的小众车型，“王朝”系列车型已经形成了强大产品矩阵。

图 1.13　比亚迪的“王朝”系列产品

在汽车领域，比亚迪是目前世界上唯一一家同时掌握电池、电机、电控、充电基础设施，以及整车技术的车企，产品涵盖七大常规领域以及四大特殊领域。而且除了新能源汽车，比亚迪还推出了太阳能电站、储能电站、电动叉车，以及 LED 等多种新能源产品，可提供从发电到储电到用电的一整套新能源解决方案。

6. 吉利汽车

浙江吉利控股集团旗下拥有吉利汽车、沃尔沃汽车、伦敦出租车等品牌。其中吉利汽车在浙江、湖南、四川等建有汽车整车和动力总成制造基地。现有帝豪、博瑞、博越等 10 多款整车产品及全系列动力总成产品。2017 年，吉利汽车先后收购了 DRB-

HICOM 旗下的宝腾汽车、路特斯汽车，控股沃尔沃汽车集团，收购戴姆勒股权，并发布领克汽车子品牌，标志着吉利汽车已经成长为世界汽车品牌，也开始了吉利新能源汽车的发展历程。2018 年，吉利成为中国品牌最大赢家，继 2017 年总销量首次破百万之后，销量再度增长至 135.99 万辆，位列中国品牌第一位，全球品牌第三位。

2005 年初，吉利汽车开始了甲醇汽车产品（见图 1.14）的研发工作，历经 14 年多，先后突破了低温冷启动、耐甲醇材料开发、专用润清油开发、专用添加剂开发、排放控制、甲醇电喷控制系统、甲醇发动机开发等多项关键技术。吉利目前已经成功开发 5 款甲醇动力、16 款甲醇轿车。获得多项技术专利，有人说“中国现有的甲醇汽车，90% 来自吉利”。吉利商用车旗下子品牌远程汽车在吉利四川南充基地宣布，全球首款 M100 甲醇重卡（见图 1.15）牵引车正式下线并开启销售，标志着吉利正式开启甲醇动力商用车的征程。吉利 M100 甲醇重卡所搭载的吉利 12.5 L 甲醇发动机使用 M100 甲醇清洁能源，排放值低于国 V 限值，直接满足国 V 标准。

图 1.14　吉利甲醇汽车

图 1.15　吉利 M10 甲醇重卡

目前吉利汽车整合了全球优质的供应资源打造新能源核心部件，实现新能源技术、智能化、轻量化技术在行业的领先地位，开启吉利汽车新能源发展的新纪元。“联擎”超强插电混动技术是国际领先的、拥有完全自主知识产权的混合动力技术，填补了国内功率分流混合动力技术空白。在混合动力技术上开拓性地采用拉维纳双星排结构，通过系统智能计算和高精度控制，使发动机和双电机的转速及扭矩科学高效完美解耦，实现复合功率输出，使发动机可以在全工况下都工作在最经济的工作区间，同时确保了动力源切换超平顺的优质驾乘体验。

至今，吉利的新能源车产品已经丰富起来，新发布的新款吉利帝豪 EV500 如图 1.16 所示，已经具备最高续航近 500 km 的能力。2016 年 10 月，吉利推出了全新的商用车品牌远程纯电动客车 E12，如图 1.17 所示，侧重于公交系统的解决方案，采用独立的电驱动系统，专门针对公交低速、大运力工况开发，满足高峰期的动力需求，提高运营效率。另外，远程纯电动轻卡 E200 定位于城市物流运输，该车匹配的永磁同步电机最大功率达 100 kW，最大扭矩为 800 N · m，加上 76 kW · h 的磷酸铁锂电池，最高车速达到 90 km/h，满载急速起步至 50 km/h 加速仅需 8 s，续驶里程超过 200 km。

图 1.16　帝豪 EV500

图 1.17　远程纯电动客车 E12

新能源是吉利汽车未来发展的方向，更是企业“2020 战略”的重要版图。前期基于帝豪推出了 EV、HEV、PHEV 版本车型。吉利帝豪 EV 配备了可供家庭，公共充电的 5 种交直流充电模式，快、慢充均为国标插口，兼容公共设施的快、慢充电桩；其中慢充模式 14 h 达满电状态，专用快充 30 min 即可完成 80% 的充电量。油电混合动力系统 CHS 是吉利汽车历经 10 年潜心研究，具有完全自主知识产权的动力分布，全球首款 M100 甲醇重卡牵引车正式下线并开启销售，标志着吉利正式开启甲醇动力商用车的征程。吉利 M100 甲醇重卡所搭载的吉利 12.5 L 甲醇发动机使用 M100 甲醇清洁能源，排放值低于国 V 限值，直接满足国 V 标准。

7．广汽新能源

广汽新能源汽车有限公司成立于 2017 年 7 月 28 日，是广汽集团秉承自主创新的体系优势，面向未来发展成立的一家创新科技公司，是广汽集团新能源汽车事业的发展载体。广汽新能源致力于提供世界级的移动智能新能源产品和服务，成为世界领先和社会信赖的绿色智慧移动价值创造者。

广汽新能源汽车产业园是广汽集团进一步提升核心竞争力，抢占新能源汽车发展制高点的战略举措。产业园于 2017 年 4 月 27 日奠基，总规划面积 5 km^2。广汽集团将携手合作伙伴投资超 450 亿元，以智能制造区、创客服务区和汽车小镇为核心，形成全产业链开放创新生态系统，打造“智能、开放、创新、绿色、共享、生态”的国际一流智联新能源汽车产业园。

广汽新能源汽车工厂总规划产能 40 万辆 / 年，其中一期产能 20 万辆 / 年，占地 703 亩，总投资 47 亿元。目前中、高级智能定制座驾 Aion S（见图 1.18）、豪华智能超跑 SUVAion LX（见图 1.19），是广汽新能源基于第二代纯电动专属平台 GEP 打造的双旗舰车型，搭载先进的 ADiGO（智驾互联）生态系统。

图 1.18 传棋 Aion S

图 1.19 传棋 Aion LX

8. 蔚来汽车

蔚来是一家全球化的智能电动汽车公司，由李斌、刘强东、李想等企业家联合发起创立，并获得百度资本、联想集团等数十家知名机构投资，于 2014 年 11 月成立。蔚来汽车致力于通过提供高性能的智能电动汽车与极致用户体验，为用户创造愉悦的生活方式。蔚来旗下主要产品包括蔚来 ES6、蔚来 ES8（见图 1.20）、蔚来 EVE、蔚来 EP9 等。

2015 年，蔚来车队获得国际汽联电动方程式锦标赛历史上首个车手总冠军。

2016 年，蔚来发布全球最快电动汽车之一的 EP9（见图 1.21），创造了纽博格林北环等国际知名赛道最快圈速纪录，以及最快无人驾驶时速世界纪录。

蔚来 ES8 的“E”代表“电动”；“S”代表“SUV”；“8”代表性能等级。蔚来 ES8 于 2017 年 12 正式上市，基准版补贴前售价四十多万元，并首推电池租用方案。ES8 是一款高性能纯电动 SUV，座椅采用七座版 2+3+2 布局以及六座版 2+2+2 布局，车长超过 5 m，轴距超过 3 m。ES8 由全铝合金车身和底盘打造，全系标配主动式空气悬挂，全系前后都搭载感应式电机，采用四轮驱动，第一批量产车可达到 650 马力的动力输出，百千米加速时间在 5 s 以内。ES8 的工况续航里程可达到 300 km，而最大续航里程有望达到 350 km。

蔚来汽车的电动超跑 EP9，被证明是全球最快的电动汽车。EP9 搭载了 4 台高性能电机以及 4 个独立变速箱，能够输出 1 360 匹马力的强劲动力，0~200 km 加速 7.1 s。EP9 采用弹匣式可换电池系统，快充模式下充满电仅需 45 min，续航里程可达 427 km。EP9 搭载了 DRS 可调扰流控制系统，包括采用了三种可调模式的动态尾翼系统和全尺寸底盘扩散器等空气动力装置，使得 EP9 在 240 km/h 的速度下能够获得高达 24 000 N 的下压力。EP9 的强劲动力、先进空气动力学及突破极限的操控性创造了不可思议的 3G 重力加速度体验。

图 1.20　ES8

图 1.21　EP9

（二）新能源汽车的示范推广

1. 各地补贴政策

目前各地主要从购车、用车和基础设施等三个方面补贴和推动新能源汽车的应用，但各个地方在政策内容方面有所差异。

（1）购车补贴

目前大部分城市是按照中央财政补贴标准 1∶1 给予地方财政补贴，且中央财政和地方财政补助总额不超过车辆销售价格的 60%。上海市对纯电动汽车 / 插电混合动力汽车分别制定统一的补贴金额，不再考虑车辆的续驶里程、电池容量等因素。此外，各省市大多实行省、市、区分别负担的多级补贴体系。

（2）用车补贴

用车补贴主要表现为针对新能源汽车的差异化交通管理措施。例如：北京对新能源汽车进行独立分类注册登记，在武汉、西安、南昌等城市，新能源汽车在市内行驶时不受尾号限行等交通管制措施限制，在天津、上海，新能源汽车购置可直接申领号牌，不限购；武汉对新能源汽车免征路桥隧通行费，并且新能源汽车可以免费在指定的公共充电设施场所充电；西安在公共停车场设置新能源汽车专用停车位，新能源汽车在一定时段内可免费停放，并且新能源汽车可在市内公交专用道上行驶。

（3）充电设施补贴

北京、上海、南京等城市对公共服务领域基础设施建设、公共场所私人用基础设施建设提供总项目投资 15%~30% 的补贴资金。西安市还对个人购买新能源汽车给予财政补贴，用于自用充电设施安装和充电费用；对于直接或组织员工一次性购买新能源汽车超过 10 辆的法人单位，给予专项财政补贴用于单位自用充电设施建设。

2. 新能源汽车基础设施的建设

根据我国“十三五”阶段充电基础设施发展的总体目标，提出了分区域和分场所建设的目标与路线图。

（1）分区域建设

首先，在北京、天津、河北、辽宁、山东、上海、江苏、浙江、安徽、福建、广东、海南等电动汽车发展基础良好、雾霾治理任务较重、应用条件优越的加快发展地区，需新建充电站、换电站达 7 400 座，充电桩 250 万个，满足 266 万辆电动汽车的需求。

在新能源汽车推广应用城市，公共充电桩与电动汽车比例不低于 17；城市核心区公共充电服务半径小于 0.9 km；其他城市公共充电桩与电动汽车比例力争达到 112，城市核心区公共充电服务半径力争小于 2 km。

加强与加快发展地区的互联互通，以高速公路为基础，逐步推进全国范围的城际快充的网络建设。率先建成京津冀、长三角、珠三角三个雾霾防治重点区域的城际快充网络，各主要城市间实现互联互通。其次，在山西、内蒙古、吉林、黑龙江、江西、河南、湖北、湖南、重庆、四川、贵州、云南、陕西、甘肃等示范推广区，到 2020 年新增集中式充电站、换电站超过 4 300 座、分散式充电桩超过 220 万个，以满足超过 233 万辆电动汽车充电需求。再者，在广西、西藏、青海、宁夏、新疆等尚未被纳入国家新能源推广应用范围的积极促进地区，到 2020 年新增集中式充电站、换电站超过 400 座、分散式充电桩超过 10 万个，以满足超过 11 万辆电动汽车充电需求。

省会等主要城市公共充电桩与电动汽车比例不低于 112，城市核心区公共充电服务半径小于 2 km；按需开展城际快充网络建设。

（2）分场所建设

国家要求，结合公交、出租、环卫、物流等公共服务领域专用停车场所，适当补充独立占地的充、换电站，新建超过 3 850 座公交车充、换电站，2 500 座出租车充、换电站，2 450 座环卫与物流等专用车充电站。

在居民区建成超过 280 万个用户专用充电桩，鼓励有条件的设施对社会公众开放；在公共机构、企事业单位、写字楼和工业园区等单位内部停车场，建成超过 150 万个用户专用充电桩。鼓励有条件的设施对社会公众开放。

在交通枢纽、大型文体设施、城市绿地、大型建筑物配建停车场、路边停车位等城市公共停车场所，建成超过 2 400 座城市公共充电站与 50 万个分散式公共充电桩，满足临时补电需要。

在城际高速公路服务区，2015 年之前，初步形成“四纵两横三环”（四纵：京沪高速、京港澳高速、沈海高速、京台高速；两横：青银高速、沪蓉高速；三环：京津冀、长三角和珠三角）的城际快充网络。建成超过 500 座城市快充站。2020 年之前，形成“四纵四横”（四纵：沈海、京沪、京台、京港澳；四横：青银、连霍、沪蓉，沪昆）城际快充网络，建成超过 1 000 座城市快充站。

第二节 新能源汽车基础知识

一、新能源汽车基本概念

（一）新能源汽车

新能源汽车是指采用非常规的车用燃料作为动力来源（或使用常规的车用燃料，采用新型车载动力装置），综合车辆的动力控制和驱动方面的先进技术，形成的技术原理先进，具有新技术、新结构的汽车。

（二）电动汽车

电动汽车是指以车载电源为动力，用电动机驱动车轮行驶，符合道路交通、安全法规各项要求的车辆。

（三）非常规车用燃料

非常规车用燃料指除汽油、柴油、天然气（NG）、液化石油气（LPG）、乙醇汽油（EG）、甲醇、二甲醚之外的燃料。

（四）动力电池组

由于电池单体的电压、容量都非常有限，因此，为能满足车辆应用的要求，人们用串联、并联的方式将多个电池单体连接成电池组。电池组可用先并联后串联的方法，也可用先串联后并联的方法。

（五）制动能量回收

制动能量回收是指汽车在减速或制动时，驱动电动机运行在发电状态，将汽车的部分动能回馈给蓄电池以对其充电，并产生制动力，使车辆减速或制动，这样既达到了电动汽车制动效果，又实现了能量回收的功能，增加了电动汽车续驶里程。

（六）续驶里程

续驶里程是指电动汽车在动力蓄电池完全充电状态下，以一定的行驶工况，能连续行驶的最大距离。

二、新能源汽车类型与特点

新能源汽车包括五大类型：混合动力汽车（HEV）、纯电动汽车（BEV，包括太阳能汽车)、氢能源动力汽车、燃料电池电动汽车(FCEV)、其他新能源(如超级电容器、飞轮等高效储能器)汽车等。

(一)混合动力汽车

混合动力汽车是指同时装备两种动力来源——热动力源(由传统的汽油机或柴油机产生)与电动力源(电池与电动机)的汽车,如图 1.22 所示。混合动力电动汽车的优点主要是耗油量较低,同时在内燃机的所有不利运行范围内电动机可以为其提供支持。混合动力模式可以对所使用的电动机和内燃机的功率特性曲线进行较好的补充,电动机的较高扭矩可以为(低转速范围内)内燃机的较小扭矩进行最佳补充,还可以起到起动机和发电机的功能,取消了起动机和发电机(以现有的混合动力车型为依据)。此外,制动能量回收系统可以对减少制动器磨损起到积极的作用(尽量减少现有的制动器磨损)。

根据在混合动力系统中,电动机的输出功率在整个系统输出功率中所占的比重,也就是常说的混合度不同,混合动力系统还可以分为微混合、部分混合和全混合 3 类。

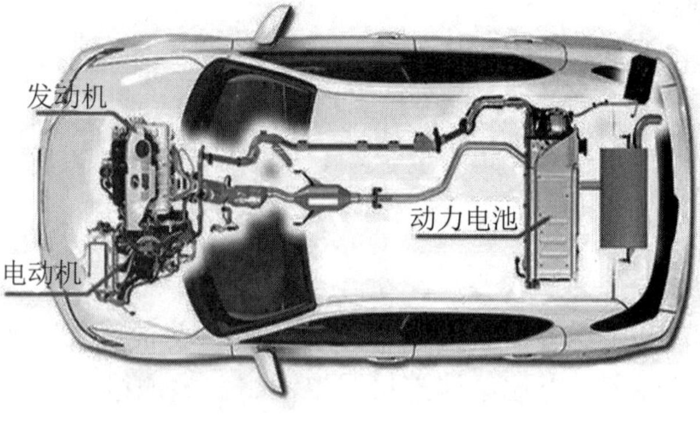

图 1.22 混合动力电动汽车示意图

(1)微混合动力车辆是初级混合动力车辆。这种混合动力系统在传统内燃机的起动电动机(一般为 12 V)上加装了皮带驱动起动电动机。该电动机为发电起动一体式电动机,电动机功率为 2 ~ 3 kW,用来控制发动机的起动和停止,从而取消了发动机的怠速,降低了油耗。由于电动机功率和电压较小,因此限制了制动和滑行阶段中能量回收利用的效率。根据定义,严格地讲,微混合动力车辆并不能算是混合动力车辆,因为它仅有一种驱动类型。

(2)部分混合动力系统工作时的电压会超过 42 V。目前该系统中的部分电压已经超过 160 V。电动机所提供的功率在 10 ~ 15 kW。部分混合动力系统中的电动机可以在车辆起步和制动时为内燃机提供支持。在一些部分混合系统中,当高压蓄能器处于足够的充电状态且以约 50 km/h 的速度匀速行驶时,可以停止为内燃机提供燃油。此时仅使用电动机驱动车辆,因此可以节省燃油。

（3）全混合动力系统是可以在完全不启动内燃机的情况下进行车辆起步和行驶。全混合动力系统中部分高压蓄能器的电压超过 200 V。通过该系统车辆可以在启动时使用纯电动驱动，并且在高速加速时同时使用内燃机和电动机所提供的扭矩。该过程也被称为“助力功能”。

（二）纯电动汽车

纯电动汽车是以电池为储能单元，以电动机为驱动系统的车辆，如图 1.23 所示。纯电动汽车的特点是结构比较简单，生产工艺相对比较成熟，行驶中无废气排出，噪声小，可以在用电低峰时充电，以平抑电网峰谷差，使发电设备得到充分利用。但纯电动汽车还存在续驶里程较短、充电时间长或快捷充电会缩短蓄电池寿命等缺点。

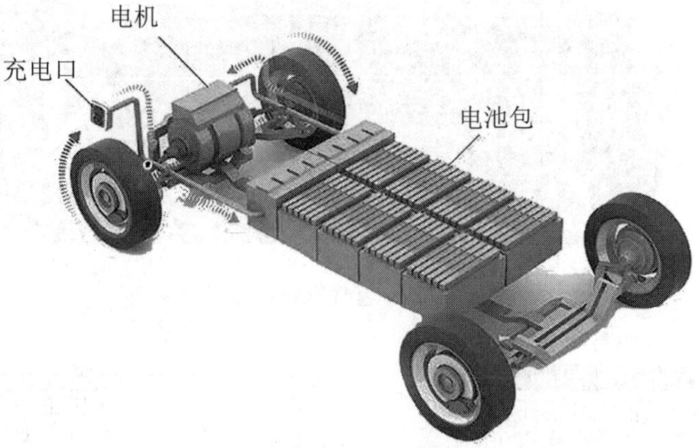

图 1.23 纯电动汽车示意图

（三）氢能源动力汽车

氢能源动力汽车包括氢气燃料汽车和氢燃料电池电动汽车。

（1）氢气燃料汽车即以氢气为能源的汽车，如图 1.24 所示。氢气发动机属点燃式发动机，可以由汽油机或柴油机改制。通常的氢气使用方法有压缩氢气汽车、液化氢气汽车和吸附氢气汽车 3 种。

（2）氢燃料电池电动汽车是将氢气送到燃料电池的阳极板（负极），经过催化剂（铂）的作用，氢原子中的一个电子被分离出来，失去电子的氢离子（质子）穿过质子交换膜，到达燃料电池阴极板（正极），而电子是不能通过质子交换膜的，它只能经外部电路，到达燃料电池阴极板，从而在外电路中产生电流，驱动电动机。电子到达阴极板后，与氧原子和氢离子重新结合为水。

氢能源动力汽车的最大优势首先是环保，汽车在行驶中不产生有害物质排放；其次是氢气在燃烧时比汽油的发热量高，氢能汽车续驶里程长，不需要对汽车发动机进行大的改装。而氢燃料电池直接将化学能转换为电能，不需要经过热能和机械能（发电机）的中间变换，故燃料电池的发电效率可以达到 50% 以上。但氢能汽车也有许多劣势，主要有制取氢气价格较高、氢的储运比较困难、成本高、氢气加气站设施不完善等。

（四）燃料电池电动汽车

燃料电池电动汽车实质上是电动汽车的一种，如图 1.25 所示。在车身、动力传动系统、控制系统等方面，燃料电池电动汽车与普通电动汽车基本相同，主要区别在于动力电池的工作原理不同。一般来说，燃料电池是通过电化学反应将化学能转化为电能的，其电池的能量是通过氢气和氧气的化学作用直接变成电能的，而不是经过燃烧。燃料电池的化学反应过程不会产生有害产物，因此，燃料电池车辆是无污染汽车，燃料电池的能量转换效率比内燃机要高 2 ~ 3 倍。

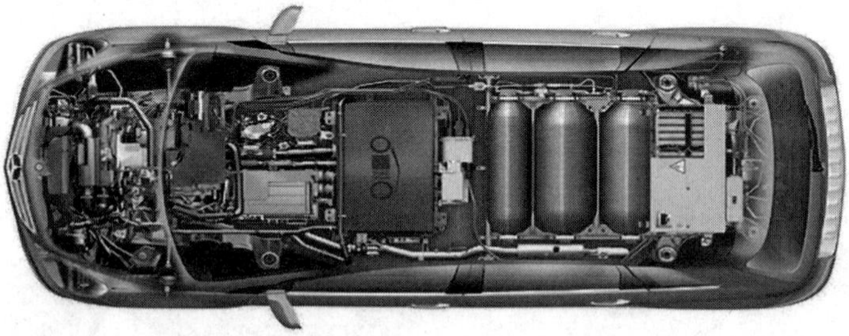

图 1.24 氢气燃料汽车示意图

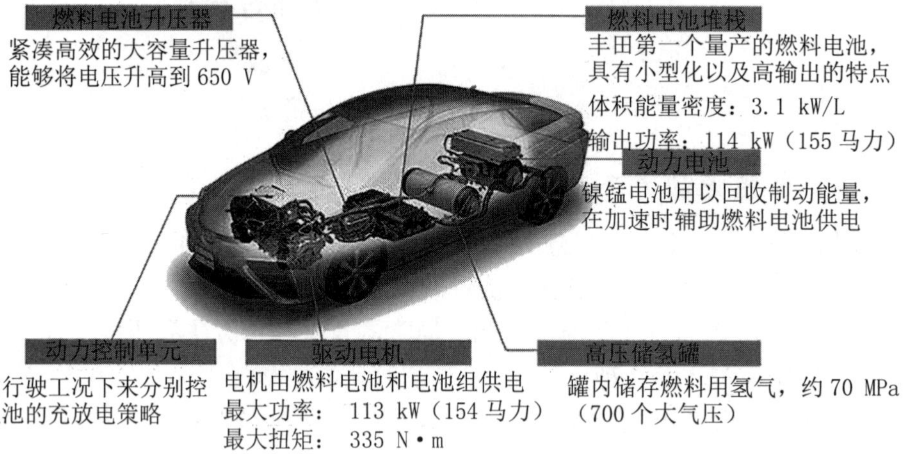

图 1.25 燃料电池电动汽车示意图

燃料电池电动汽车的优点是节能、转换效率高、排放达到零污染、车辆性能接近内燃机汽车、结构简单、运行平稳。但燃料电池也有一些不足限制了其发展，主要缺点是燃料种类单一，要求高质量的密封，比功率还需进一步提高，造价太高，需要配备辅助电池系统等。

三、电动汽车结构

传统燃油汽车的组成有四大部分：发动机、底盘、电器、车身。电动汽车的组成与传统燃油汽车相比，在电器和车身上变化不大，但在底盘上的传动系统和驱动上变化很大。电动汽车在驱动和传动方面的组成包括电力驱动及控制系统、驱动力传动等机械系统、完成既定任务的工作装置等。电力驱动及控制系统是电动汽车的核心，也是区别于内燃机汽车的最大不同点。电力驱动及控制系统由驱动电动机、电源和电动机的调速控制装置等组成。

（一）电源

电源为电动汽车的驱动电动机提供电能，电动机将电源的电能转化为机械能，并通过传动装置或直接驱动车轮和工作装置。目前，电动汽车上应用最广泛的电源是铅酸蓄电池、镍铬电池、锂电池、燃料电池、飞轮电池等，新型电源的应用为电动汽车的发展开辟了广阔的前景。

（二）驱动电动机

驱动电动机的作用是将电源的电能转化为机械能，通过传动装置或直接驱动车轮和工作装置。目前电动汽车上广泛采用直流串激电动机、直流无刷电动机（BCDM）、开关磁阻电动机（SRM）和交流异步电动机等。

（三）电动机调速控制装置

电动机调速控制装置是为电动汽车的变速和方向变换等设置的，其作用是控制电动机的电压或电流，完成电动机的驱动转矩和旋转方向的控制。它采用交流电动机及其变频调速控制技术，使电动汽车的制动能量回收控制更加方便。

（四）传动装置

电动汽车传动装置的作用是将电动机的驱动转矩传给汽车的驱动轴。当采用电动机驱动时，传动装置的多数部件常常可以忽略。因为电动机可以带负载启动，所以电动汽车上无需传统内燃机汽车的离合器。因为驱动电动机的旋向可以通过电路控制实现变换,所以电动汽车无需内燃机汽车变速器中的倒挡。当采用电动机无级调速控制时，电动汽车可以忽略传统汽车的变速器。当采用电动轮驱动时，电动汽车还可以省略传统内燃机汽车传动系统的差速器。

（五）行驶装置

行驶装置的作用是将电动机的驱动转矩通过车轮变成对地面的作用力，驱动车轮行走。它同其他汽车的构成是相同的，由车轮、轮胎和悬架等组成。

（六）转向装置

转向装置是为实现汽车的转弯而设置的，由转向机、方向盘、转向机构、转向助力装置和转向轮等组成。作用在方向盘上的转向力，通过转向轴和转向机使转向机构带动转向轮偏转一定的角度，实现汽车的转向。转向助力装置可以使转向操纵更加轻便、安全。电动汽车转向助力装置采用电动机助力，控制器（ECU）根据转矩传感器、车速传感器信号控制电动机旋转方向和助力电流大小，电动机的力矩通过减速机构作用到齿轮齿条转向器的小齿轮上，实现助力转向，如图 1.26 所示。

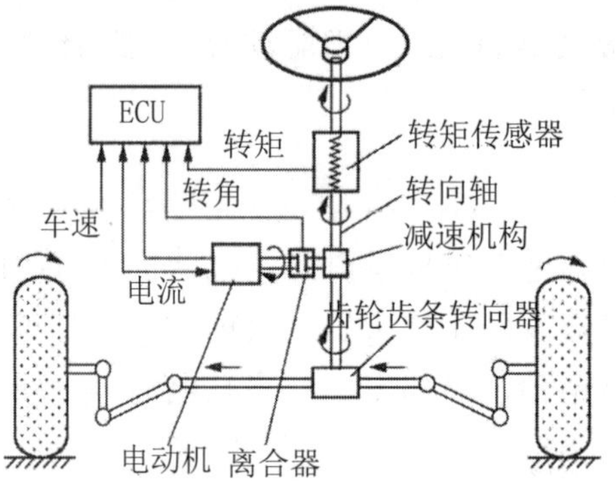

图 1.26　电动汽车转向助力装置示意图

（七）制动装置

电动汽车的制动装置同其他汽车一样，是为汽车减速或停车而设置的，通常由制动器及操纵装置组成。在电动汽车上，一般还有电磁制动装置，它可以利用驱动电动机的控制电路实现电动机的发电运行，使减速制动时的能量转换成对蓄电池充电的电流，从而得到再生利用。由于电动汽车没有内燃机，即没有了真空源，因此电动汽车真空助力通常采用电动机驱动真空泵产生真空度，实现制动时真空助力，如图 1.27 所示。

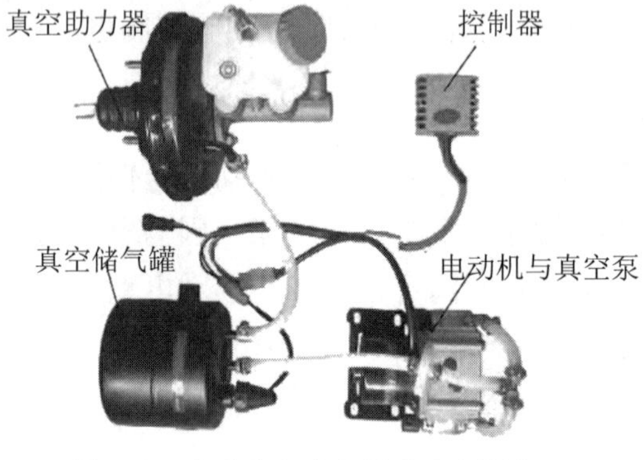

图 1.27　电动汽车真空制动助力装置

（八）空调

电动汽车空调驱动能量来源于蓄电池，不同于传统燃油汽车。由于作为驱动能量来源的蓄电池能量有限，因此，空调系统的能耗对电动汽车的续驶里程有较大影响。故而与传统燃油汽车相比，对电动汽车空调系统的节能高效提出了更高要求。目前电动汽车空调采用电动压缩机，如图 1.28 所示。

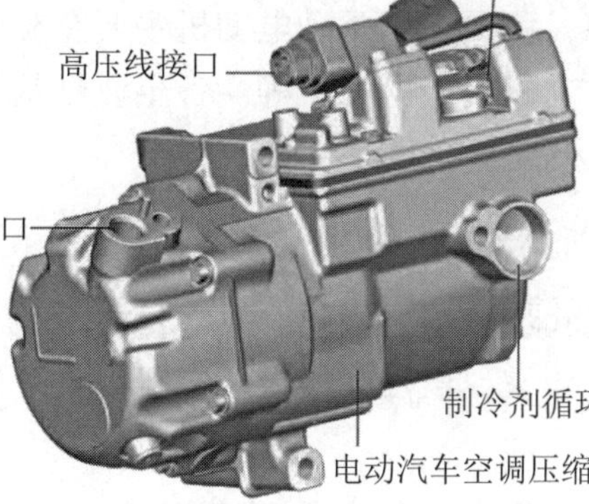

图 1.28　电动汽车空调压缩机外形图

第三节　新能源汽车未来发展趋势

新能源汽车可使我国实现从汽车大国到汽车强国的转变。因为世界上最先进的汽车生产国和我国在新能源汽车上的技术差距不过只有 3 ~ 5 年，不像传统汽车技术存在几十年的差距，这让我国能紧跟现代化汽车产业的发展。由于我国经济还处在健康高速发展的阶段，汽车产业还处在发展和壮大过程中，所以说在新能源汽车的产业化和商业化方面，与汽车生产强国相比，我们还有一定的市场优势。

新能源汽车对缓解我国目前十分严峻的环境压力、减少空气污染，有着不可替代的作用。现在中国的空气污染已经达到了必须解决的地步，雾霾天气已经严重影响了人们的生产和生活，而汽车使用过程中产生的尾气是雾霾产生的原因之一。人民既需要现代化的汽车，同时也需要清洁的空气。为了解决这种冲突，发展节能、环保的新能源汽车产业就是我们必须要走的产业升级之路。

一、我国电动汽车关键零部件发展现状和差距

（一）我国电动汽车关键零部件发展现状

我国在动力电池方面取得的主要进展包括两方面。一是材料方面，我国动力电池

主要原材料资源丰富，产业化发展有保障。锂离子电池负极材料已实现国产化，产品性能处于国际先进水平。镍氢电池已实现国产化，产品销量居世界前列。二是动力电池及其成组技术方面，锂离子电池已形成产品系列，安全性能指标取得明显进步，能支持样车和示范车型。镍氢电池已形成产品系列，产品性能已有明显提高，部分可与量产车型配套。

20 世纪 90 年代以来，我国车用驱动电动机系统的研发得到了政府的高度重视和大力支持。“十一五”以后，国家和企业投入进一步加大，车用电动机系统产品不断增多，技术水平大幅提高。目前，我国车用驱动电动机主要有交流异步电动机、开关磁阻电动机、无刷直流电动机、永磁同步电动机等。各企业已基本具备自主研发能力，各类型电动机系统可实现整车小批量配套。

（二）我国新能源汽车存在的问题

我国新能源汽车研究起步较早，但政府投入长期不足，企业投入更少，新能源汽车长期处于试验阶段。近年来，虽加大投入，有了很大发展，但与国际先进水平相比仍有一定的差距。

1. 我国纯电动汽车发展存在的主要问题以及与国外的差距

整车产品在续驶里程、可靠性和工程化上仍落后于国外先进产品；电池的比能量、安全性、可靠性、使用寿命等方面，还不能满足整车要求；电动机、电池所需部分部件、材料需进口，同时在控制器基础硬件、芯片、高速 CAN 网关和信号处理放大部件等方面也依赖进口；电动附件还没有成熟的产品可用，成本高，而且也依赖进口。

2. 我国混合动力汽车发展存在的主要问题以及与国外的差距

整车总体尚处于样车阶段，未经过多轮验证研究，未达到系统优化和批量生产要求；零部件产业链未形成，关键原材料和电力电子元器件依赖进口；整车和零部件工程化不足，产品尚处于产业化初期，成本较高。

3. 我国燃料电池汽车发展存在的主要问题以及与国外的差距

在核心技术上，如燃料电池堆和发动机系统的技术水平与国外存在较大差距（明显落后于本田、丰田、巴拉德、通用），技术研发进展较为缓慢；示范考核运行规模较小，储氢和氢能源基础设施等问题尚未解决；产品的可靠性和成本离实用化还有相当大的差距。

4. 新能源汽车关键技术方面存在的问题

一是在电池材料方面，磷酸铁锂材料批次稳定性差，导电性存在差异。国产动力电池隔膜产业化尚待时日。储氢材料和氢氧化镍无法完全满足动力电池要求，需要后处理。二是在电池及其成组技术方面，磷酸铁锂电池成品率低，成本高。动力电池产品一致性不好。电池和材料的生产设备厂家研发制造能力薄弱。电池管理系统功能简单，性能较差，产品可靠性差。

在车用驱动电动机技术上，部分材料、部件研发能力弱，关键元器件依赖进口，产品性能与国外仍有差距，主要问题包括：一是电动机原材料、部件研发能力较弱，其中硅钢片性能与国外存在差距，电磁线绝缘性能与国外差距较大，生产能力弱，电动机高速轴承依赖进口，快速接插件依赖进口；二是传感器、IGBT功率模块、集成芯片，以及汽车专用接插件、高压继电器等控制器核心部件主要依赖进口，成本较高，影响我国电动汽车产业化推进。

目前，电动机控制器的体积、重量相对偏大，制造工艺水平落后，产品可靠性、一致性差，产品电磁兼容水平有待提高，产业化规模较小，成本较高，驱动电动机系统标准有待完善。

二、我国发展新能源汽车产业的对策与措施

（一）加强政府引导，完善政策扶持

发展新能源汽车是我国一项长期性、可持续性的产业战略，需要政府各部门加强配套服务体系建设，营造良好的有利于新能源汽车发展的内外部环境。

1. 要充分发挥政府的引导作用

通过引导新能源汽车企业上市的方式，拓宽融资渠道，吸纳民间资本，从而推动其产业化进程。还要进一步完善新能源汽车配套基础设施建设，创造有利于新能源汽车发展和推广应用的商业化氛围。

2. 继续出台相关优惠政策

对新能源汽车产业的主导产业和关联产业建设项目，可以免收基本建设方面的地方性行政税费；对于新引进的新能源汽车产业龙头企业，可以通过贷款贴息、科技投入等方式全面支持企业加快发展壮大。

（二）加大创新力度，构建完整产业链

目前，我国研发的混合动力汽车在速度和可靠性等方面的性能正在不断进步，纯电动汽车和燃料电池汽车正在努力加大电池容量从而跑更远的距离，汽车企业都在努力加大自主研发力度，努力掌握核心技术。

1. 加强对新能源汽车产业技术创新的投入

尽快将新能源汽车的关键技术攻关项目列入政府科技发展重点计划。从新能源汽车领域的专利分析结果来看，国内现有专利中发明专利所占比例并不高，虽然国内有关新能源领域的专利数量增长较快，但国际专利的申请量和授权量都很低；整车企业申请专利较多，零部件企业申请专利较少。这些都说明新能源汽车产业还需要进一步加大技术创新投入，全面提高知识产权创造和运用的能力。

2. 加快构建新能源汽车产业链，促进产学研联盟

加快建设新能源汽车产业基地，培育一批龙头企业，促进企业联盟和产业链整体

化服务建设。要依托科研院所和高校的研发力量，鼓励形成产学研联盟，使科研成果尽早转化为生产力。目前国内已经有省份初步建成了新能源汽车产业创新联盟体。

3. 企业在研发过程中也要重视对传统汽车技术的改造

虽然我国在汽车发动机技术上明显落后于发达国家，但发动机技术正是新能源汽车的关键突破口，例如，均质压燃技术可以将燃油效率提高 20% ~ 30%。国内企业应选择好新能源汽车技术的创新角度，力争在某些领域取得好的进展，争创国内领先的技术地位。

（三）完善技术标准，统一规范体系

虽然我国有关新能源汽车的标准体系已经初具框架，但对于新能源汽车的动力方面尚未制定和完善具体的技术标准。要尽快建立各类型新能源汽车及其相关基础设施的产业技术标准，开展产品的标准化工作，为大规模的推广和应用提供有效的技术与产品支撑，同时要对新能源汽车的技术性、环保性、节能性和安全性做好等级认证工作，给相关的生产企业提供一个可遵循的操作规范，这对产业链的完整构建也能起到一定的促进作用。

（四）鼓励新能源汽车消费，出台补助政策

新能源汽车正在快速发展，整车价格也在不断降低，目前我国新能源汽车已经慢慢进入千家万户。各省应按照国家发改委《关于开展私人购买新能源汽车补贴试点的通知》精神，制定鼓励新能源汽车消费的政策。通过政府补贴、减免购置税和消费税等多种方式，鼓励普通消费者购买、使用新能源汽车。此外，还要加强民众的节能环保意识，坚持贯彻节能减排精神，逐步转变消费者的消费理念，提倡购买新能源汽车，限制大排量和超标排量汽车的生产和消费使用。随着人们环保意识的增强以及政府补贴标准的出台，新能源汽车的价格将更接近于普通消费者可以接受的范围，其销售量也会大幅度提高。

第二章　混合动力汽车

章节概述

混合动力汽车是传统汽车向纯电动车过渡的一种车型，在组成上保留了传统汽车的大部分结构，同时增添了电动机、储能元件、电力电子元件等系统，因而在组成上更加复杂，结构也更加灵活，存在多种结构和分类方式。

学习目标

1. 掌握混合动力汽车的定义及分类方法。
2. 理解混合动力汽车的结构特点与工作原理。
3. 了解混合动力汽车的关键技术及主要车型特点。

第一节　混合动力汽车概述

混合动力汽车是传统汽车向纯电动车过渡的一种车型，在组成上保留了传统汽车的大部分结构，同时增添了电动机、储能元件、电力电子元件等系统，因而在组成上更加复杂，结构也更加灵活，存在多种结构和分类方式。

一、混合动力汽车的定义与特点

（一）混合动力汽车的定义

参考国际能源署（IEA）有关文献，认为能量与功率传动路线具有如下特点的车辆称为混合动力车辆。

（1）传送到车轮推进车辆运动的能量，至少采自两种不同的能量转化装置（如内燃机、燃气涡轮、斯特林发动机、电动机、液压电动机、燃料电池等）。

（2）能量转换装置至少要从两种不同的能量储存装置（如燃油箱、蓄电池、飞轮、超级电容、高压储氢罐等）吸取能量。

（3）从储能装置流向车轮的这些通道，至少有一条是可逆的（既可放出能量，也可吸收能量），并至少还有一条是不可逆的。

（4）可逆的储能装置供应的是电能。混合动力汽车的不可逆动力元件是内燃机，储能元件是油箱；可逆的动力元件是电动机，对应的储能元件是动力电池、电容、燃料电池等。

（二）混合动力汽车的特点

与纯电动车比较，混合动力汽车具有以下优点：

（1）减少了电池包的数量，即减少了整车的重量和成本。

（2）延续传统内燃机汽车成熟的驱动与控制技术，适合量产并降低制造成本。

与内燃机汽车比较，混合动力汽车具有以下优点：

（1）可使发动机在最佳效率区域稳定运行。

（2）可实现纯电驱动。

（3）可实现制动能量回馈，进一步降低汽车的能量消耗和排放污染。

（4）可满足日益严格的环保法规要求。

二、混合动力汽车组成

混合动力汽车继承和沿用了内燃机汽车大部分的传动系统，保留了人们已经习惯的内燃机汽车的操纵装置，包括发动机控制装置、加速踏板、制动踏板、离合器、变速器的操纵装置等。混合动力汽车一般由发动机、发电机、电动机、储能装置、功率转换装置和控制装置等组成，如图 2.1 所示。

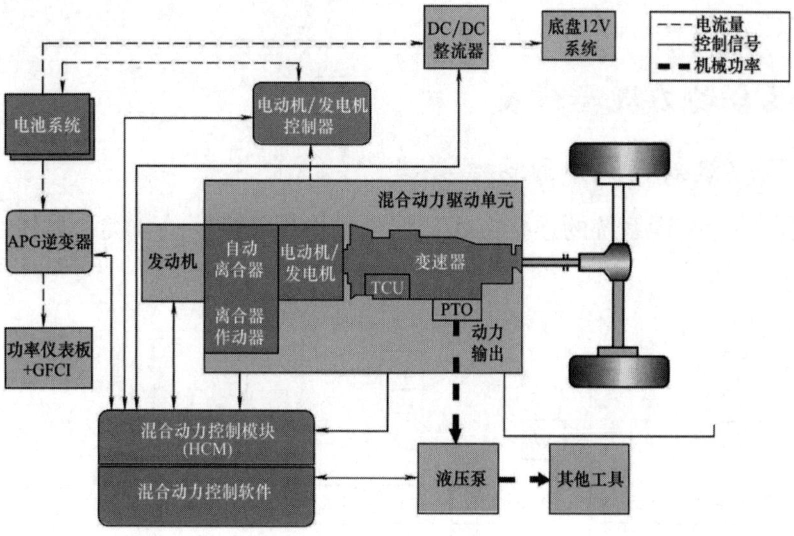

图 2.1　混合动力汽车的组成

1. 发动机

从能量来源来说，可以采用汽油机、柴油机；从结构原理上，可以采用四冲程内燃机、二冲程内燃机、转子发动机和斯特林发动机。与传统内燃机一样，转子发动机燃烧效率比较高，排放比较清洁；一般用于混合动力汽车的是四冲程内燃机；丰田 Prius 采用阿特金森循环发动机。

2. 发电机 / 电动机

汽车启动时电动机作为发动机的启动机；发动机运转时带动发电机发电，为电池充电。根据不同的混合动力结构，电动机 / 发电机的功率大小和布置也有不同；在某些混合动力汽车上直接参与车辆驱动，在车辆加速或爬坡时提供辅助动力，在车辆制动时回收制动反馈能量。

3. 驱动电动机

驱动电动机用于纯电驱动、混合驱动和制动能量回收，可采用直流电动机、交流异步电动机、水磁电动机和开关磁阻电动机等多种类型。目前多数采用异步电动机和永磁电动机，开关磁阻电动机也得到重视。

4. 储能装置

储能装置是混合动力汽车的电动机驱动和能量回收、发电时的电能存储单元。储能装置可以是不同类型的动力电池、电容、燃料电池，或者多种储能元件的复合。

5. 电动附件

电动附件包括水泵、油泵、制动系统、电动助力转向等。

这些操纵装置接收驾驶人的控制输入，并且发出控制信号。通过中控计算机的中央控制器和各个部分的控制模块向驱动系统中内燃机、电动机、离合器、变速器发出指令，以获得不同的驱动模式。同时整车的传感器系统采集车辆信号，为控制系统提供反馈信号。

三、混合动力汽车分类

（一）根据驱动系统连接方式分类

根据混合动力驱动系统的连接方式，混合动力系统主要分 4 类，具体结构如图 2.2 所示。

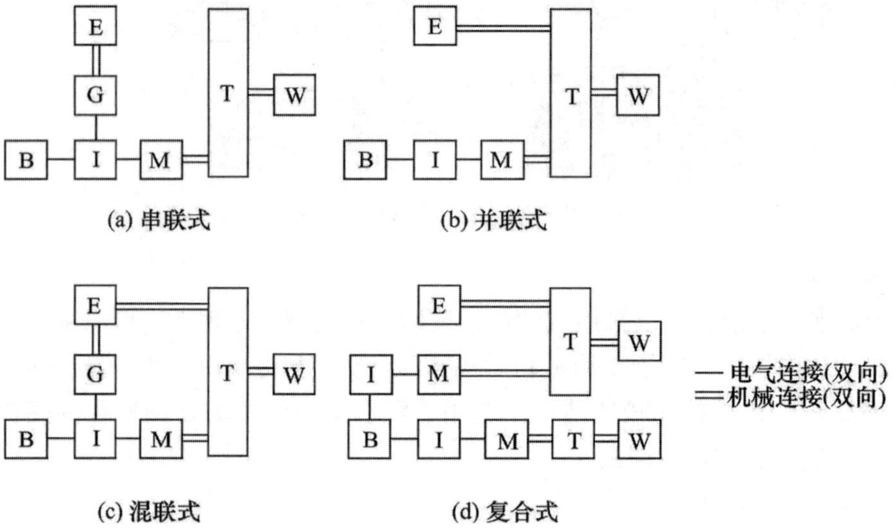

B—电池；E—发动机；G—发电机；I—逆变器；M—主电动机；T—传动系；W—驱动车轮

图 2.2 混合动力汽车分类

1. 串联式混合动力系统（SHEV）

串联式混合动力汽车的能量流向如下：由内燃机直接带动发电机发电，燃料的化学能通过燃烧转换为机械能；机械能驱动发电机发电，将机械能转化为电能；电能再传输给电动机，将电能转换为机械能驱动汽车。在串联式结构中，电池相当于“缓冲器”，在发动机和电动机之间进行能量的调节。这种动力系统在城市公交车上使用较多，可以很好地改善城市工况中车辆的燃油经济性和排放性。增程式电动车也是根据这样的结构原理开发的，其能量流动路线如图 2.3 所示。

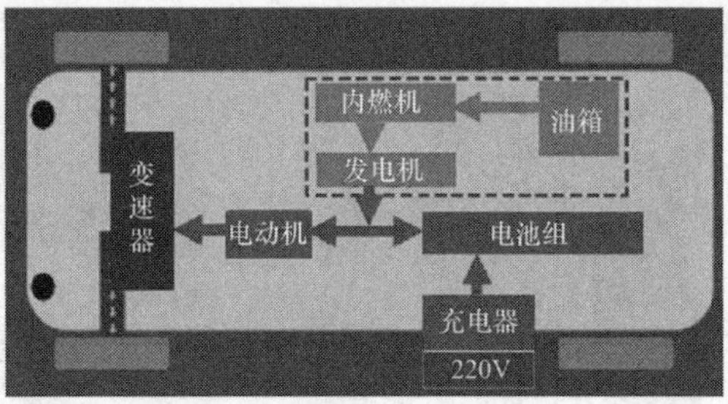

图 2.3 增程式电动车能量流动路线图

2. 并联式混合动力汽车（PHEV）

如图 2.2（b）所示，车辆的驱动力由电动机及发动机同时或单独供给，主要由发动机、电池组、电动机 / 发电机、减速机构、变速器和驱动轮等组成。并联式驱动系统的结构特点是可以单独使用发动机或电动机作为动力源，也可以同时使用电动机和发动机作为动力源驱动汽车行驶。

并联式混合动力系统结构简单，成本低，适用于多种行驶工况，尤其适用于复杂的路况，所以在轿车中应用较多，如本田雅阁和思域轿车上即采用了这种系统。并联式混合动力系统的能量流动路线如图 2.4 所示。

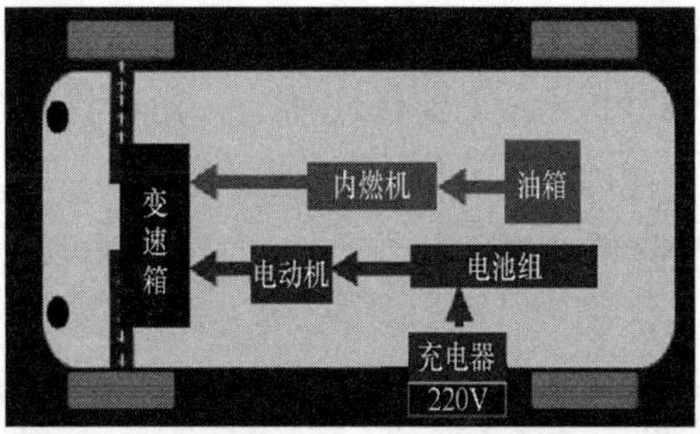

图 2.4 并联式混合动力系统能量流动路线图

3. 混联式混合动力汽车（CHEV）

混联式混合动力汽车同时具有串联式、并联式驱动方式（见图 2.2（c））。结构特点是可以在串联混合模式下工作，也可以在并联混合模式下工作，同时兼顾了串联式和并联式的特点。由于这种类型混合动力系统可以设计成用发动机驱动前轮，用电动机驱动后轮，所以适合应用于四轮驱动的车辆，目前在丰田普锐斯车上应用较多。混联式混合动力系统的能量流动路线如图 2.5 所示。

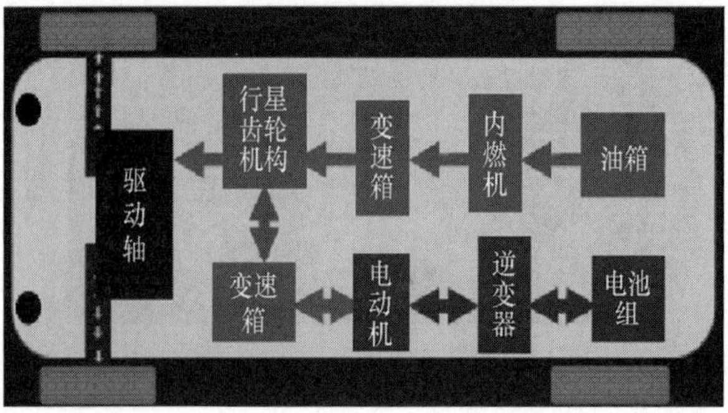

图 2.5 混联式混合动力系统能量流动路线图

4. 复合式混合动力汽车

如图 2.2（d）所示，复合式混合动力汽车结构更复杂，难以把它归于上述三种中的哪一种。其结构似乎与混联式混合型汽车相似，因为它们都有起发电机和电动机作用的电动机，二者的主要区别在于复合型中的电动机允许功率流双向流动，而混联式混合型中的发电机只允许功率流单向流动。双向流动的功率流可以有更多的运行模式，这对于采用三个驱动动力装置的混联式混合动力电动汽车而言是不可能达到的。复合式混合动力电动汽车同样具有结构复杂、成本高的缺点，不过，现在有些新型的混合动力电动汽车也采用这种双轴驱动的复合式系统。复合式混合动力系统的能量流动路线如图 2.6 所示。

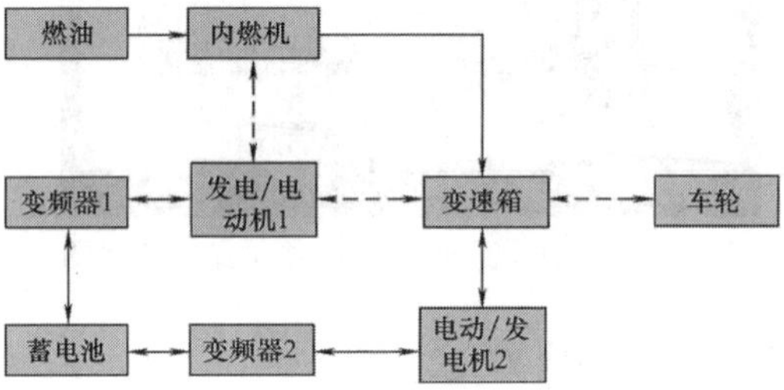

图 2.6 复合式混合动力系统简化能量流动路线图

为了实现混联式以及复合式的混合驾驶模式，发动机与发电机 / 电动机之间以及电动机与变速器之间必须进行机械连接，其中机械连接装置可以选择行星齿轮机构。

（二）按照混合度分类

目前，按照混合度的分类说法也比较流行。根据我国汽车行业标准中对混合动力汽车的分类和定义，按照电动机峰值功率占发动机功率百分比多少分为微混、轻混、中混和重混四种。

1. 微混

一般情况下电动机的峰值功率和发动机的额定功率比小于等于 5% 的为微混合动力，微混合动力车型的电动机基本不具备驱动车辆的功能，一般是用作迅速启动发动机，实现启动/停止功能，其代表车型有PSA的混合动力C3、丰田混合动力（Vitz）、奇瑞A5。微混合，也称“启停（Start-Stop）”式，在交通拥堵的城市，可实现节油率5%～10%。这种混合动力系统是在传统发动机上的启动电动机上加装了皮带，以驱动启动电动机，所以也被称为BSG系统。该电动机为发电/启动一体式电动机，用来控制发动机的启动和停止，从而取消了发动机的怠速，降低了油耗和排放。微混合动力系统电动机的电压通常有12 V和24 V两种，其中24 V主要用于柴油混合动力系统。从严格意义上讲，微混合动力汽车不属于真正的混合动力汽车，电动机仅作为发动机的发电机/启动机使用，并没有为汽车行驶提供持续的动力。

2. 轻混

电动机的峰值功率和发动机的额定功率比在5%～15%的为轻度混合动力，也称为“辅助驱动混合”，其代表车型为GM的混合动力皮卡车。这种类型系统中，在发动机和变速器之间装有集成启动电动机（ISG），发动机依然是主要动力，电动机不能单独驱动汽车，只是在爬坡或加速时辅助驱动，同时具有制动能量回收和“启停”功能。发动机排量可减少10%～20%，电动机的功率约为发动机的10%，节油率可达到10%～15%。

3. 中混

电动机的峰值功率和发动机的额定功率比在15%～40%的为中度混合动力，其代表车型有本田Insight、Accord和思域，别克君越Eco Hybrid。中混合动力系统同样采用了ISG系统，但与轻度混合动力系统不同，中混合动力系统采用的是高压电动机。另外，中混合动力系统还增加了一个功能，即当汽车处于加速或者大负荷工况时，电动机能够辅助驱动车轮，从而补充发动机本身动力输出不足。

4. 重混

电动机的峰值功率和发动机的额定功率比在40%以上的为重混合动力，也称为全混合或强混合动力系统，其代表车型是丰田Prius和Estima。这种动力系统采用了272～650 V的高压启动电动机，混合程度更高。

中混和重混这两类车型可由电动机或发动机单独驱动。重混合电动机和发动机可以独立或联合驱动车辆，低速起步、倒车和低速行驶时可以纯电动驱动，同时具有制动能量回收和“启停”功能。电动机的功率约为发动机的50%，节油率可达到30%～50%。技术难度较大，成本增加多。

（三）按能否外接电源进行充电分类

按此分类方法，混合动力汽车分为插电式混合动力汽车（如图2.7所示）和非插电式混合动力汽车。

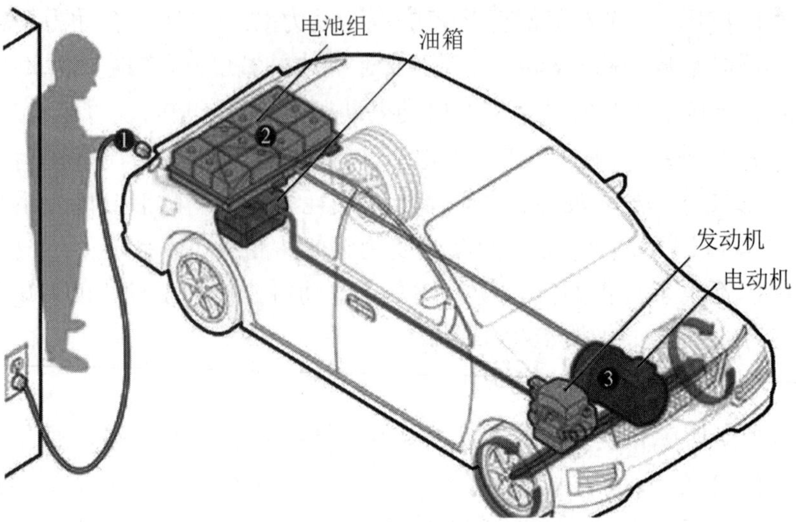

图 2.7　插电式混合动力汽车示意图

插电式混合动力系统符合欧美驾车习惯，更有利于节能减排。这种模式的出现基于对欧美人群用车情况的分析。国外研究机构根据资料统计得出结论，法国城镇居民 80%以上日均驾驶里程少于 50 km，美国汽车驾驶者也有 60%以上日均驾驶里程少于 50 km，80%以上日均驾驶里程少于 90 km。因此，在车辆上安装一套巨大的电池组，使其电量足以撑过这一行驶里程，就可以在大部分日常行驶中达到零排放。

插电式混合动力的特征是可由电能单独驱动，并配备一个大容量的可外部充电的蓄电池组，显著的特性是可通过外部工业 380 V 或家庭 220 V 电源进行充电。插电式混合动力汽车电动机的功率接近发动机，可实现较长距离的纯电动行驶，电池容量根据纯电动行驶里程来选定，电池成本增加很多，节油率在不计电能时最大可达到 100%。

比亚迪 F3DM 和雪佛兰 VOLT，以及长春中国一汽新能源汽车公司下线并投入市场的奔腾 B50 插电式混合动力轿车都属于这种类型。

非插电式混合动力汽车的电池不能由车外部的电源进行充电，即只能由本车的电动机或发动机来充电。

（四）按运行模式分类

按运行模式，混合动力汽车可分为单一模式混合动力汽车和双模式混合动力汽车。

1. 单一模式混合动力汽车

这种类型的混合动力汽车可以按照三种方式操控，即使用电力驱动、使用发动机驱动和使用发动机与电力驱动的任意组合。如果在交通拥挤、时停时走的状态下，仅使用电力驱动，延长发动机的关闭时间，则可以实现完全意义上的节油。

这种模式适用于低速小负荷的情况。

2. 双模式混合动力汽车

这种类型混合动力汽车的核心实质上是一个电控可调变速器。它利用现有的传动系统，配有两个电动机，可以在两种混合动力运行模式之间实现自如切换。在双模式混合动力系统下，精准的控制机构将决定汽车在特定的行驶状态下采用何种驱动方式。控制机构输入功率将取决于行驶时所需的扭矩，并向发动机和电动机发出相应的指令。发动机和电动机将扭矩传送到变速器中的一系列齿轮，利用与传统自动变速器类似的原理将扭矩扩大，从而驱动汽车行驶。但与传统的持续型可变变速器不同的是，双模式混合动力电子控制系统并不使用皮带或传送带。两种模式之间是同步切换，即切换模式时无须改变发动机速度，从而实现平衡加速。

这种模式主要适用于高速公路驾驶。除电力驱动辅助外，发动机可以在必要时启动全部气缸，如超车、拖载或爬坡时。它整合了尖端电子控制技术、随选排量技术、凸轮调整，以及进气门延迟启闭系统，使发动机的动力输出更加灵活、有效。

第二节 混合动力汽车驱动系统基本构造

一、串联式混合动力汽车

（一）结构

串联式混合动力驱动系统的结构如图 2.8 所示。其工作原理是：发动机带动发电机发电，发出的电能通过电动机控制器输送给电动机，由电动机将电能转化为机械能驱动汽车行驶。储能系统（动力电池、超级电容、飞轮等）是发电机与电动机之间的储能装置，起到功率平衡的作用，即当发电机发出的功率大于电动机所需的功率时（如汽车减速滑行、低速行驶或短时停车等工况），多余电能向储能系统充电；而当发电机发出的功率低于电动机所需的功率时（如汽车起步、加速、爬坡、高速行驶等工况），储能系统向电动机提供额外的电能，补充发电机功率的不足，满足车辆峰值功率要求。

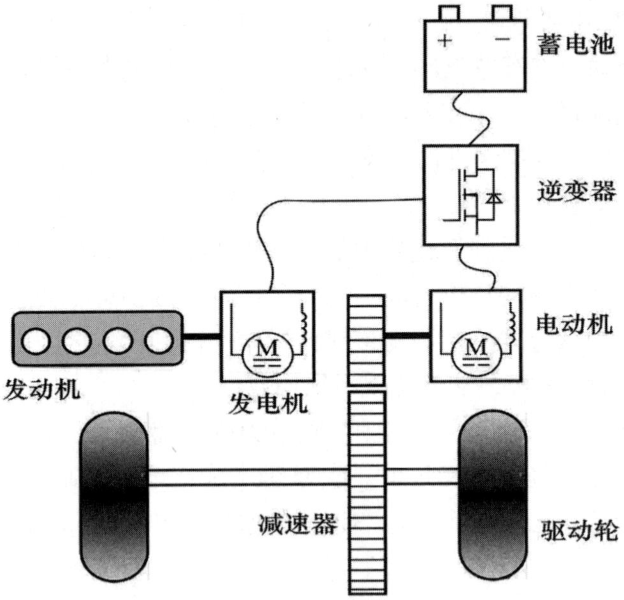

图 2.8 串联式混合动力驱动系统

串联式混合动力汽车上的发动机与道路负荷不耦合，不必考虑传动系统的要求，就可对发动机工作进行优化，使其在某一固定工作点（或在某固定工作点周围很窄的区域内）运行。同时广义的“发动机”的选择也具有多样性。发动机可以是内燃机，也可以是其他不适用于直接驱动车轮的发动机，例如微型燃气轮机、斯特林发动机等。发动机 - 发电机组作为一个整体也可以是燃料电池系统。采用液化石油气、天然气、氢气或氢气与天然气的混合气体的混合动力汽车排放比较低，装有柴油机的混合动力汽车的燃油经济性比较好。

串联式混合动力汽车有以下两种设计理念：

1. 小发电单元 + 大容量动力电池组合

以电池动力为主要驱动能量的来源，而小型发动机作为车载发电装置用来增加行驶里程。小功率发电单元（即发动机与发电机组成的车载发电装置）用来调节电池存储能量的峰谷。在蓄电池的荷电状态（SOC）达到设定的下限值时，车载发电装置开始启动并对蓄电池充电。车载发电装置一直工作到蓄电池达到预定的荷电状态上限值为止。

车载发电装置工作时间的长短与电池容量和自身功率大小有关，具有安静环保的优点，同时发动机的燃油消耗和排放性都得到了明显的改善，但采用大容量电池的成本较高。增程式电动汽车大多采用这种结构。

2. 大发电单元 + 小电池组合

根据串联式混合动力的特点，通过调节发动机的工作点，使发动机一直工作在效率较高的区域，整车以内燃机能量转换为电能为主。与“小发电单元 + 大容量动力电池组合”相比，成本降低，续驶里程更长，同时可以带动其他附件。

但是，由于发动机比前一种设计更大，所以安静舒适度差，环保效果不如前者。美国的混合动力客车因为强调动力性，所以经常采用这样的结构，以增加驱动能力，同时能够保持与原车相当的燃油经济性。

发动机－发电机组成的车载发电单元所输出的平均功率与蓄电池为满足峰值功率要求而提供的补充功率之间的比例，通常由车辆的应用特点决定，特别要考虑车辆行驶循环的需求。串联式混合动力系统适用于目标和行驶工况相对确定的车辆，例如货物分送车、城市公交车等在城市内频繁启停的车辆。

（二）特点

1. 优点

（1）排放污染小。串联式混合动力汽车以动力电池组内的电能为基本能源来驱动。串联式混合动力汽车采用纯电动驱动时关闭发动机，只用电池组电力驱动汽车，实现“零排放”行驶。发动机－发电机组所发出的电能向动力电池组充电，发动机独立工作在高效率区域用于补充动力电池组的电能或直接供给驱动电动机，增加续驶里程，减少有害气体排放。

（2）驱动形式多样。串联式混合动力汽车可采用电动机驱动系统或轮毂电动机驱动系统。根据布置的不同，还可以分为前轮驱动、后轮驱动或四轮驱动等多种驱动形式。

（3）布置方便。串联式混合动力汽车只有驱动电动机的电力驱动系统，其特点更加趋近于纯电动车。因为驱动电动机与发电单元没有机械连接，因而布置起来更容易。

2. 缺点

（1）对驱动电动机、发电单元和电池的要求高。在串联式混合动力汽车上，驱动电动机的功率需要满足汽车在行驶中的最大功率需求，因此，驱动电动机的功率要求较大，使得电动机的体积和质量都较大。由于需求功率的要求，动力电池组的容量也要大。需要装置一个较大功率的发动机－发电机组，外形尺寸和质量较大，在中小型串联式混合动力汽车中布置有一定的困难，所以串联式混合动力汽车驱动系统较适合在大型客车上采用。

（2）能量转换效率降低。串联式混合动力驱动系统能量通过热能→电能→机械能转换，能量损失较大。

（3）对动力电池工作性能要求更高。为了保护电池，获得更好的电池性能和寿命，要根据动力电池荷电状态的变化，自动启动或关闭发动机－发电机，以避免动力电池组过度放电，发动机－发电机与动力电池组之间的搭配要求严格。

3. 工作模式

如图 2.9 所示，串联式混合动力汽车的典型工作模式有以下几种：

（1）纯电驱动。发动机关闭，车辆从车载电池组中获得电能，驱动车辆前进，如图 2.9（a）所示。

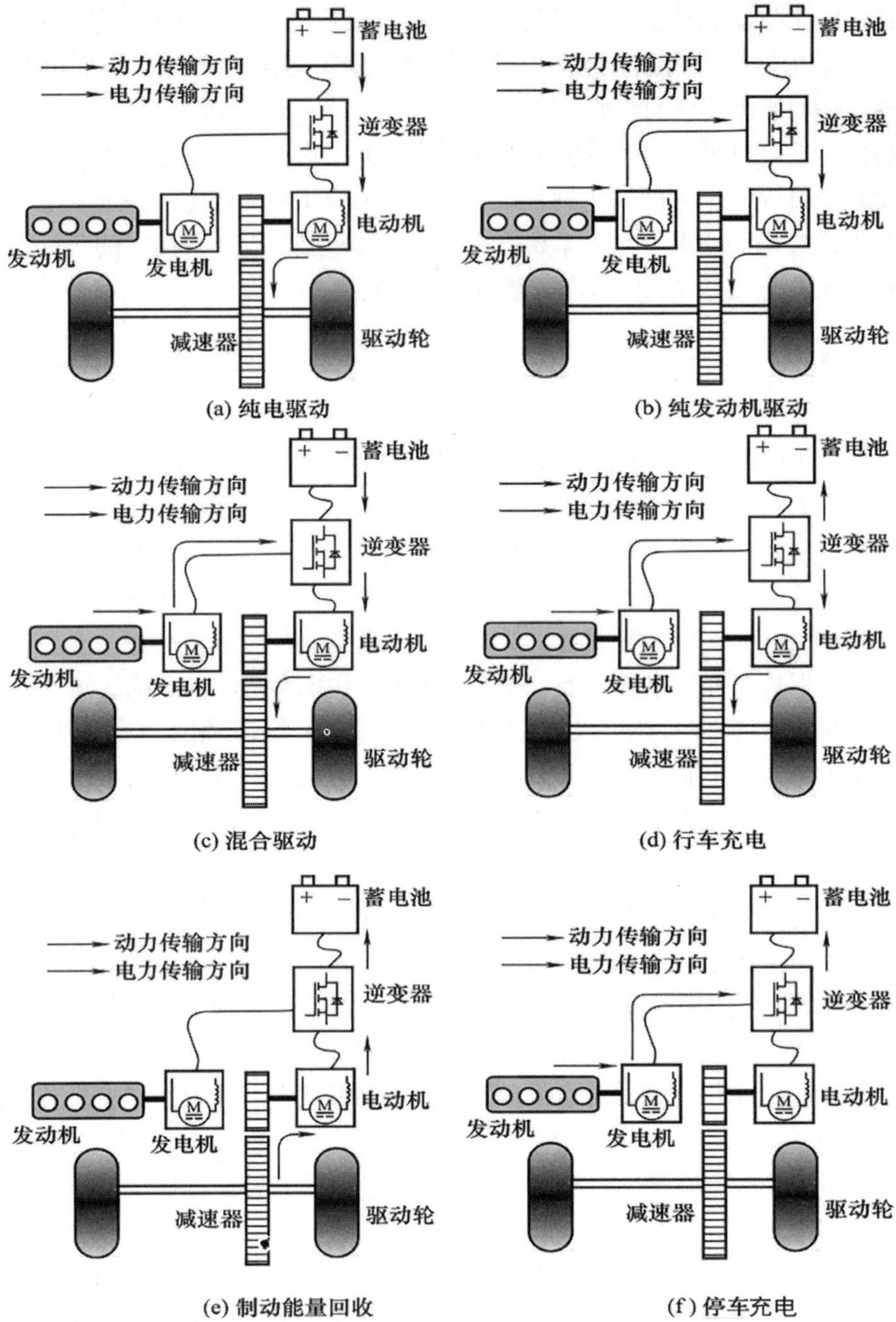

图 2.9 串联式混合动力汽车工作模式

（2）纯发动机驱动。车辆驱动功率来源于发动机－发电机组成的发电单元，这时车载电池组既不供电也不从发电单元获取电能，如图 2.9（b）所示。

（3）混合驱动。驱动电动机同时从电池组和发动机－发电机发电单元获取电能，驱动车辆，如图 2.9（c）所示。

（4）行车充电。发动机－发电机除向车辆提供行驶所需功率外，还向电池组充电，如图 2.9（d）所示。

（5）制动能量回收。即再生制动能量回收，由牵引电动机作为发电机回收减速或制动过程的能量并向电池组充电，如图 2.9（e）所示。

（6）停车充电。牵引电动机不接受功率，车辆停驶，发动机－发电机组仅向蓄电池组充电，如图 2.9（f）所示。

实际工作的工作模式需要经过控制策略的优化，在满足动力性能要求的前提下，保护电池的状态和性能，获得更好的燃油经济性和更低的排放。

二、并联式混合动力汽车

1. 结构

并联式结构有内燃机和电动机两套驱动系统。并联式混合动力汽车可以在比较复杂的工况下使用不同驱动模式，应用范围比较广。并联式结构由于电动机的数量和布置、变速器的类型、部件的数量（如离合器、变速器的数量）和位置关系（如电动机与离合器的位置关系）的不同，具有多种类型。

根据输出轴的结构不同可划分为两种形式，即单轴式和双轴式。

（1）单轴式并联混合动力系统

如图 2.10 所示，发动机通过主传动轴与变速器相连，电动机的转矩通过齿轮与内燃机的转矩在变速器前进行复合，这种形式称为转矩复合。在单轴式结构中，内燃机、电动机和变速器输入轴之间的转速成一定比例关系。

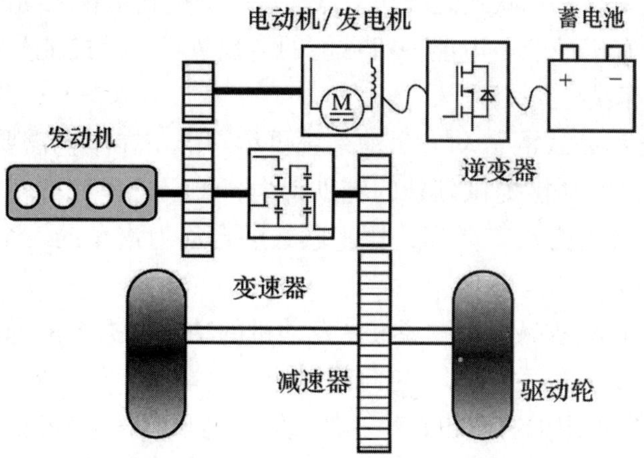

图 2.10 单轴式并联混合动力系统

（2）双轴式并联混合动力系统

如图 2.11 所示，可以有两套机械变速器，内燃机和电动机各自与一套变速器相连，然后通过齿轮系进行复合。在这种复杂结构中，可以分别调节变速比来调节内燃机、电动机之间的转速关系，使发动机的工况调节更灵活。

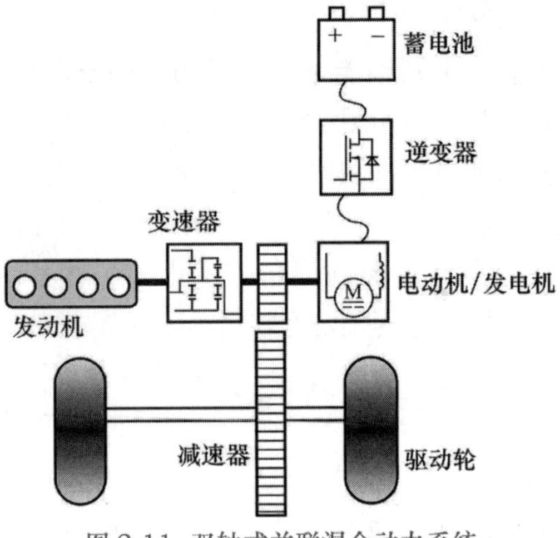

图 2.11 双轴式并联混合动力系统

当采用行星齿轮机构作为动力耦合机构时，由于行星齿轮机构有两个自由度，可以实现根据两个输入部件的转速复合确定输出轴的转速，而各个部件间的转矩保持一定的比例关系，这种功率复合形式称为转速复合。

2．特点

（1）优点

① 两条驱动路径并联增加驱动功率。并联式混合动力汽车具有发动机和电动机 / 发电机（或驱动电动机）两套动力系统，增强了混合动力汽车的动力性。

② 能量转化效率高。并联式混合动力汽车从发动机到车轮之间的动力传递过程中，除摩擦损耗外，没有机械能→电能→机械能的转换过程，总的能量转换综合效率要比串联式混合动力汽车高。

③ 动力元件比串联式混合动力驱动系统更小。由于在车辆需要较大输出功率时，电动机 / 发电机可给发动机提供额外的辅助动力，可以选择功率较小的发动机，燃料经济性比串联式混合动力汽车要高，比串联式混合动力汽车的三个动力总成的功率、质量和体积要小很多。

④ 储能元件容量要求减小。电动机 / 发动机的功率根据多能源动力总成匹配的要求，可以选择较小功率的发动机。与此相对应，电动机 / 发动机的质量和体积较小，与它们配套的动力电池组的容量也较小，使整车整备质量大大降低。

⑤ 电动机 / 发动机根据工况灵活工作。电动机 / 发动机同时起到启动机和飞轮的作用，可以带动发动机启动，在发动机运转时起飞轮平衡作用，调节发动机动态变化和输出功率，使发动机基本稳定在高效率、低排放的状态下运转。发动机带动电动机 / 发电机发电，所发出的电能向动力电池组充电，用于补充动力电池组的电能，可增加续驶里程。

（2）缺点

① 发动机工作状态受路面行驶工况影响。发动机驱动模式是并联式混合动力汽车

的基本驱动模式，发动机的工况会受到并联式混合动力汽车行驶工况的影响，无法一直运行在高效区域，因此，发动机排放性能劣于串联式混合动力汽车。

② 相比串联式混合动力汽车结构和布置更复杂。并联式混合动力汽车发动机驱动路径需要配备与内燃机汽车相同的传动系统，包括离合器、变速器、传动轴、主减速器和差速器等传动总成，另外，还有电动机 / 发电机、动力电池组，以及动力耦合器等装置，因此，并联式混合动力汽车的多能源动力系统结构复杂，布置和控制困难。

3. 工作模式

如图 2.12 所示，并联式混合动力汽车的工作模式主要有以下几种。

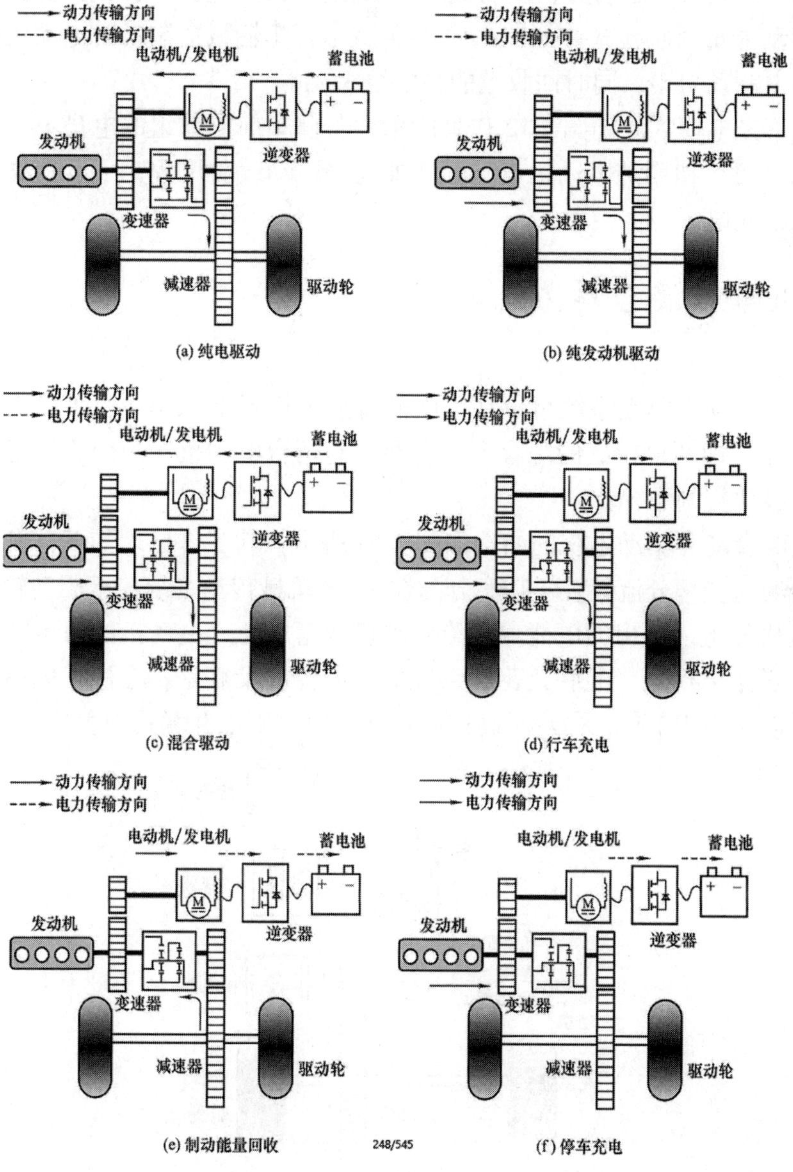

图 2.12　并联式混合动力汽车的工作模式

（1）纯电驱动模式。如图 2.12（a）所示，传统车辆起步时发动机效率低，排放差。并联结构由于增加了一套电驱动系统，在电池电量充足的情况下，使用纯电动机启动和车辆起步驱动。

（2）纯发动机驱动模式。如图 2.12（b）所示，当车辆匀速行驶，满足发动机高效工作区域时，使用纯发动机驱动，可以获得较高的效率。

（3）混合驱动模式。如图 2.12（c）所示，加速或爬坡工况下车辆需要更大的驱动力，这时两条动力输出同时出力，满足动力要求。此时电动机的能量来自电池组。

（4）行车充电模式。如图 2.12（d）所示，当发动机输出功率大于车辆负荷、电池组荷电状态未达到最高限值时，发动机的多余能量用来带动发电机给电池组充电。

（5）制动能量回收模式。如图 2.12（e）所示，车辆减速制动时电动机作为发电机使用，提供电制动力矩，同时回收电能给电池组充电。

（6）停车充电模式。如图 2.12（f）所示，若停车前电池组的电量不足，为了保证下一次启动时可以使用纯电动机启动，增加纯电驱动续驶里程，可以在停车时利用发动机给电池组充电。

三、混联式混合动力汽车

1. 结构

混联式混合动力驱动系统可以在串联混合动力模式下工作，也可以在并联混合动力模式下工作，即两种模式的综合。这就要求有两台电动机、一个比较复杂的传动系统和一个智能化控制系统。

混联式混合动力驱动系统的结构如图 2.13 所示，其工作原理如下：发动机发出的功率一部分通过功率分流装置（功率分配器），经机械传动系统传至驱动轮，另一部分则驱动发电机发电，发出的电能输送给电动机或蓄电池，电动机的力矩同样也可通过传动系统传送给驱动轮。混联式驱动系统的一般控制策略是：在汽车低速行驶时，驱动系统主要以串联式工作；当汽车高速稳定行驶时，则以并联式为主。

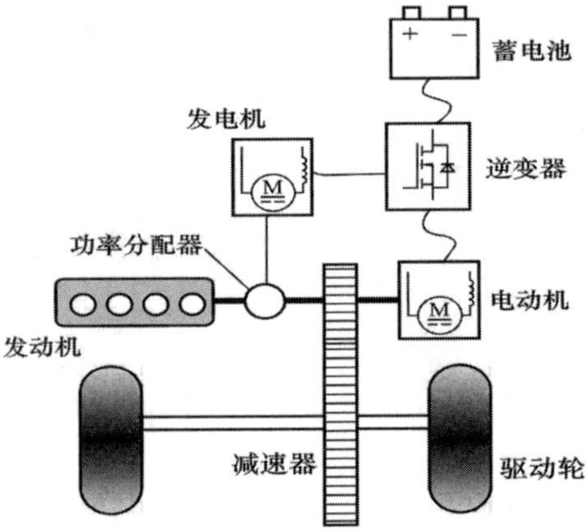

图 2.13 混联式混合动力驱动系统

混联式混合动力驱动系统的结构形式和控制方式充分发挥了串联式和并联式的优点，能够使发动机、发电机、电动机等部件进行更优化的匹配，在结构上保证了在更复杂的工况下使系统工作在最优状态，因此更容易实现排放和油耗的控制目标。与并联式相比，混联式的动力复合形式更复杂，因此在机械结构和控制方面对动力复合装置提出了更多的要求。目前的混联式结构一般以行星齿轮机构作为动力复合装置。

2. 特点

（1）优点

① 与串联式混合动力汽车相比，动力系统更小、成本更低。混联式混合动力汽车是在并联式混合动力汽车的基础上，再增加电动机 / 发电机或驱动电动机，因此，混联式混合动力汽车由三个动力总成组成，三个动力总成以 50% ~ 100%的功率驱动车辆，但比串联式混合动力汽车动力总成的功率、质量和体积要小。

② 多种工作模式获得更好的性能。混联式混合动力汽车有多种驱动模式可供选择，包括串联驱动和并联驱动，使发动机的工作状态在多变的工况中都可以选择最优的模式。

③ 发动机参与驱动减少能量转换损失。发动机驱动模式是混联式混合动力汽车的基本驱动模式之一，从发动机到车轮之间动力传递过程中，除摩擦损耗外，没有机械能→电能→机械能的转换过程，能量转换的综合效率要比内燃机汽车高。

④ 纯电行驶降低排放。纯电动机驱动模式也是混联式混合动力汽车的基本驱动模式之一，可以独立驱动车辆行驶，在车辆启动及起步时，发挥电动机低速大转矩的特征，带动车辆起步，实现“零污染”行驶。

（2）缺点

① 发动机参与驱动在特殊工况下排放劣于串联式混合动力汽车。混联式混合动力汽车的动力性能更接近内燃机汽车。发动机的工况会受行驶工况的影响，发动机的有害气体的排放高于串联式混合动力汽车。

② 结构复杂布置困难。混联式混合动力汽车需要配备两套驱动系统，发动机传动系统需要装置离合器、变速器、传动轴和驱动轮等传动总成。另外，还有电动机 / 发动机、驱动电动机、减速器、动力电池组，以及多能源的动力组合或协调发动机驱动与驱动电动机驱动力的专用装置，因此，混联式混合动力汽车的多能源动力系统结构复杂，总布置也更加困难。

③ 整车多能源控制系统要求更高、更复杂。多能源动力的匹配和组合有不同的形式，需要装配一个复杂的多能源动力总成控制系统，才能达到高的经济性和“超低污染”的控制目标。

（3）工作模式

混联式混合动力汽车兼具并联和串联混合动力汽车的工作模式，如图 2.14 所示。

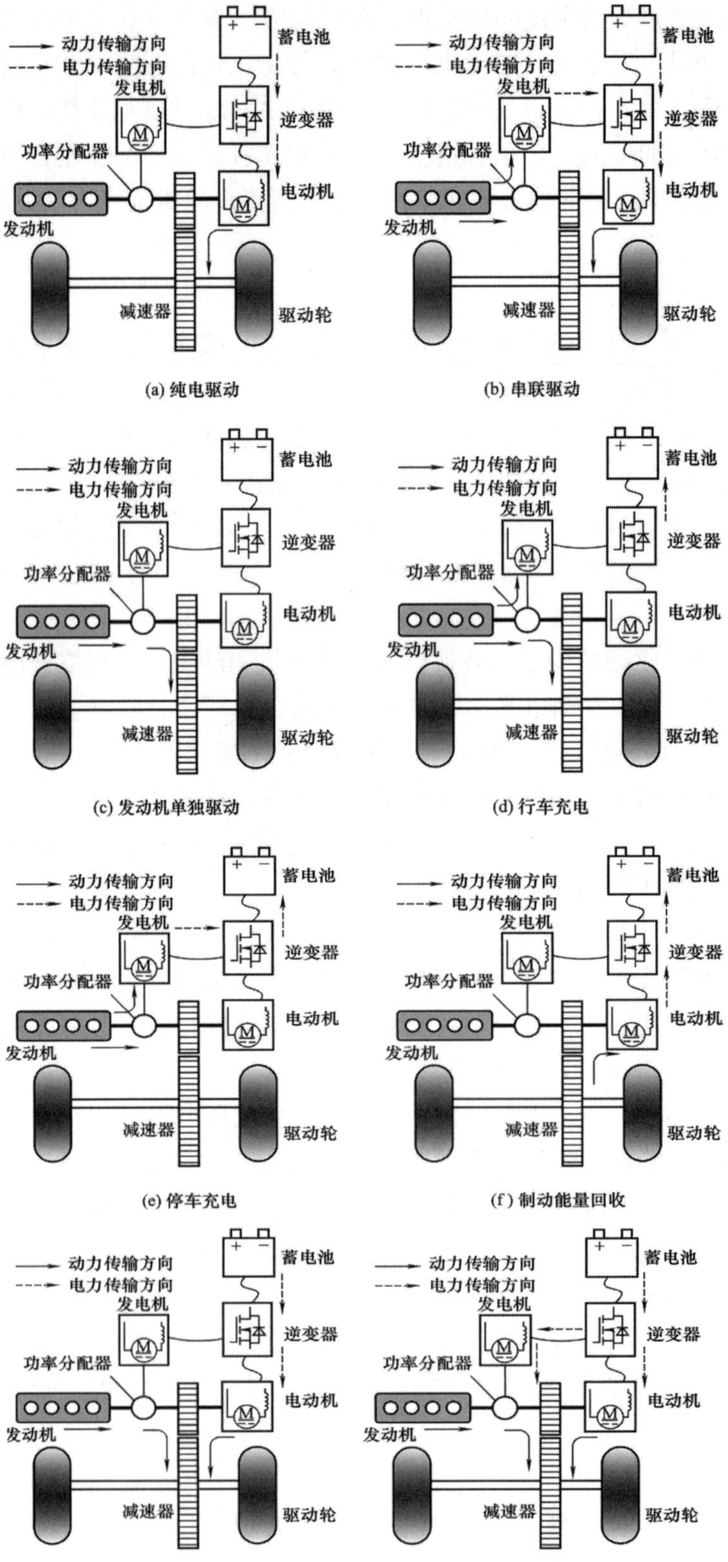

图 2.14 混联式混合动力汽车工作模式

① 纯电驱动。如图 2.14（a）所示，利用电池的电能，通过驱动电动机单独驱动汽车行驶。

② 串联驱动。如图 2.14（b）所示。主要工作在以下两种情况时：一是低速区间，大功率驱动工况，如连续爬坡等，此时依照工作状况设定，由电动机驱动，将会消耗大量的电，需要发动机为电池补足电量；二是电池电能不足，低于预设值，发动机需要为电池及时补充电能。汽车以串联驱动模式行驶时，发动机工作在经济区且输出恒定功率。

③发动机单独驱动。如图 2.14（c）所示，此种情况和传统汽车工作状况相同，因此，适合于发动机经济转速区域，即此时为巡航车速。

④ 行车充电。如图 2.14（d）所示，一般工作在发动机中速区域，且此时的发动机动力负荷偏低，效率低。通过这种模式来提高发动机的工作负荷，从而提高发动机的工作效率和为电池补充电能。

⑤ 停车充电。如图 2.14（e）所示，当电池荷电状态低于设定限值时，采用停车充电模式，发动机在经济区以输出恒定功率的方式带动 ISG 电动机发电，为电池补充能量。

⑥ 制动能量回收。如图 2.14（f）所示，汽车制动时，车轮提供反向扭矩，带动驱动电动机来作为发电机发电，以此回收能量。通过回收制动能量，混合动力车能很好地控制油耗和排放。这种模式工作在中高速滑行和制动的工况下。

⑦ 并联驱动。如图 2.14（g）所示，发动机和电动机同时工作，能提供较大的动力输出，因此，这种模式通常适合于工作在中低速加速和高速区。

⑧ 全加速。如图 2.14（h）所示，发动机、发电机及驱动电动机同时驱动。此时，所有的能量都输出用于驱动汽车，这种模式能获得最大的驱动力。一般用于极限速度行驶、超车等情况。

四、插电式混合动力汽车

1. 结构

插电式混合动力汽车是可以使用电网（包括家用电源插座）对动力电池充电的混合动力汽车，是在油电混合动力的基础上开发出来的。它既可以纯电动长距离行驶，也可以在全混合模式下工作。插电式混合动力分为并联与串联两种结构，分别如图 2.15 和图 2.16 所示。

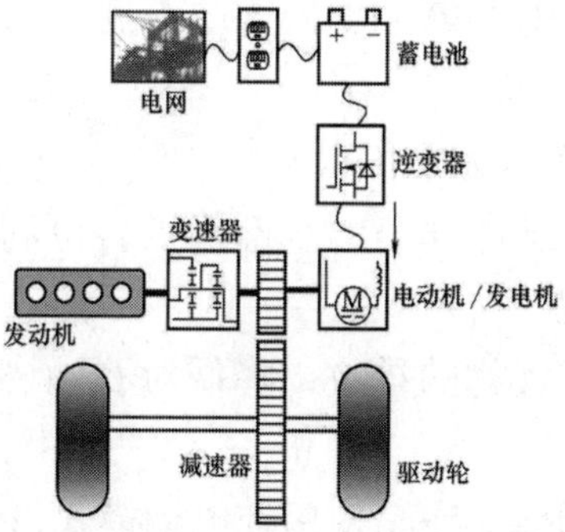

图 2.15 并联结构插电式混合动力系统

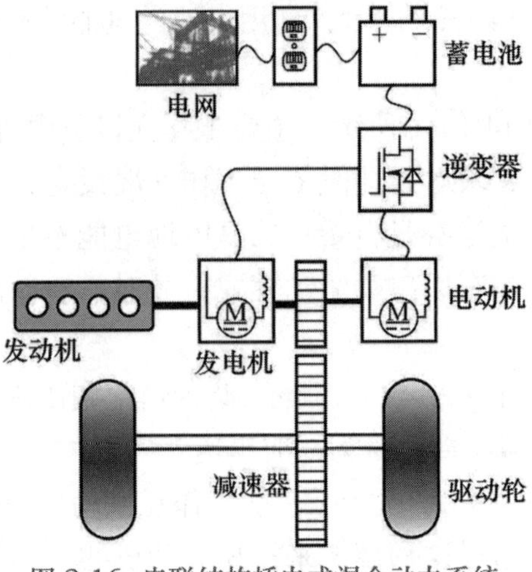

图 2.16　串联结构插电式混合动力系统

插电式混合动力汽车自身安装车载充电器，可以直接用电网充电。与纯电动车相比，插电式混合动力汽车增加了内燃机；与油电混合动力相比，插电式混合动力汽车可以外接电网充电；在相同车型条件下，插电式混合动力汽车的电池比油电混合动力汽车的电池功率大，内燃机功率比油电混合动力汽车的小。总之，插电式混合动力汽车在设计目标上是综合纯电动汽车与油电混合动力汽车的优点。

例如，丰田 Prius 的插电式车型就是在原来混联式的基础上增加了车载充电器而改型设计的，而通用的 Volt 却是在原有纯电动车的基础上增加了内燃机而改型设计的。Volt 的最初定位是设计制造一款增程式混合动力汽车，采用小电动机加大容量电池实现纯电动行驶。由于动力性不能满足要求，所以在发动机与发电机之间增加离合器，在动力需求较大时，使发动机参与驱动。结构上是采用了行星齿轮耦合机构的混联结构，但工作模式又与同样采用行星齿轮结构的丰田 Prius 插电式混合动力不完全相同。

2．特点

（1）优点

插电式混合动力汽车的特征是行驶动力主要来自电池，发动机只是作为后备动力来源，在电池电量耗尽时才启用。也就是说插电式混合动力汽车主要适合城市道路，在日常使用过程中，它可以当作一台纯电动车来使用，只要单次使用不超过电池可提供的续驶里程（如 PHEV30、PHEV40、PHEV50，一般可以满足 50 km 以上），它就可以做到零排放和零油耗。

因此，插电式混合动力汽车有如下优点。

① 插电式混合动力汽车有纯电动车的全部优点，可利用晚间低谷电对电池充电，改善电厂的机组效率，节约能源。

② 减少温室气体和各种有害物的排放，降低对石油燃料的依赖，减少石油进口，增加国家能源的安全。

③ 如果是在城市内行驶，距离较短，使用纯电动模式，不消耗燃油；如果长途旅行，

距离较长，使用混合驱动模式，增加续驶里程。

④ 可以利用外部电网对车载电池组充电。

(2) 缺点

① 根据特定需求确定纯电动里程，同时影响电池大小的选择。

② 纯电行驶对电池要求较高，如电池要有足够高的能量密度和功率密度，较长的循环寿命，放电及充电性能要求均高。

③ 对充电设施的要求也较高，包括充电站的建设等。

3. 工作模式

根据车上电池荷电状态的变化特点，可以将 PHEV 的工作模式分为电量消耗 (CD)、电量保持 (CS) 和常规充电 (BC) 模式，其中电量消耗又分为纯电动 (EV) 和混合动力 (HEV) 两种子模式。

PHEV 优先应用电量消耗模式。在电量消耗模式中，PHEV 根据整车的功率需求，具体选择纯电动和混合动力两种子模式。Volt 和 Prius 插电式混合动力汽车工作模式分别如图 2.17 和图 2.18 所示。

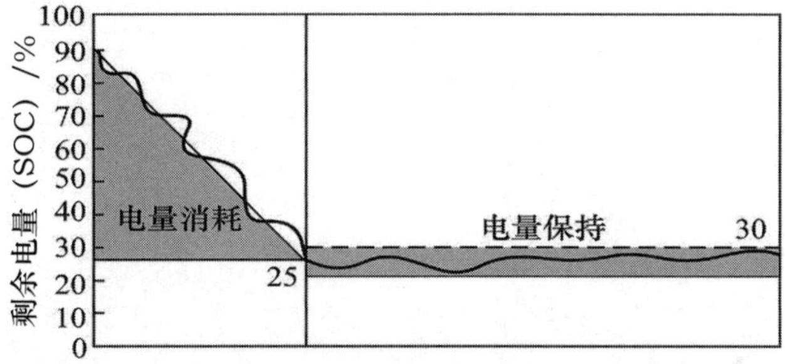

图 2.17　Volt 插电式混合动力汽车工作模式

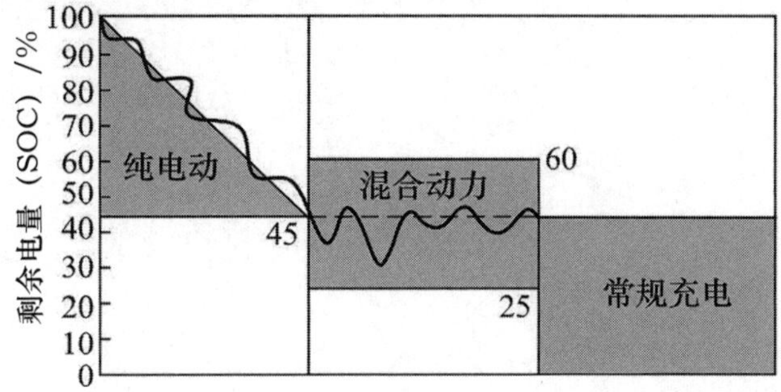

图 2.18　Prius 插电式混合动力汽车工作模式

在电量消耗→纯电动子模式中，发动机是关闭的，电池是唯一的能量源，电池的荷电状态降低，整车一般只达到部分动力性指标。该模式适合于启动、低速和低负荷时应用。

在电量消耗→混合动力子模式中，发动机和电动机同时工作，电池提供整车功率需求的主要部分，电池的荷电状态也在降低，发动机用来补充电池输出功率不足的部分，直至电池的荷电状态达到最小允许值。该模式适合高速，尤其是要求全面达到动力性指标时采用。

在电量保持模式下，PHEV 的工作方式与传统 HEV 工作模式类似，电池的荷电状态基本维持不变。

电量消耗→纯电动、电量消耗→混合动力和电量保持模式之间能够根据整车管理策略进行无缝切换，切换的主要根据是整车功率需求和电池的荷电状态。

第三章　纯电动汽车构造

章节概述

纯电动汽车（Electric Vehicle,EV）是指由电动机作为唯一驱动装置驱动车轮行驶的汽车。电动机的驱动电能来源于车载可充电蓄电池或其他能量储存装置。纯电动汽车与传统汽车相比，具有节能环保、整车轻量化、运行成本低等优势。因此，发展电动汽车，推动汽车领域的节能减排，对于缓解能源压力和改善环境具有重要意义，发展电动汽车也是未来汽车业的必然趋势。

学习目标

1. 掌握纯电动汽车的定义及分类方法。
2. 理解纯电动汽车的结构特点与工作原理。
3. 了解纯电动汽车的关键技术及主要车型特点。

第一节　纯电动汽车概述

一、电动汽车发展现状

（一）电动汽车的发展历史

纯电动汽车（Blade Electric Vehicles，BEV）是指以车载电源（如铅酸蓄电池、镍锡蓄电池、镍氢蓄电池或锂离子蓄电池）为动力，用电动机驱动车轮行驶，符合道路交通、安全法规各项要求的车辆。就定义来说是指单纯用蓄电池作为驱动能源的汽车就是电动汽车，但它是涉及机械、动力学、电化学、电机学、微电子和计算机控制等多种学科的高科技产品，也是当前市场上销量最高的新能源汽车。图 3.1 为电动汽车示意图。

图 3.1　电动汽车示意图

新能源汽车近期发展迅速，实际上作为新能源汽车中的一种，电动汽车出现的时间比内燃机汽车还要早。新能源汽车从最初的电动汽车发展到今天多种类型经历了漫长的过程，发展历程是间断曲折、不连续的。在一百多年的汽车发展历史中，电动汽车主要经历了以下三个发展阶段。

1．第一阶段，19 世纪—20 世纪初

直流电机之父——匈牙利发明家阿纽什·耶德利克于 1828 年在实验室试验了电磁转动的行动装置。美国人托马斯·达文波特在 1834 年发明了世界上第一辆电动车，这部电动车采用的是不可充电的干电池。1837 年，达文波特因此获得美国电机行业的第一个专利。

1859 年，法国物理学家加斯顿·普朗特发明了可充电的铅酸电池。随着蓄电池技术的发展，电动汽车在 19 世纪的下半个世纪中，在欧美得到了比较大的发展。1881 年，法国人古斯塔夫·特鲁麦在巴黎举行的国际电器展览会上展出了一辆电动三轮车，第一次把直流电动机和可充电电池用于私人车辆。

19 世纪末到 1920 年是电动汽车早期发展的黄金时期。这个时期的电动汽车装有铜丝辐条车轮、充气轮胎和软座椅，可以快速启动，加速几乎没有噪声，比当时的内燃机汽车有着更多优势，这就形成了以蒸汽、电机和内燃机三分天下的局面。1894 年美国人亨利·莫里斯和应德罗·萨罗姆成立了电动客车和货车公司，制造出经久耐用的车辆，并在纽约创建了第一个电动车辆出租车队。20 世纪初，美国安东尼电气、贝克、底特律电气、爱迪生等公司相继推出电动汽车，电动汽车的销量全面超越内燃机汽车，占领了美国私人机动车的主要市场。据统计，在 20 世纪初的全世界所有汽车中，有 38% 为电动汽车，40% 为蒸汽车，22% 为内燃机汽车。可见，电动汽车在当时的汽车发展中占据着重要位置。

1920 年左右，电动汽车的生产达到了顶峰，但自此以后每况愈下，电动汽车市场逐步被内燃机驱动的汽车所取代。出现这种变化的主要原因是城市道路的改善，人们开始追求高速和续驶里程的延长，电动汽车显得力不从心；内燃机技术取得很大进展，其性能提升显著；石油的大量开发，燃油价格低廉。1920 年以后，电动汽车几乎销声匿迹了，汽车工业进入了燃油汽车时代，只有在少数城市保留着有轨电车和无轨电车及少量电瓶车。电动汽车的发展从此停滞了大半个世纪，人们几乎忘记了还有电动汽车的存在。

2. 第二阶段（20 世纪 70 年代）

燃油汽车的发展特点是对石油供应的强烈依赖。20 世纪 70 年代，全球发生了一场石油紧缺造成的能源危机。世界各国产生了强烈的危机感，在这样的背景下，人们又将注意力转向了电动汽车，电动汽车重新获得发展机遇。但是这场能源危机过去之后，石油价格在 20 世纪 70 年代末开始下跌，石油短缺变得不再严重，这使得电动汽车在技术成熟和形成商业化产品之前，失去了进一步发展的动力。人们对电动汽车的兴趣和研发投入逐渐减小，电动汽车再次进入了发展的沉寂期。

3. 第三阶段（20 世纪 80 年代末期至今）

20 世纪 80 年代是世界尤其是欧美各国工业化的快速发展时期，全球的汽车产量和保有量增加迅速。在 90 年代，人们意识到了燃油需求量巨大与石油资源有限的矛盾，开始寻求解决车辆驱动的能量来源问题的方法和途径。

另一方面，汽车数量的快速增加造成的空气污染日益严重。早在 1943 年美国洛杉矶就发生了世界上最早的光化学烟雾事件。经过反复地调查研究，直到 1958 年才发现这一事件是由于洛杉矶的 250 万辆汽车排气污染造成的，这些汽车每天消耗约 1 600 t 汽油，向大气排放 1 000 多吨碳氢化合物（HC）和 400 多吨氮氧化合物（NO），这些气体受阳光作用形成光化学烟雾。1971 年，日本东京发生了严重的光化学烟雾事件。日本环保部门对东京几个主要光化学烟雾污染源进行调查后发现，汽车排放的一氧化碳（CO）、碳氢化合物（HC）和氮氧化合物（NO）三种污染物约占总排放量的 80%。1997 年夏季，拥有 80 万辆汽车的智利首都圣地亚哥也发生光化学烟雾事件，使圣地亚哥处于半瘫痪状态。

人们日益关注汽车排放对空气质量和温室效应所产生的不利影响，一些国家和地区开始实行更严格的排放法规，使得电动汽车发展再次获得机遇，对其进入市场起到了巨大的推动作用。1990 年，美国加州大气资源管理局颁布了一项法规，规定 1998 年在加州出售的汽车中 2% 必须是零排放车辆，到 2003 年零排放车辆应达到 10%。虽然在 1998 年这项法规的目标并没有完全达到，但它是一个良好的开端。受加州法规的影响，美国的电动汽车研发和应用迅速开展起来，并引发了世界其他各国电动汽车的发展。

在能源和环境的双重压力下，从 20 世纪 90 年代开始，电动汽车的研究开发进入一个活跃期。在这一时期，电动汽车的发展思路已有了重大转变，即由单一的纯电动汽车拓展为多类型的新能源汽车，混合动力汽车、燃料电池汽车、气体燃料汽车等新型汽车有了较大发展。汽车能源的多样化、能量利用高效化及零排放是今后车辆驱动技术的发展方向。

（二）我国电动汽车发展现状

2006 年，《国家中长期科学和技术发展规划纲要（2006—2020 年）》分别将“低能耗与新能源汽车”和“氢燃料电池技术”列入优先主题和前沿技术；2007 年发布实施《新能源汽车生产准入管理规则》，将电动汽车正式纳入国家汽车新产品公告管理；2008 年北京奥运会使用了 500 多辆自主研发的电动汽车，发挥了大规模的示范作用。2009 年 2 月，科技部、财政部、发改委和工信部联合召开节能和新能源汽车示范推广试点工作会议，共同启动“十城千辆”工程，计划用 3 年左右时间，每年发展 10 个城市，每个城市推出 1 000 辆新能源汽车开展示范运行，涉及公交、出租、公务、市政、邮政等领域，力争使全国新能源汽车的运营规模到 2012 年占到汽车市场份额的 10%。目前，中国已经初步建立了电动汽车的法规、标准与管理体系，为电动汽车的产业化、商业化发展奠定了基础。

随着国家对新能源汽车示范运行的持续深入，企业对电动汽车的研发和产业化投入显著增强，产业化步伐不断加快。为了争取政府的资源和政策倾斜以及“十城千辆”电动汽车示范应用工程的诱人订单，国内各大汽车厂商争先恐后地组建产业联盟，一汽、东风、上汽、长安、奇瑞、比亚迪等都已制定了电动汽车产品研发和产业化规划。与此同时，电池、电机等电动汽车关键零部件的产业化全面跟进，生产配套能力显著增强。经过不懈的努力，中国汽车研发呈现较好的发展局面，各大汽车厂商也积极投入人力、物力研发电动汽车，取得了较好的成绩。

二、纯电动汽车的特点

纯电动汽车的特点首先是其本身不排放污染大气的有害气体，做到了无污染。即使按所耗电量换算为发电厂的排放，除硫和微粒外，其他污染物也显著减少；由于电厂大多建于远离人口密集的城市，对人类伤害较少，而且电厂是固定不动的，排放集中，清除各种有害排放物较容易，且已有了相关技术；由于电力可以从多种一次性能源如(煤、核能、水力、风力、光、热等)中获得，可解除人们对石油资源日见枯竭的担心；电动汽车还可以充分利用晚间用电低谷时富余的电力充电，使得发电设备日夜都能被充分利用，大大提高其经济效益；有关研究表明，同样的原油经过粗炼，送至电厂发电，充入电池，再由电池驱动汽车，其能量利用效率比经过精炼变为汽油、再经汽油机驱动汽车的效率高，因此，有利于节约能源减少二氧化碳的排放。正因这些特点，使电动汽车的研究和应用成为汽车工业的一个“热点”。有专家认为，对于纯电动汽车而言，目前最大的障碍就是基础设施建设。与混合动力汽车相比，电动汽车更需要基础设施的配套，而这不是一家企业能解决的小问题，只有各个企业联合起来与当地政府部门一起建设，才会有大规模推广机会。

纯电动汽车是由电动机驱动的汽车，电动机的驱动电能来源于车载可充电蓄电池或其他能量储存装置。大部分车辆直接采用电动机驱动，有一部分车辆把电动机装在发动机舱内，也有一部分直接用车轮作为四台电动机的转子，这都标志着纯电动汽车的结构较为简单，可以灵活设计和布置。但就目前而言，纯电动汽车的难点在于电力储存技术，一是储存电量影响车辆的续航里程，再者就是车辆的充电效率问题，但是近几年电动汽车发展很快，这些问题正在一步步被解决。

三、纯电动汽车的分类

纯电动汽车有多种分类方法，可按所选用的蓄能装置或驱动电动机的不同来分类，也可按车辆用途或驱动结构布局的不同来分类

（一）按蓄能装置分类

纯电动汽车目前所采用的蓄能装置主要有铅酸蓄电池（见图 3.2）、镍氢蓄电池（见图 3.3）、锂蓄电池（见图 3.4）、燃料蓄电池（见图 3.5），其中铅酸蓄电池技术较成熟，价格也较便宜，但其性能和使用寿命都要差些。其余几类均属于正在研究改进的蓄电池，其性能都要比铅酸蓄电池要好许多，目前价格较高随着工艺技术的成熟及批量的扩大，其性价比也会有较大的提高。

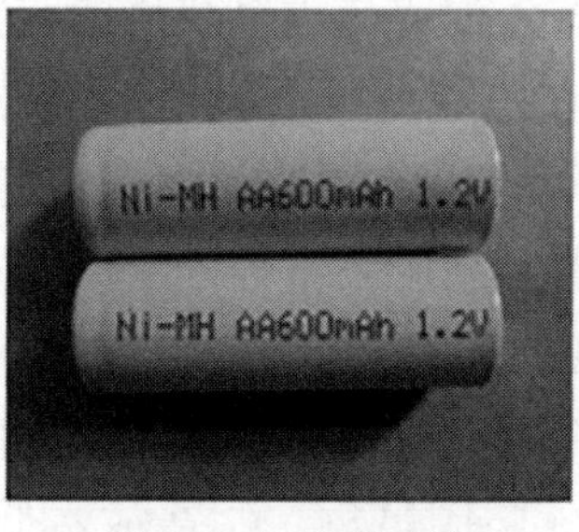

图 3.2　铅酸蓄电池

图 3.3 镍氢蓄电池

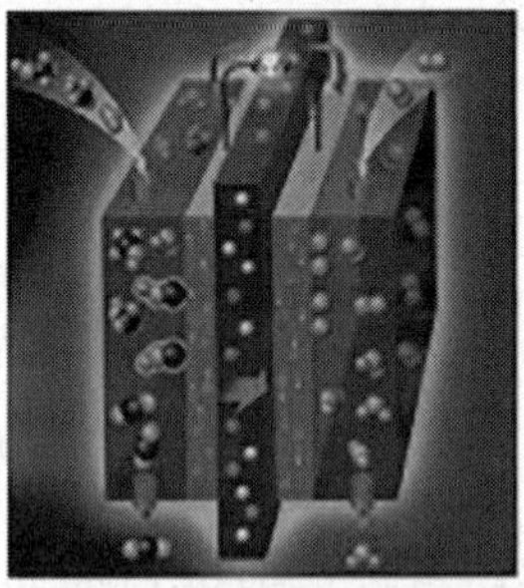

图 3.4 锂蓄电池

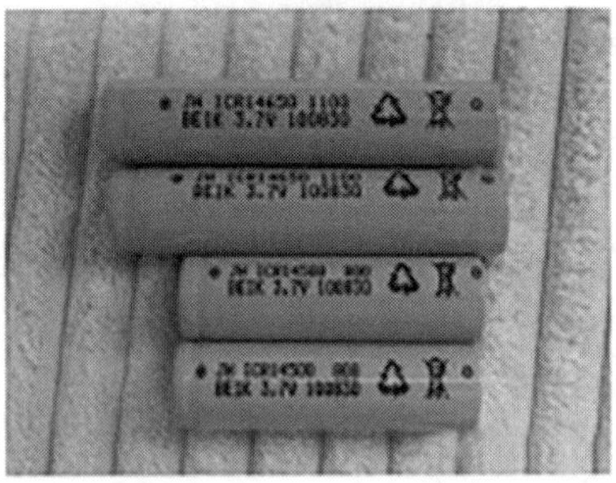

图 3.5 燃料蓄电池

（二）按驱动电动机分类

纯电动汽车的驱动电动机主要有直流电动机（见图 3.6）、交流电动机（见图 3.7）、永磁同步电动机（见图 3.8）、开关磁阻电动机（见图 3.9）。直流电动机具有控制较简单、成本较低、技术成熟等优点，但直流电动机由于具有电刷，因此存在有换向火花、电刷易磨损、需定期维护等缺点。交流感应电动机本身具有坚固耐用、效率高、体积小、免维护等优点，并且整个驱动系统调速范围宽，能较有效地实现再生制动，但由于其驱动控制器必须通过逆变器并采用矢量控制变频调速，其线路较复杂，价格也较高。永磁同步电动机采用永久磁铁励磁，具有能量转换效率高、过载能量强等优点，但目前尚存在成本较高、功率受限等缺点。开关磁阻电动机驱动系统是一种新型的典型机电一体化装置，具有结构简单、坚固可靠、制造成本低、调速性能好、效率高、能有效地实现发电回馈制动等优点，其缺点主要是振动及噪声较大，需通过技术措施来改进。

图 3.6 直流电动机

图 3.7 交流电动机

图 3.8 永磁同步电动机

图 3.9 开关磁阻电动机

（三）按用途分类

纯电动汽车可分为电动轿车、自动货车和自动客车三种，顾名思义这是按车辆功能进行划分的。电动轿车是目前最常见的纯电动汽车。纯电动轿车已经批量生产，并进入汽车市场。电动货车主要应用在矿山、工地及一些特殊场地。目前纯电动小客车比较少见，纯电动大客车用作公共汽车，在一些城市的公交服务以及世博会、奥运会上已经有了良好的表现，目前我国北汽福田、比亚迪品牌的电动客车都远销海外。

（四）按电动汽车的驱动系统布置形式分类

纯电动汽车的驱动系统由驱动电动机和操纵系统共同组成，其结构形式不同，采用的驱动系统也不同。纯电动汽车的驱动系统有集中驱动系统和轮毂驱动系统两种。任何一种电动机都可以与不同的传动系统组合成集中驱动系统或轮毂驱动系统，并组成不同形式的系列化的纯电动汽车。

经过几十年的发展，新开发和研制出来的纯电动汽车的动力性能已经能够与内燃机汽车相媲美。纯电动汽车的驱动系统比内燃机汽车的驱动系统更加先进，结构更加紧凑。现代纯电动汽车大多数配备了专用电动机，有利于实现机电一体化和自动控制。

1. 集中式驱动方式

集中式驱动方式大部分是由电动机、变速器和差速器等组成。它采用单电动机驱动代替内燃机，而传统内燃机汽车零部件及结构不改变，故设计制造成本低，但传动效率低，一般用于小型电动车辆。按有无变速器它又可分为传统型和电动机驱动桥型，而电动机驱动桥型又分为电动机驱动桥组合型和电动机驱动桥整体型两种。

（1）传统驱动方式。驱动系统主要由电动机、变速器、差速器、半轴组成。它用电动机替代发动机，但仍然采用内燃机汽车的传动系统，包括离合器、变速器、传动轴和驱动桥等总成，结构复杂、效率低，不能充分发挥电动机的性能。它有电动机前置、驱动桥前置、电动机后置、驱动桥后置等驱动模式，其结构如图 3.10 所示。

（2）电动机 – 驱动桥组合方式也称为“平行式电动机 – 传动装置组合式驱动系统”。它是在电动机的输出端的外壳下部安装机械式传动装置的减速齿轮和差速器齿轮，动力经过左右两个半轴来驱动车轮，其结构如图 3.11 所示。这种电动机 – 传动装置组合式驱动系统结构紧凑，安装、使用和维护都十分方便。它有电动机前置、驱动桥前置、电动机后置、驱动桥后置等驱动模式。

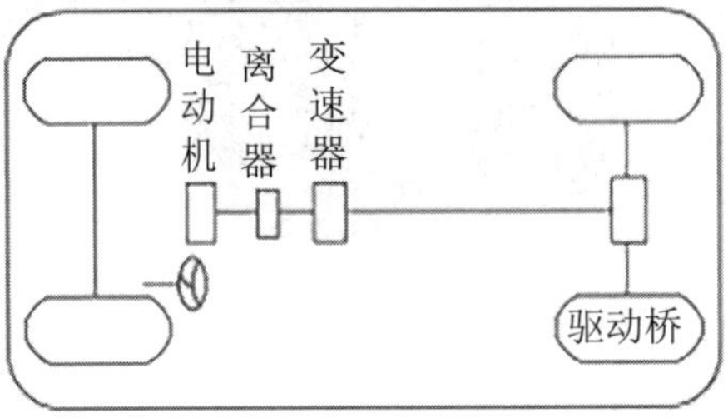

图 3.10　传统驱动方式

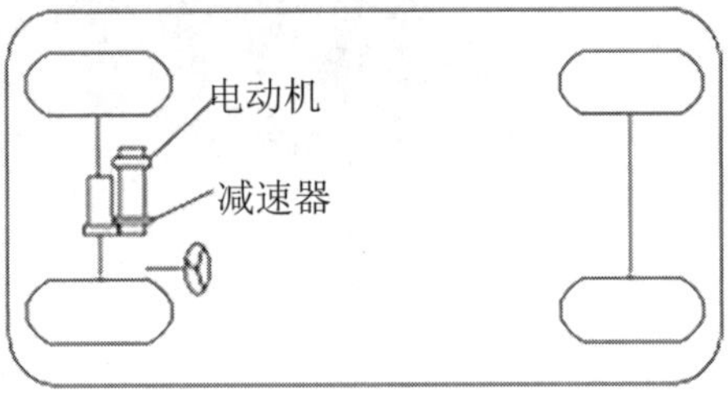

图 3.11　电动机 – 驱动桥组合方式

（3）电动机 – 驱动桥整体式驱动方式，这种驱动形式又包含同轴式驱动系统和双联式驱动系统两种。

① 同轴式驱动系统的电动机是一种特殊的空心轴电动机，在电动机一端的外壳中安装传动装置的减速齿轮和差速齿轮。差速器带动左右两个半轴，其中右半轴是通过电动机的空心轴与车轮相连，左半轴通过左端外壳与车轮相连，如图 3.12 所示。电动机和传动装置组合成一个整体驱动桥，形成“机电一体化”驱动桥的传动系统，使纯电动汽车的传动系统更加紧凑，簧载质量大大减轻，有利于提高车辆的平顺性。

② 双联式驱动系统，取消了齿轮传动机构，完全实现了“机电一体化”。它由左右两个水磁电动机直接通过半轴带动车轮转动。左右两个电动机由中央控制器的电控差速模块控制，形成机电一体化的差速器，使驱动系统的结构大大缩小，质量大大减轻，

它要比一般机械式差速器可靠和轻便。图 3.13 所示为由两个永磁电动机组成的双电动机驱动系统的结构示意图。双电动机驱动桥传动系统与相同功率的单电动机驱动桥传动系统相比较，电动机的直径要小得多，因此，可以将双联式电动机驱动桥布置在纯电动汽车的地板下面，这样更加有利于车辆的整体布局。但双联式电动机因为采用双电动机，成本高，且结构上轴向长度要大一些。

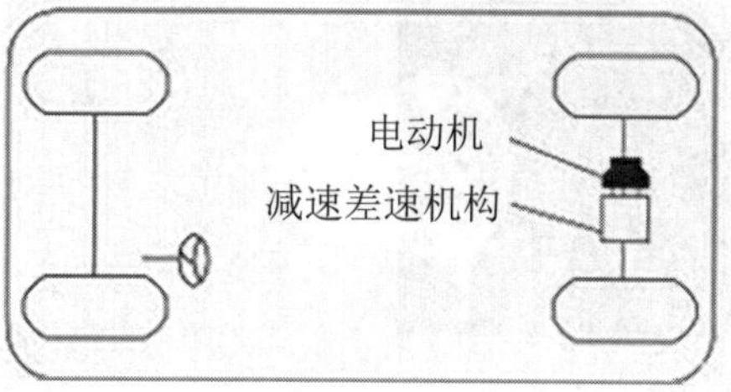

图 3.12　同轴式驱动系统

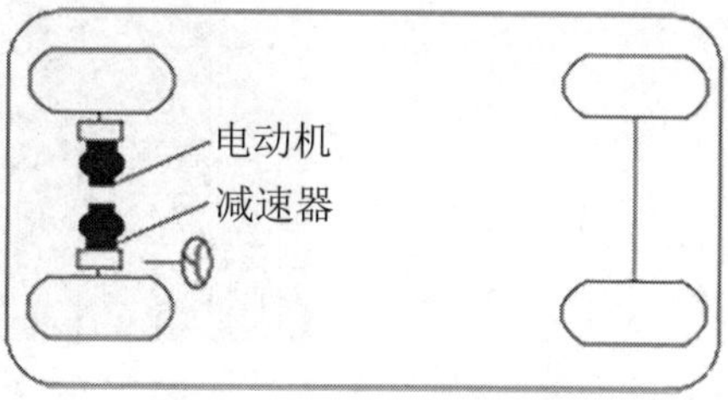

图 3.13　双联式驱动系统

2. 轮毂驱动方式

电动机驱动系统可以布置在纯电动汽车的两个前轮、两个后轮或四个车轮的轮毂中，成为前轮驱动，后轮驱动或四轮驱动的纯电动汽车。轮毂电机技术都有一个共同点——将电机、减速齿轮、电控系统、冷却系统都集成在轮毂这一狭小的空间内，对于轮边空间有限的普通乘用车来说，无异于雪上加霜，所以就目前轮毂电机的制造、封装水平而言还处于研发阶段，没有充分使用。仅在电动自行车或大型电动客车上开始广泛尝试，如比亚迪 K9 电动客车。

轮毂电动机驱动方式有两种结构，一种是内定子外转子结构，其外转子直接安装在车轮的轮缘上，由于这种结构没有机械减速机构提供减速，因此，通常要求电动机为低速转矩电动机；另一种是内转子外定子结构，其转子作为输出轴与固定减速比的行星齿轮变速器的太阳轮相连，而车轮轮毂与其齿圈连接，这样能提供较大的减速比，来放大其输出转矩。两种结构的轮毂电动机的结构示意图分别如图 3.14 和图 3.15 所示。

图 3.14　内定子外转子

图 3.15　内转子外定子

当采用轮毂电动机驱动时，图 3.16 所示为轮毂电动机的实物图，纯电动汽车上驱动电动机输出的扭矩传递到驱动车轮的传递路径大大缩短，这样可腾出足够的空间，便于对车辆总体进行进一步优化，而且当采用内定子外转子结构时，还能够提高对车轮动态响应的控制性能。采用轮毂电动机时，由于可以对每台电动机的转速进行单独调节控制，因此，可以实现电子差速，这样既能省去机械差速器，还有利于提高汽车在转弯时的操纵性。按照纯电动汽车上轮毂电动机的布置形式，纯电动汽车可以分为双前轮驱动、双后轮驱动和前后四轮驱动。

图 3.16 轮毂电动机实物图

（五）增程式纯电动汽车

增程式纯电动汽车是一种配有外充电和车载供电功能的纯电动汽车（也有将其归类于混合动力汽车），其装载的电池满足正常的动力需要，当超出了电池电力供应能力范围时，由其他的动力源为电池组充电继续驱动车轮行驶。电池组可以由地面充电装置或由车载发动机充电。整车运行模式可根据需要，工作于纯电动模式和增程模式。

增程式纯电动汽车的工作模式与插电式混合动力汽车非常类似，两者都可以工作在纯电动模式下，电池组都具有外接充电方式和发动机充电方式。增程式纯电动汽车和插电式混合动力汽车的主要区别为混合动力汽车基本以内燃机为主要动力行驶，电力只是补充，无法依靠纯电行驶太远；而增程式纯电动汽车动力来源都是电力，发动机只是用于续行为电池充电。

增程式纯电动汽车的典型代表是雪佛兰 Volt，如图 3.17 所示。虽然 Volt 只搭载了一款小型发动机，但其设计理念是以纯电动为主。在电池电量充足的情况下，驱动车辆的能量全部由电池提供，只有在电池电量不足的时候才会启动发动机给电池充电。

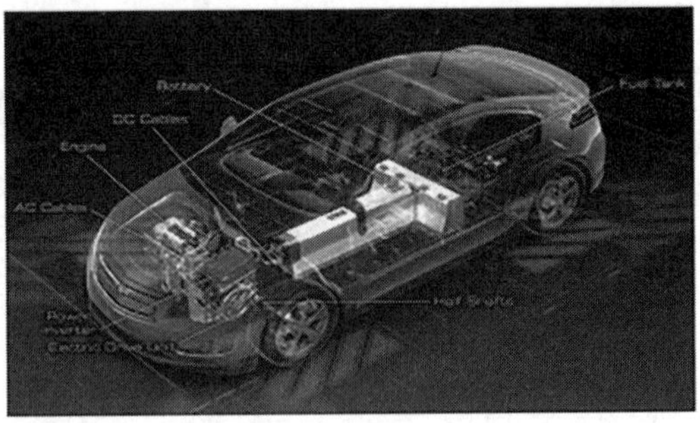

图 3.17 雪佛兰 Volt

第二节　纯电动汽车的总体构造

一、纯电动汽车的结构与原理

纯电动汽车相对传统燃油汽车而言，主要差别体现在动力驱动部件上，即驱动电动机、调速控制器、动力蓄电池及车载充电机。也就是说，纯电动汽车的品质差异取决于这四大部件，其价值高低也取决于这四大部件的品质，纯电动汽车的用途也与这四大部件的选用配置直接相关。

（一）纯电动汽车的基本组成

按传统的燃油汽车的结构划分方式，可将燃油汽车分成发动机、底盘、车身和电气四部分。那么纯电动汽车动力部分由动力电池和电源管理系统、驱动电动机及电机控制器、高压适配器和充电系统等组成，同时依然保留了车辆底盘、车身和车载常见的电气系统，如灯光、空调和雨刮及娱乐等系统，图 3.18 所示为典型纯电动汽车比亚迪 E6 车辆的主要总成布置。那么这些组成的基本组件具体作用也非常清晰。下面简单罗列电动汽车上重要的组件，并介绍其组件的具体功能。

图 3.18　纯电动汽车的主要总成布置

1. 高压蓄电池

高压蓄电池的作用是给全车提供电能。为了满足电动汽车对高电压的需要，纯电动汽车一般是由许多个单体电池串、并联形成的动力电池组作为动力源，动力电池组的电压为 155 ～ 400 V，并用周期性的充电来补充电能。动力电池组是纯电动汽车的关键装备，它存储的电能及其自身的质量和体积对电动汽车的性能有决定性的影响。

动力电池组在纯电动汽车上占据了很大一部分有效的装载空间，在布置上有相当的难度，通常有集中布置和分散布置两种形式。图 3.19 所示的动力电池组采用集中式布置形式，编号④为宝马车辆的高压电池组，动力电池组的支架为 H 形支架。H 形支架固定在车辆的地板下面和行李舱下面的车架上，动力电池组固定在 H 形支架上，有很好的稳定性，它从车辆的尾部安装。在日形支架上装有动力电池组的通风系统、电线保护套等，用自动和手动断路器在停车和车辆出现故障时切断电源，保证高压电路的安全。

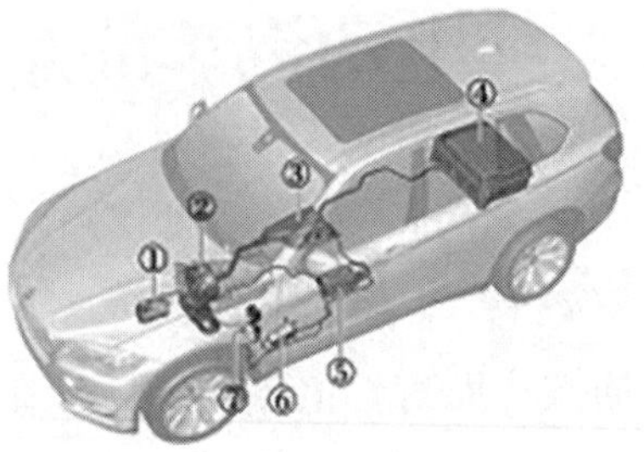

图 3.19 电池组集中式布置方式

图 3.20 所示则是日本丰田汽车公司的 RAV4EV，其是将动力电池组用支架固定在纯电动汽车的车架上，动力电池组由 24 节 12 V 的镍 – 氢蓄电池组成，总电压为 288 V。动力电池组分成若干个“小组”，分散式布置在车架上，然后串联起来，这样可以充分利用车辆底盘上的有效空间。这是典型动力电池组分散式布置形式。动力电池组布置在纯电动汽车地板下面是最常见的布置方法，这样既能保证电池和人员的安全，也更方便电池的安装和拆卸。

图 3.20 电池组分散式布置方式

2. 电池管理器

电池管理系统是高压电池的能源管理模块，主要负责根据要求控制高电压系统的启动和关闭，并分析所有有关电池的电压和温度，以及高电压电路内电流强度的测量信号，控制高电压蓄电池单元散热系统工作情况；能确定高电压蓄电池的电量状态和充电状态；以及对高压电池的安全监控和故障状态识别，并进行显示。

3. 电池散热系统

由于蓄电池在车辆运行过程中会产生大量的热量，因此拥有一个良好的散热系统，无论是对电动汽车的安全还是其蓄电池的寿命长短都至关重要，目前常用的散热方式有空冷和水冷，水冷中包含冷却液和空调制冷剂冷却两种形式。

4. 驱动电动机

电动机是电动车的动力装置。它是根据电磁感应原理实现电能转换的一种电磁装置，在电路中用字母 M 表示。它的主要作用是产生旋转运动，作为用电器或各种机械的动力源。

5. 电机电子控制系统

电机电子控制系统，顾名思义其作用是控制驱动电机的装置，其任务是将高电压蓄电池的直流电压转换为用于驱动电机（作为电机）时的三相交流电压，另外对驱动电机的温度、速度等进行精确监控或控制，并进行安全监控和故障控制。

6. 传动系统

有些电动汽车，可能还有传动系统。由于电动机结构具有良好的牵引特性，相对燃油汽车，电动汽车的传动系统不需要较远的传动轴，不需要传统的离合器和变速箱。车速控制由控制器通过调速系统改变电动机的转速即可实现。

7. 行驶系统

行驶系统与燃油汽车相似，主要包括车架、车桥、车轮和悬架等。电动汽车行驶系统的作用是接受电动机经传动系统传来的转矩，并通过驱动轮与路面间的附着作用。产生路面对电动汽车的牵引力。以保证车辆正常行驶。此外，它应尽可能缓和不平路面对车身造成的冲击和振动,保证电动汽车舒适行驶。图 3.21 所示是捷豹纯电动 I–PACE 概念车底盘系统架构。

图 3.21　捷豹纯电动 I-PACE 概念汽车底盘系统

8. 转向系统

电动汽车转向系统的作用是电动汽车保持或者改变车辆行驶方向，其包括转向操纵机构、转向器、转向传动机构三个部分。转向系统具体由转向盘、转向器、转向节、转向节臂、横拉杆、直拉杆等组成。电动汽车在转向行驶时，要保证各转向轮之间有协调的转角关系。驾驶人通过操纵转向系统，使电动汽车保持在直线或转弯运动状态，或者在两种状态间互相转换；还要保证在行驶状态下，转向轮不会产生自振、转向盘没有摆动、转向灵敏、最小转弯半径小和操纵轻便。

9. 制动系统

制动系统是电动汽车装备的全部制动和减速系统的总称。它的作用是使行驶中的电动汽车降低速度或停止行驶,或使已停驶的电动汽车保持不动。制动系统包括制动器、制动传动装置。现代电动汽车制动系统中还装设了制动防抱死等电控装置；与燃料汽车相似，纯电动汽车的制动系统也由行车制动和驻车制动两套装置构成。

10．车身

常见的车身结构有承载式车身和非承载式车身。传统承载式车身的强度和质量是由金属薄板、凹进式薄板、复合板材所决定。电动汽车的车身结构一般采用框架式，图 3.22 所示是宝马 i3 电动车的车身结构，其实框架式车身也是承载式车身的一种，不过类比之下，它更像人的身体构造。采用了不同截面形状的梁来代替传统的钣金结构。“骨头（梁）”起到关键的支撑作用。此外，各个“骨骼”是通过构造节点的方法来进行连接，有些类似人骨头之间的接合方式。当然人骨与骨之间都是靠韧带连接的，而框架式车身则采用的是激光焊、气体保护焊和铆接等工艺。

图 3.22 宝马 i3 电动车车身图

11．电气设备

电动汽车电气设备和传统的燃油汽车相似，主要由低压蓄电池、各类灯光系统、仪表电器、空调、音响装置、安全气囊系统、刮水器等组成。如车辆上的灯具、仪表，是提供照明并显示电动车状态的部件组合。仪表一般提供蓄电池电压显示、整车速度显示、行驶状态显示、灯具状态显示等，智能型仪表还能显示整车各电气部件的故障情况。车辆电气设备为车辆驾乘人提供驾乘的操控性、舒适性、豪华性、安全性。

12．能量回收系统

电动汽车上都存在能量回收系统，该系统的作用是在电动汽车滑行时能够将滑行时的机械能和产生的热能转换成化学能，将其存储在电容器中或为动力蓄电池充电，在需要使用时可迅速将能量释放，提升车辆的经济性。

13．发电机

发电机的主要作用是将机械能转化为电能，它在电路中用字母 C 表示。通常车辆中有很多低压电气设备，如车内外的灯光照明系统、组合仪表、安全系统等等，利用车辆行驶时发电机的工作，将车辆产生的机械能转化为电能，为车辆低压的电气系统供电，并为低压蓄电池充电。

14．冷却系统

冷却系统一般由散热器、水泵、风扇、节温器、冷却液温度显示器等组成。电动汽车采用两种冷却方式，即空气冷却和冷却液冷却。一般电动汽车多采用冷却液冷却，其目的是给车辆的驱动系统进行降温冷却。

（二）纯电动汽车的工作原理

纯电动汽车和燃油汽车的工作原理基本相同，区别主要在纯电动汽车是用蓄电池的能量使电动机驱动车轮前进，如图 3.23 所示是纯电动汽车的工作原理示意图。

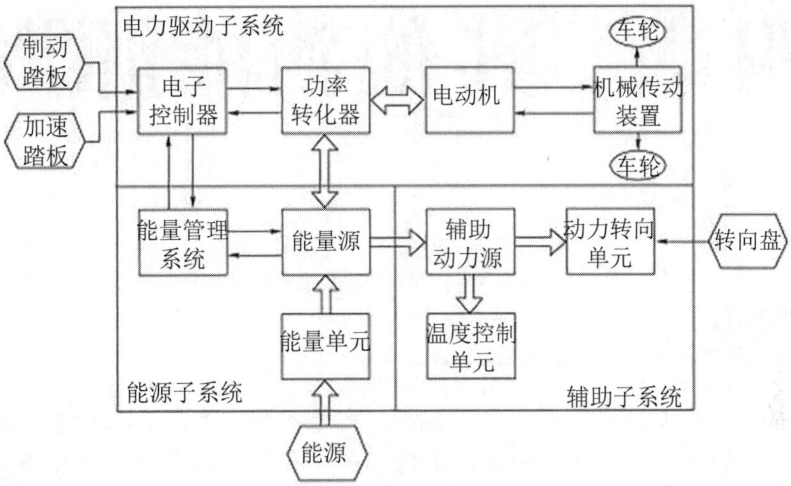

图 3.23 纯电动汽车工作原理示意图

粗线段的箭头表示高压的能量流，能量流动路线为能源（高压蓄电池）在能量单元提供能量源到电压－电流功率转化器→电动机(驱动电机)→动力传动系统→驱动轮。驱动轮另外根据车辆实际配置情况，能量源→辅助动力源→温度控制单元和动力转向单元，为车辆的空调系统和转向系统提供高压电能。其中蓄电池提供电流，经过电力调节器后输出到电动机，然后由电动机提供扭矩，经传动装置后驱动车轮实现车辆的行驶。图 3.23 中，细实线的箭头表示电动汽车的信号流走向，如制动踏板和加速踏板将驾驶者的加速或制动的行车意图传送到电子控制器后，电子控制器根据车辆实际工况通过能量管理系统进行制动能量回收，或是通过功率转化器进行增加驱动电机的功率输入，实现驾驶者相应的操控目标。

第四章　其他新能源汽车

章节概述

其他新能源汽车是指代用燃料汽车，所谓代用燃料，是指能够取代或部分取代目前内燃机传统燃油（汽油、柴油和煤油）的燃料。良好的代用燃料应能满足下列要求：资源丰富、价格适宜；燃料的热值尤其是混合气热值能满足发动机动力性能的要求和车辆起动性能、行驶性能，以及加速性能等方面的要求；能量密度较高、储存运输方便；发动机的结构变动较小、技术上可行；对人类健康、环境保护，以及安全防火等无有害的影响；对发动机的寿命以及可靠性没有不良影响。已开发的代用燃料有气态烃［压缩天然气（CNG）、液化天然气（LNG）、液化石油气（LPG）］、醇燃料、二甲醚、生物柴油、氢、燃料电池等。

学习目标

1. 掌握汽车代用燃料的种类、特点。
2. 理解氢燃料汽车结构的特点与工作原理。
3. 理解天然气汽车结构的特点与工作原理
4. 了解代用燃料汽车的发展现状与存在问题。

第一节 燃料电池电动汽车

燃料电池电动汽车实质上是电动汽车的一种，在车身、动力传动系统、控制系统等方面，燃料电池电动汽车与普通电动汽车基本相同，主要区别在于动力电池的工作原理不同。燃料电池的反应机理是将燃料中的化学能不经过燃烧直接转化为电能，即通过电化学反应将化学能转化为电能，实际上就是电解水的逆过程，通过氢氧的化学反应生成水并释放电能。电化学反应所需的还原剂一般采用氢气，氧化剂则采用氧气，因此，最早开发的燃料电池电动汽车多是直接采用氢燃料，氢气的储存可采用液化氢、压缩氢气或金属氢化物储氢等形式。

燃料电池的反应不经过热机过程，其能量转换效率不受卡诺循环的限制，能量转化效率高；它的排放主要是水，非常清洁，不产生任何有害物质。因此，燃料电池技术的研究和开发备受各国政府与大公司的重视，被认为是21世纪的洁净、高效的发电技术之一。

一、燃料电池的定义

燃料电池是直接将燃料的化学能转换为电能的发电装置。将燃料和空气分别送入燃料电池后，就可从其正极和负极输出电能。从表面上看，燃料电池与蓄电池一样，有正、负极和电解质等，但燃料电池不能通过充电的方法“储电”，只是一个通过消耗燃料来输出电能的发电装置。

纯燃料电池汽车只有燃料电池一个动力源，汽车的所有功率负荷都由燃料电池承担。燃料电池汽车多采用混合驱动形式，在燃料电池的基础上，增加了一组电池或超级电容作为另一个动力源。燃料电池的基本组成有：电极、电解质、燃料和氧化剂。燃料可以是氢气（H_2）、甲烷（CH_4）及甲醇（CH_3OH）等，氧化剂一般是氧气或空气，电解质可为酸碱溶液（H_2SO_4、H_3PO_4、NaOH 等）、熔融盐（Na_2CO_3、K_2CO_3）、固体聚合物、固体氧化物等。与普通电池不同的是，只要能保证燃料和氧化剂的供给，燃料电池就可以连续不断地产生电能。

二、燃料电池汽车主要组成

1. 燃料电池发动机（FCE）

主要由燃料电池堆、进气系统、排水系统、供氢系统、冷却系统、电堆控制单元和监控系统组成。此为主要动力源。

2. 动力蓄电池组

辅助动力源。

3. 电流变换器

交直流变换。

4. 动力总成

传递动力、换挡。

5. 氢气系统

提供氢气。

6. 动力控制单元

动力控制、故障诊断。

燃料电池电动汽车除了在车身、控制器及驱动系统等方面面临着与电动汽车相同的问题之外，在其储能动力源——燃料电池方面还有较多问题急需解决，氢燃料电池在氢燃料制取、储存及携带等方面，以及非氢燃料电池的重整系统的效率、体积、质量大小及反应速度等方面的技术还需进一步提高。

三、燃料电池汽车特点

燃料电池汽车（Fuel Cell Electric Vehicle，FCEV）采用燃料电池作为动力源。相比于内燃机汽车，燃料电池汽车主要有以下优点。

（1）因燃料直接通过电化学反应产生电能，无热能转换过程，故不受卡诺循环的限制，能量转换效率高，实际能量转换效率达 50% ~ 70%。

（2）当燃料电池使用氢燃料时，其排放的是水，无污染；当使用甲醇、汽油等其他燃料时，排放的 CO_2 比汽油机少 1/2。

（3）燃料电池电堆可由若干个单元电池串联或并联而成，可根据质量分配均衡和空间有效利用的原则，机动灵活地进行配置。

（4）燃料电池无运动部件，振动小，噪声低，零部件对机械加工精度要求不高。

四、燃料电池汽车的类型

虽然燃料电池汽车的历史不长，但与纯电动汽年相比，燃料电池汽车无须依赖蓄电池技术性能的完善。与内燃机汽车相比，则具有环保、节能的优势。因此，燃料电池汽车已成为世界范围内新能源汽车开发的热点，且不断地涌现出不同结构的燃料电池汽车。

（一）按有无蓄能装置分

根据燃料电池汽车是否配备蓄能装置，可将燃料电池汽车分为纯燃料电池汽车和混合型燃料电池汽车两大类。

1. 纯燃料电池汽车

纯燃料电池汽车的燃料电池是电动汽车上电能的唯一来源。这种类型的燃料电池汽车，要求燃料电池的功率大，并且无法回收汽车制动能量。因此，纯燃料电池汽车目前应用较少。

2. 混合型燃料电池汽车

混合型燃料电池汽车上除燃料电池外，同时配备了蓄能装置（如蓄电池、超级电容和飞轮电池等）。由于蓄能装置可协助供电，因而可适当减小燃料电池的功率，而且蓄能装置还可用于汽车制动时的能量回收，所以可提高燃料电池汽车的能量利用率。因此，燃料电池汽车多采用混合型结构。

（二）按燃料电池与蓄电池的结构关系分

根据混合型燃料电池汽车中燃料电池和蓄电池的电路结构，可将混合型燃料电池汽车分为串联式和并联式两种，如图 4.1 所示。

1. 串联式燃料电池汽车

串联式燃料电池汽车动力系统的构成如图 4.1（a）所示。其燃料电池相当于车载发电装置，通过 DC-DC 转换器进行电压转换后对蓄电池充电，再由蓄电池向电动机提供驱动车辆的全部电力。串联式燃料电池汽车的特点与普通的串联式混合动力电动汽车相似，其优点是可采用小功率的燃料电池，但要求蓄电池的容量和功率足够大，而且燃料电池发出的电能需要经过蓄电池的电化学转换过程，从中有能量的转换损失。目前，串联式燃料电池汽车较为少见。

2. 并联式燃料电池汽车

并联式燃料电池汽车动力系统的构成如图 4.1（b）所示。它由燃料电池和蓄电池共同向电动机提供电力。根据燃料电池与蓄电池能量大小配置的不同，可将其分为大燃料电池型和小燃料电池型两种。大燃料电池型主要由燃料电池提供电力，蓄电池的容量较小，只是在电动汽车起步、加速、爬坡等行驶工况时协助供电，并且在车辆减速与制动时进行能量回收；小燃料电池型则必须采用大容量的蓄电池，由蓄电池提供主要的电力，而燃料电池只是协助供电。并联式是目前燃料电池汽车采用较多的形式。

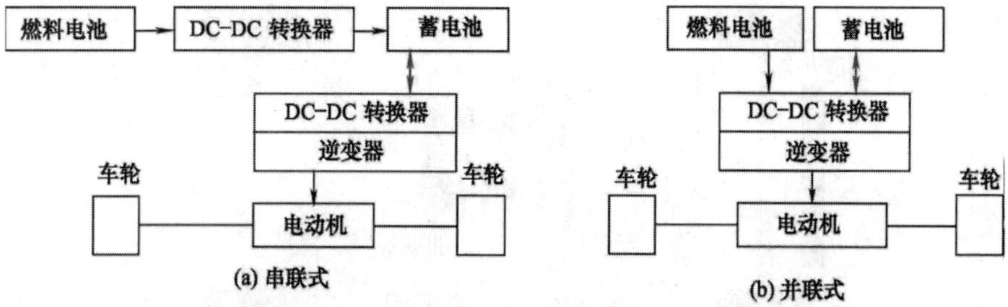

图 4.1 串联式和并联式混合型燃料电池汽车动力系统示意图

（三）按提供的燃料分

根据燃料电池所提供燃料的不同，燃料电池汽车分为直接燃料电池汽车和重整燃料电池汽车两大类。

1. 直接燃料电池汽车

直接燃料电池汽车的燃料主要是纯氢，也可以用甲醇等作为燃料。采用纯氢作为燃料的燃料电池汽车，氢燃料的储存方式有压缩氢气、液态氢和合金（碳纳米管）吸附氢等几种。

2. 重整燃料电池汽车

重整燃料电池汽车的燃料主要有汽油、天然气、甲醇、甲烷、液化石油气等。重整燃料电池汽车的结构要比氢燃料电池汽车复杂得多。例如，甲醇重整燃料电池汽车需要对甲醇进行 200 ℃左右的加热以分解出氢，汽油重整燃料电池汽车也需要对汽油进行 1 000 ℃左右的加热以分解出氢。无论采用什么燃料，重整燃料电池汽车均需设置重整装置，将其他燃料转化为燃料电池所需的氢。

五、燃料电池汽车的结构原理

燃料电池汽车与普通燃油汽车相比，其外形和内部空间几乎没有什么区别，不同之处在于动力系统。燃料电池汽车动力系统的基本组成部分如图 4.2 所示。

图 4.2 燃料电池汽车动力系统的基本组成部分

（一）直接燃料电池汽车

典型直接燃料电池汽车动力系统的基本构成如图 4.3 所示。

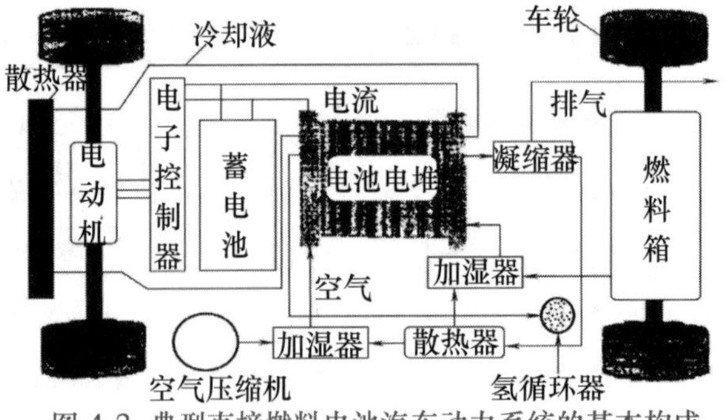

图 4.3 典型直接燃料电池汽车动力系统的基本构成

1. 燃料电池系统

燃料电池系统的核心是燃料电池电堆，此外，还配备了氢气供给系统、氧气供给系统、气体加湿系统、水循环及反应物生成处理系统等，用以确保燃料电池电堆正常工作。

（1）氢气供给系统

氢气供给系统的功能包括氢的储存、管理和回收。由于气态氢需要采用高压的方式储存，因此，储氢气瓶必须具有较高的品质。储氢气瓶的容量决定了一次充氢的行驶里程。轿车一般采用2～4个高压储氢气瓶，大客车上通常采用5～10个高压储氢气瓶来储存所需的氢气。

液态氢比气态氢需要更高的压力进行储存，而且要保持低温，因此，在使用液态氢时，对储氢气瓶的要求更高，还需要有较复杂的低温保温装置。

不同的储氢压力，需要采用相应的减压阀、调压阀、安全阀、压力表、流量表、换热器、传感器及管路等组成氢气供给系统。从燃料电池电堆排出的水中含有少量的氢，可通过氢气循环器将其回收。

（2）氧气供给系统

氧气有纯氧和空气两种供给方式。当以纯氧的方式供给时，需要用氧气罐；当从空气中获得氧气时，需要用压缩机来提高压力，以确保供氧量，增加燃料电池反应的速度。空气供给系统除了需要有体积小、效率高的空气压缩机外，还需配备相应的空气阀、压力表、流量表及管路，并对空气进行加湿处理，以确保空气具有一定的湿度。

（3）水循环系统

在燃料电池反应过程中，会产生水和热量，需要通过水循环系统中的凝缩器加以冷凝并进行气水分离处理，部分水可用于反应气体的加湿。水循环系统还用于燃料电池的冷却，以使燃料电池保持在正常的工作温度。

2. 辅助蓄能装置

混合式燃料电池汽车还配备了辅助蓄能装置。辅助蓄能装置可采用蓄电池、超级电容和飞轮电池中的一种，与燃料电池组成双电源的混合动力系统，或采用蓄电池+超级电容、蓄电池+飞轮电池与燃料电池组成三电源系统。

燃料电池汽车配备辅助蓄能装置的作用如下：

（1）在燃料电池汽车启动时，由辅助蓄能装置提供电能，带动燃料电池启动或带动车辆起步。

（2）在燃料电池汽车运行过程中，当燃料电池输出的电能大于车辆驱动所需的能量时，辅助蓄能装置可用于储存燃料电池剩余的电能。

（3）在燃料电池汽车加速和爬坡时，辅助蓄能装置可协助供电，以弥补燃料电池输出功率的不足，使电动机获得足够的电能，产生满足车辆加速和爬坡所需的电磁转矩。

（4）向车辆的各种电子设备、电器提供工作所需的电能。

（5）在车辆制动时，将驱动电动机转换为发电机工作状态，将车辆的动能转换为电能，并向辅助蓄能装置充电，以实现车辆制动时的能量回收。

3. 驱动电动机

驱动电动机用于将电源所提供的电能转换为电磁转矩，并通过传动装置驱动车辆行驶。与纯电动汽车和混合动力电动汽车一样，燃料电池汽车用驱动电动机也可采用直流有刷电动机、交流异步电动机、交流同步电动机、永磁无刷直流电动机和开关磁阻电动机等。

不同类型的电动机具有不同的性能特点。燃料电池汽车通常是结合整车的开发目标，综合考虑各种电动机的结构与性能特点，以及电动机的驱动控制方式及控制器结构特点等，选择适宜的驱动电动机。

4. 电子控制系统

直接燃料电池汽车的电子控制系统包括燃料电池系统控制、DC–DC 转换器控制、辅助蓄能装置能量管理、电动机驱动控制，以及整车协调控制等控制功能模块，各控制功能模块通过总线连接在一起，如图 4.4 所示。

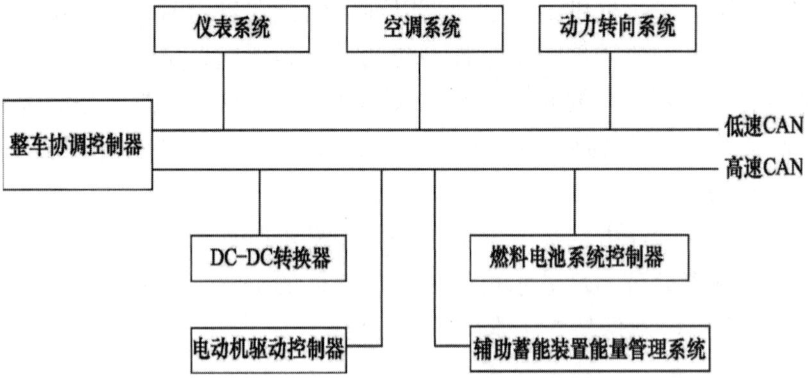

图 4.4 燃料电池汽车电子控制系统的构成

（1）燃料电池系统控制。燃料电池系统控制器用来控制燃料电池的燃料供给与循环系统、氧化剂供给系统、水 / 热管理系统，并协调各系统工作，以使燃料电池系统能持续向外供电。

（2）DC–DC 转换器控制。DC–DC 转换器用于改变燃料电池的直流电压，由电子控制器控制。电子控制器的作用是通过调节 DC–DC 转换器的输出电压，将燃料电池电堆较低的电压上升至电动机所需的电压。DC–DC 转换器的作用不仅仅是升压和稳压，在工作时，通过控制器的实时调节可使其输出电压与蓄电池的电压相匹配，协调燃料电池和蓄电池负荷，起限制燃料电池最大输出电流和最大功率的作用，以避免燃料电池因过载而损坏。

（3）辅助蓄能装置能量管理。辅助蓄能装置能量管理系统对蓄电池的充电状态、放电状态、存电状态等进行监控，使辅助蓄能装置能正常起作用，实现车辆在启动、加速、爬坡等工况下的协助供电，并且在车辆运行时储存燃料电池剩余电能，实现汽车制动时的能量回馈。蓄电池能量管理系统还可以通过对蓄电池电压、电流、温度等参数的监测，实现蓄电池的过充电、过放电控制，进行蓄电池荷电状态的估计与显示。

（4）电动机驱动控制。电动机的类型不同，其控制系统的电路结构与工作原理也有所不同。总体上，电动机驱动控制系统的主要控制功能有电动机的转速与转矩调节、电动机工作模式控制（设有制动能量回馈的电动汽车）及电动机过载保护控制等。

（5）整车协调控制。整车协调控制系统基于设定的控制策略对各控制功能模块进行协调控制。一方面，控制器根据加速踏板位置传感器、制动踏板传感器、挡位开关送入的电信号判断驾驶人的驾车意图并输出控制信号，通过相关的控制功能模块实现车辆的行驶工况控制；另一方面，控制器根据相关传感器和开关输入的电信号，获取车速、电动机转速、是否制动、蓄电池和燃料电池的电压和电流等信息，判断车辆的实际行驶工况和动力系统的状况，并按设定的多电源控制策略输出相应的控制信号，通过相应的功能模块实现能量分配调节控制。此外，整车协调控制还包括整车故障自诊断功能。

直接以纯氢作为燃料的电动汽车对储氢装置的要求较高。但与重整燃料电池汽车相比，直接燃料电池汽车的结构简单、重量轻、能量效率高、成本低。因此，目前的燃料电池汽车大部分以纯氢作为车载氢源。

（二）重整燃料电池汽车

1. 动力系统的构成

重整燃料电池汽车与直接燃料电池汽车的主要区别在于使用汽油、天然气、甲醇、甲烷、液化石油气等燃料，在汽车上通过重整器产生氢，再将氢提供给燃料电池电堆。重整燃料电池汽车动力系统的基本组成如图 4.5 所示。

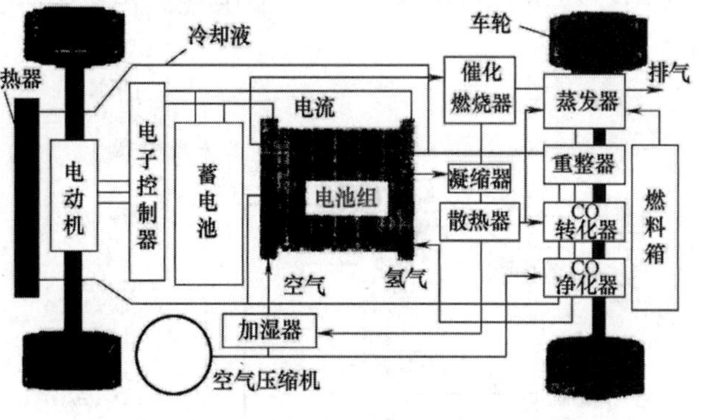

图 4.5 重整燃料电池汽车动力系统的基本组成

重整燃料电池系统中的氧气供给及管理系统、反应生成的水 / 热量处理系统及电力管理系统等与直接燃料电池系统基本相同，只是增加了重整器、加热器、CO 转换与净化器等装置，用以将汽油、天然气、甲醇、甲烷、液化石油气等燃料转换为纯氢。

2. 重整燃料电池氢气产生的过程

重整燃料电池汽车采用的燃料不同，其制氢过程（重整技术）也会有所不同。

（1）车载醇类制氢过程。醇燃料（甲醇、乙醇、二甲醚等）的车载制氢过程大体相同，均需经重整、变换、CO 脱除等几个步骤。以甲醇作为燃料的车载制氢过程如图 4.6 所示。

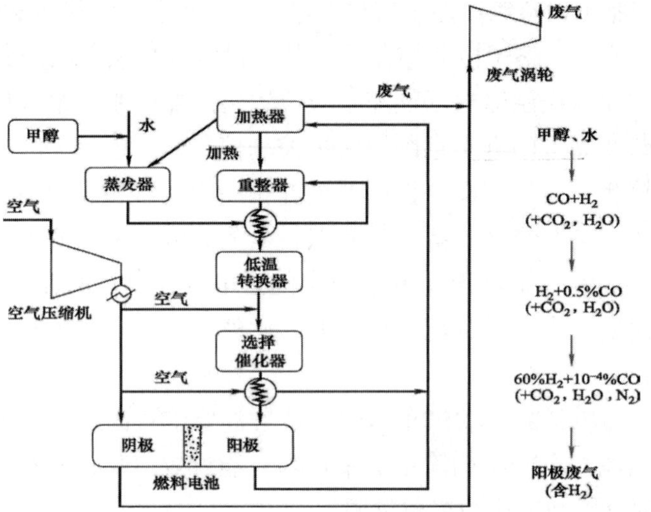

图 4.6 以甲醇作为燃料的车载制氢过程（图中的百分数为体积分数）

储存在普通容器中的甲醇在进入重整器之前，通过加热器加热使甲醇和纯水的混合物在高温（621 ℃）下变成混合气，然后进入重整器分离出氢。由于重整器产生的氢气中含有少量 CO，因此，需要通过转换器中的催化剂将 CO 转换为 CO_2 后排出，使之最终进入燃料电池的 H_2 中。

（2）车载烃类制氢过程。烃类燃料（汽油、柴油、LPG 及天然气等）制氢通常包括氧化重整、高温变换、脱硫、低温变换、CO 净化及燃烧等过程。以汽油作为燃料的车载制氢过程如图 4.7 所示。

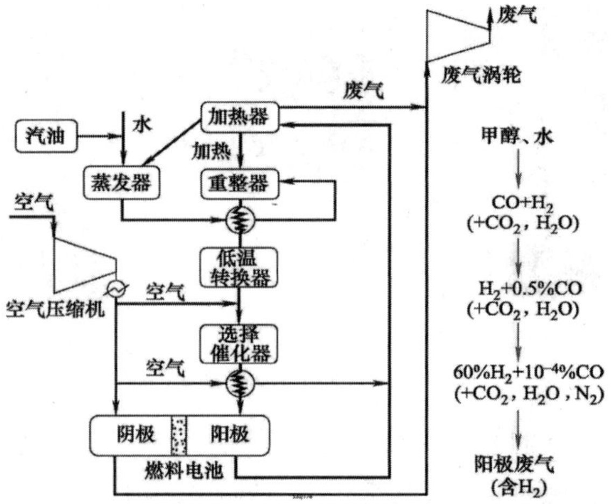

图 4.7 以汽油作为燃料的车载制氢过程（图中的百分数为体积分数）

烃类车载制氢需要高温和脱硫，因此，其重整过程比醇类难度大。由于天然气是气体燃料，车载储运较为困难，因而很少用作燃料电池汽车的燃料。

（三）重整燃料电池汽车的特点

使用车载重整器制氢的燃料电池汽车，其主要优点是燃料储存方便，只需要普通的容器，不需要加压或冷藏。但车载重整器制氢也存在着一些问题，主要有：

① 燃料电池系统启动时间较长，动态响应较慢。当然，对于配备辅助蓄能装置的重整燃料电池汽车来说，辅助蓄能装置可很好地解决这一问题。

② 重整装置不仅需要复杂的控制过程，而且其体积和质量会减少车辆可利用的空间，增加更多的能量消耗。

③ 当制取的氢气纯度不高时，可能会使催化剂中毒并产生一些污染。

由于上述不足，在现已推出的燃料电池汽车中，采用重整技术的相对较少。

（四）燃料电池汽车的储氢方式

目前的燃料电池汽车大部分以纯氢作为燃料，为使燃料电池汽车能达到所需的续驶里程，在汽车上就需要有一定储存量的氢。车载储氢主要有压缩氢气、液态氢和金属储氢三种形式。

1. 压缩氢气形式

氢气的密度小，需要通过压缩来增加其储存量。压缩氢气的压力一般在 20 ~ 30 MPa 或更高，因而要求储氢气瓶能承受高压且重量轻、使用寿命长。高压储氢气瓶的材料用铝或石墨材料，通常制成环形压力容器。这有助于提高容积效率，满足续驶里程的要求，而且便于在汽车上安装。如图 4.8 所示。

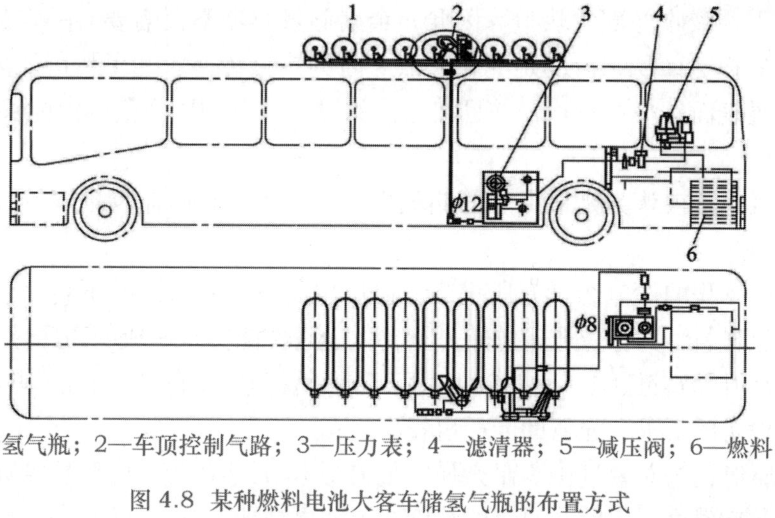

1—储氢气瓶；2—车顶控制气路；3—压力表；4—滤清器；5—减压阀；6—燃料电池

图 4.8　某种燃料电池大客车储氢气瓶的布置方式

2. 液态氢形式

相对于气态氢，液态氢具有较高的能量密度，可显著提高单位容积氢的质量，有利于降低运输成本，提高燃料电池汽车的续驶里程。但是，液态氢需要将气态氢冷却到 –253 ℃才能得到，氢气的液化过程时间较长，而且需要消耗大量的能量。另一个问题是，液态氢难于较长时间储存，只能储存在供应站，而在运输时也需要专用运输车辆。

车载液态氢储存罐如图 4.9 所示。液态氢储存罐需要有良好的绝热性能，因此，其外壳通常用绝热材料包裹，其内部设有液位计和压力调节（控制）装置。

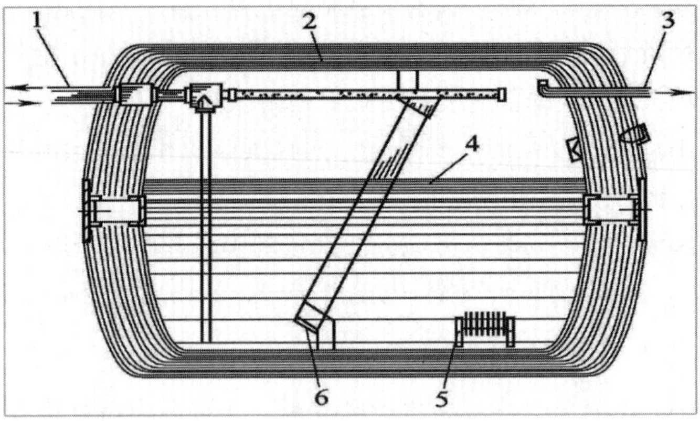

1—液氢进出口；2—绝热材料；3—安全排气口；4—液态氢；5—压力仪表；6—液位计

图 4.9 车载液态氢储存罐

液态氢需要转换为氢气才能提供给燃料电池，而液态氢汽化过程需要吸收热量，因此，在供氢系统中，还需要设置换热器和压力调节系统。

3. 金属储氢形式

利用金属氢化物储氢，就是将氢气加压至 3 ~ 6 MPa，使进入容器的氢在高压下附在金属小颗粒上，完成氢与金属的结合，同时释放出热量。由于从金属小颗粒中释放出氢时，需要吸收外部的热量。因此，金属储氢容器不仅需要有一定的耐压强度，还要有足够的换热面积，以满足充氢和放氢时的热量传递。为了尽可能多地储存氢。需要储氢金属表面呈小颗粒状，并且在适当的温度范围和压力范围内能够储存或释放氢气。

金属储氢通常被认为是最安全的储氢方式。相比于高压储氢罐储氢方式，金属储氢的特点如下。

（1）单位体积的储氢容量有所提高。但单位质量的储氢量并不高。金属储氢罐包括容器和储氢材料，其单位质量的储氢量要低于高性能材料制成的高压储氢气瓶。

（2）储氢的压力较低（1 ~ 2 MPa），远低于压缩储氢气瓶的压力，因而其安全性较高，降低了充氢设备的要求，充氢的能耗也较小。

（3）金属氢化物对氢气中少量杂质（如 O_2、H_2O、CO 等）的敏感度高于燃料电池电极催化剂的敏感度，因此，对氢的纯度要求就更高了。

（4）金属氢化物的机械强度较低，反复充、放氢后会出现粉碎现象。目前的金属储氢装置的金属氢化物反复充放的次数不多，而且价格较高。

总体上看，燃料电池汽车采用金属储氢方式的运行成本很高，因此，目前采用这种车载储氢方式的燃料电池汽车较少。

（五）燃料电池汽车的工作方式

目前燃料电池汽车多采用燃料电池 + 蓄电池的混合动力模式。在电动汽车起步、加速、匀速、滑行、减速、制动等不同的行驶工况下，燃料电池的工作模式是不同的，大体可分为燃料电池模式、混合动力模式、蓄电池模式和能量回馈模式等，如图 4.10 所示。

1. 燃料电池模式

当燃料电池汽车工作在燃料电池模式时，电动机的电力全部由燃料电池提供。当蓄电池在非充足电状态（SOC<1），而且燃料电池的电能供给电动机后尚有剩余时，燃料电池还可向蓄电池充电，如图 4.10（a）所示。燃料电池汽车在低负荷、匀速、滑行等行驶工况时，通常工作在燃料电池模式。

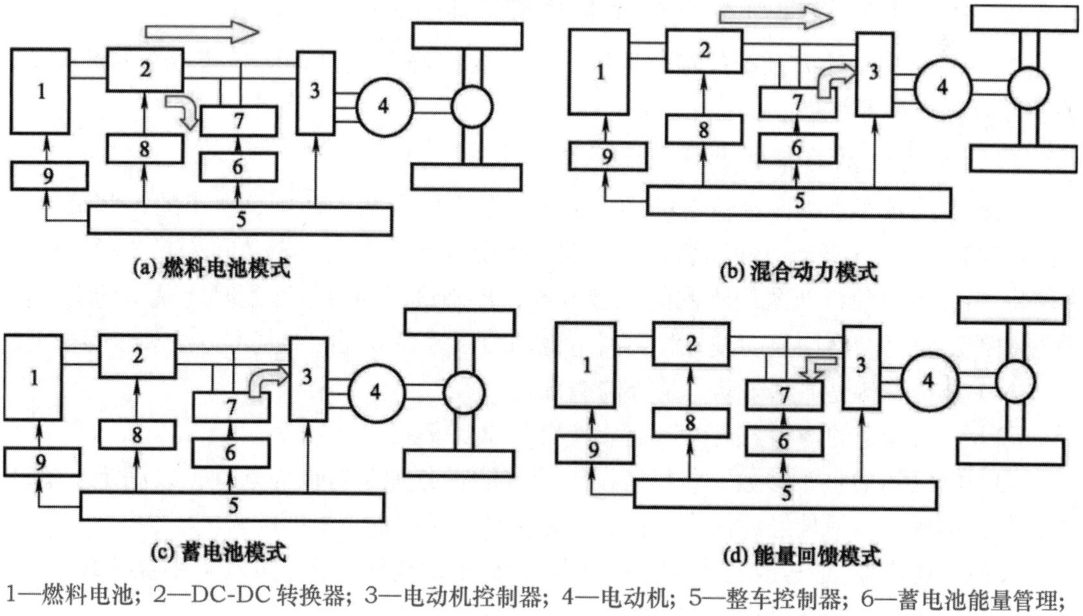

1—燃料电池；2—DC-DC 转换器；3—电动机控制器；4—电动机；5—整车控制器；6—蓄电池能量管理；7—蓄电池；8—DC-DC 电子控制器；9—燃料电池控制器

图 4.10 燃料电池的工作模式

2. 混合动力模式

混合动力模式是指燃料电池和蓄电池共同提供电动机所需电力的工作方式，如图 4.10（b）所示。在燃料电池汽车加速行驶、高速行驶、上坡、超车或重载的情况下，当燃料电池输出的电功率已不能满足驱动车辆所需的功率时，由蓄电池提供瞬时能量来补充燃料电池汽车加速、上坡的动力需要，或由蓄电池持续地协助燃料电池供电，以满足燃料电池汽车在持续高速或重载下对电源持续电功率输出的需求。

3. 蓄电池模式

蓄电池模式是指燃料电池停止输出电能，车辆单独由蓄电池提供电力的工作方式，如图 4.10（c）所示。当燃料电池还未启动，而蓄电池的 SOC 值大于最小临界值时，由蓄电池提供电动汽车起步时所需的电能。此外，当燃料耗尽或燃料电池电堆发生故障时，若蓄电池的 SOC 值大于最小临界值，则也可由蓄电池短时间内独立供电。工作在蓄电池模式的燃料电池汽车，对蓄电池容量和输出功率的要求相对较高。

4. 能量回馈模式

能量回馈模式是指电动机工作在发电机状态，将车辆的动能转换为电能并向蓄电池充电的工作方式，如图 4.10（d）所示。在燃料电池汽车下坡、遇红灯减速及非紧急制动等情况下，当蓄电池又处于非充足电状态（SOC 值在最大临界值以下）时，控制器就将电动机转换为发电机工作方式，将车辆的动能转换为电能，通过向蓄电池充电来实现能量回馈。

（六）燃料电池汽车动力系统参数的匹配

燃料电池汽车动力系统的最佳匹配，就是要在确保车辆有良好动力性的前提下，具有最优的燃料经济性。

1. 燃料电池动力系统参数匹配的基本方法

燃料电池汽车动力驱动系统的构型方式、各系统参数的匹配、整车的控制策略均是影响燃料电池汽车动力性和燃料经济性的重要因素，而且三者之间相互关联、相互影响。当燃料电池汽车采用不同的构型方式、控制策略和参数匹配时，整车的动力性和燃料经济性将会有明显的差异，燃料电池动力系统参数匹配的基本方法和步骤如下。

（1）选定燃料电池汽车动力系统构型方式。

（2）针对选定的构型方式，选定某种能量分配策略。

（3）以已知的整车参数、目标工况、基本能量分配策略作为条件，以满足车辆动力性作为前提，以最佳经济性作为目标，进行动力系统的参数匹配。

按照上述步骤，通过改变构型方式，就可得到不同构型方式下的动力系统参数匹配，最终得到理想的系统选型设计方案。

2. 实用的动力系统参数优化匹配方法

可将燃料电池汽车的动力系统分为动力源和动力驱动系统两部分，如图 4.11 所示。

动力驱动系统的参数匹配需要考虑的主要因素有驱动电动机的相关参数（额定功率与最大功率、最大转矩、最高转速等）、变速器的传动比、主减速器的传动比及直流总线电压等。其主要目标是满足车辆动力性和工作可靠性要求。

混合型燃料电池汽车的动力源包括燃料电池系统、蓄电池及超级电容等。动力源参数的匹配涉及各动力源的混合方式和混合比。动力源的参数优化匹配目标主要是整车的燃料经济性最优和制造成本最低，主要考虑的因素有燃料电池的额定功率、蓄电池的容量、蓄电池的串联数量及蓄电池的初始 SOC 值等。

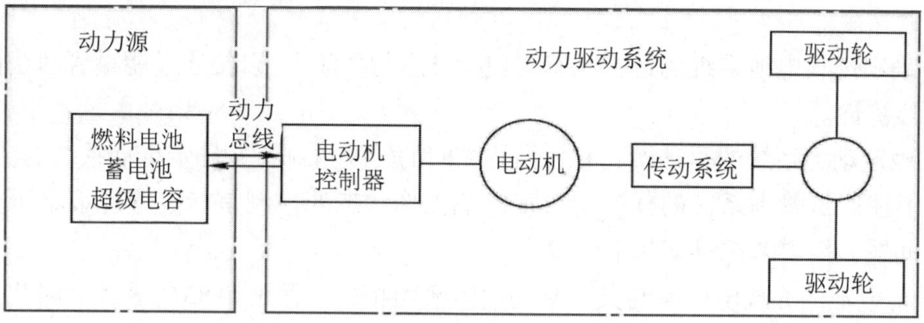

图 4.11 燃料电池汽车动力系统的组成

实现燃料电池汽车动力系统参数匹配过程的具体方法如下。

（1）理论计算法。理论计算法是根据给定的整车参数和动力性指标要求，运用汽车理论相关的公式进行计算，得到动力系统各动力总成的参数。

（2）工况分析法。工况分析法的主要目的是获取车辆的动力和功率需求信息，从而得到整车对各动力总成的动力性能和系统能量的最低需求。工况分析主要包括典型工况分析、特征工况分析及工况适应性分析。典型工况分析是指针对所设计车辆的典型使用循环工况进行分析，例如作为城市公交车，其典型工况可选为城区公交、城郊公交等循环工况；特征工况分析包括最高车速、最大爬坡度、起步及加速等工况分析；工况适应性分析是指设计车辆对除典型工况之外的其他要求的适应性分析，以判断该车辆是否具有更广泛的用途。

（3）仿真分析法。仿真分析法是借助于 Advisor、Matlab/Simulink 等仿真软件，针对车辆的整体设计要求与部件信息，搭建整车及各部件的仿真模型，并编制相应的程序和输入数据文件，通过仿真来确定各部件参数对整车性能的影响，从而进行各总成参数的设计与匹配。仿真分析法在程序运行时需要输入的信息中包括目标工况信息，工况选择时可参照工况分析法。

3. 能量管理策略与优化

对于具有两个或两个以上能量源的混合型燃料电池汽车，能量管理策略对车辆能量的消耗和能量源的使用寿命均有着重要的影响。能量管理策略主要包括功率分配策略、传动比控制策略、制动能量回馈策略三部分。其核心是功率分配。只有三者有机配合并实现最优化管理，才能在有效降低能量消耗的同时，延长燃料电池和蓄电池的使用寿命。

（1）能量管理系统的主要任务。对于燃料电池 + 蓄电池的混合型燃料电池汽车，如何协调这两个动力源的功率输出比例，对提高能量的利用率及整车的燃料经济性至关重要。能量管理系统的主要任务可归结为以下几点。

①在不损害蓄电池且蓄电池处于合理工作状态的情况下，满足车辆动力性的设计要求，以确保车辆良好的驾驶性能。

② 根据驾驶人的驾驶操作判断其转矩需求，再根据管理子系统的限制条件来确定转矩控制指令。

③ 确定燃料电池系统的运行状态（包括开启与关闭），以便通过能量管理获得最大的燃料经济性。

④ 确定动力系统的驱动模式和各模式之间的转换机制，并确定传动系统的传动比。

在上述能量管理系统的任务中，蓄电池工作状态的控制是能量管理策略所要解决的基本问题，需要考虑以下几个因素。

① 蓄电池的充放电效率与其本身的内阻密切相关，且是 SOC 的函数。因此，能量管理必须考虑选择蓄电池的最佳工作区域，以降低蓄电池充放电损失，同时保留额外的吸收峰值功率的空间。

② 蓄电池所储存的能量在整个循环工况下要达到平衡。

③ 蓄电池的充放电深度会影响其循环寿命，因此，能量管理必须控制蓄电池的充放电深度。

（2）能量管理系统的构成。燃料电池汽车能量管理系统的基本结构如图 4.12 所示。能量管理系统通过相关的传感器、开关、电压信号获取当前的状态（包括车速、蓄电池的 SOC 等）及驾驶人的转矩需求信息，进行汽车最佳挡位、燃料电池开启、关闭、制动能量回馈、功率分配等控制。

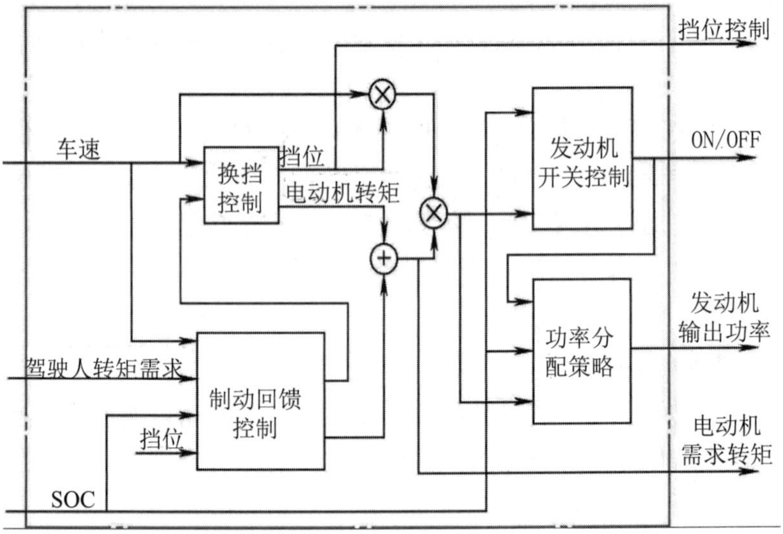

图 4.12 燃料电池汽车能量管理系统的基本结构

（七）燃料电池汽车的安全系统

由于目前的燃料电池汽车大部分采用氢气作为燃料，而氢气的泄漏将会造成危险，因此，燃料电池汽车必须考虑针对氢气的安全措施。通常采用两种措施：一是储氢装置和输送管路选用不易造成泄漏的材料和结构；二是实时监测燃料电池系统中氢的泄漏情况。

1. 燃料电池系统的安全保护措施

（1）氢气源切断保护装置

当汽车发生碰撞时，氢气的泄漏将会引发严重的安全事故，为此，一些燃料电池汽车设置了相应的保护装置。当汽车发生碰撞事故时，保护装置会根据碰撞传感器所发出的信号及时切断电源和气源，以避免因氢气泄漏而造成更为严重的事故。

（2）用吸能车架保护燃料电池系统

一些燃料电池汽车的车身、车架采取了特殊的结构措施，以保护燃料电池系统在汽车发生碰撞时不易受损。本田燃料电池汽车 FCX 的纵梁结构如图 4.13 所示。

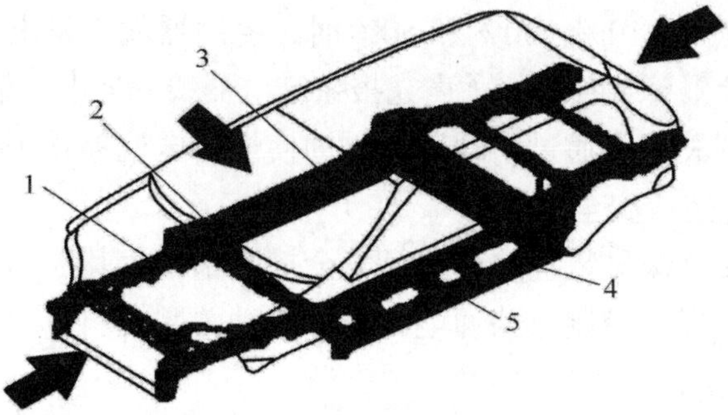

1—前纵梁；2—横梁；3—地板梁；4—侧门框；5—横悬梁

图 4.13　本田燃料电池汽车 FCX 的纵梁结构

该车架的结构特点是：当从前面碰撞时，前纵梁可吸收冲击能量，可减少驾驶室的变形；如果侧面发生了碰撞，则地板梁可吸收能量，也可减少驾驶室的变形和对燃料电池系统的影响。

（3）储氢气瓶的安全措施

储氢气瓶压力高达 25 ～ 35 MPa。与汽车发生碰撞时，如果高压储氢气瓶受损破裂，则后果将不堪设想。为此，除了选用高强度的储氢气瓶外，在汽车结构上，还要考虑尽可能减小汽车碰撞时对储氢气瓶的冲击。

（八）燃料电池汽车氢气监测系统

燃料电池汽车氢气监测系统通常由氢传感器、控制器、报警及安全处理装置等组成，如图 4.14 所示。氢传感器将周围氢气含量参数转换为电信号，并输出给控制器，然后控制器根据氢传感器的信号判断是否有氢气泄漏及泄漏的严重程度，并输出相应的控制信号，使危险报警装置发出危险警报，或使安全保险电路工作（切断高压电路或关闭氢气源），及时排除安全隐患。

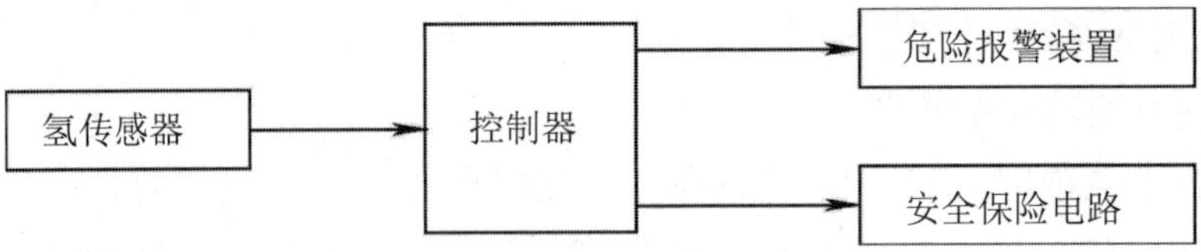

图 4.14 燃料电池汽车氢气监测系统

1. 车上氢安全控制系统

一些燃料电池汽车的氢安全控制系统配备有多个氢传感器。例如，某燃料电池电动客车在车顶部的储氢气瓶舱、乘客舱、燃料电池舱和散热器附近各安装了一个氢传感器，以监测周围空气中氢气的含量。当任何一个传感器检测到氢气含量达到爆炸下限（体积分数为 4%）的 10%、30% 和 50% 时，控制器就会发出 Ⅰ级、Ⅱ级或Ⅲ级报警控制信号，使危险报警装置工作（声光报警继电器线圈通电，触点吸合），发出相应的声光报警信号。驾驶人可通过手动开关立即使燃料电池停止工作，并关闭储氢气瓶出口电磁阀，以避免造成安全事故。

对于装有自动安全保险装置的车载氢安全控制系统，其控制器在启动危险报警装置的同时，也使安全保险控制电路通电工作，自动关闭燃料电池及氢源出口，以确保安全。

2. 车库氢安全控制系统

存放燃料电池汽车的车库也存在氢泄漏的安全隐患，因而安装车库氢安全控制系统也十分必要。

车库氢安全控制系统通常由氢传感器、控制器、报警装置及排 / 送风装置等组成。氢传感器安装在车库的顶部。当任何一个氢传感器监测到周围空气中氢的体积分数超过了爆炸下限的 10%、30% 或 50% 时，氢监测系统就会发出 Ⅰ级、Ⅱ级或Ⅲ级报警信号，启动车库外报警装置，同时，自动开启排风扇或打开换气窗，以避免因车库内氢气的含量过高而引发安全事故。

（九）燃料电池汽车其他安全措施

燃料电池汽车通常还采取防静电和防爆措施，并制定严格的氢操作规程，以确保安全。

1. 燃料电池汽车的防静电措施

在燃料电池汽车加氢时或在行车过程中，不可避免地会产生静电，这极易引发氢气燃烧或爆炸。为此，一些燃料电池汽车的车体底部通常设有接地导线，可及时将静电释放回大地，以确保燃料电池汽车的安全。

2. 燃料电池汽车的防爆措施

燃料电池汽车的防爆措施主要是防止电路中产生电火花，以避免电火花点燃氢气而产生燃烧或爆炸事故。防爆措施主要如下：

（1）采用防爆型氢传感器，不用触点式传感器。这是因为触点式传感器在氢气含量达到设定值时通过触点的动作输出信号，容易产生触点火花而引发事故。

（2）在氢安全系统中采用防爆固态继电器，防止继电器触点动作时产生电弧放电而点燃氢气。

（3）当氢安全控制系统发出警告时，禁止进行开关电气设备的操作，以避免相关的电源插座、接触器、继电器及开关触点产生电火花而点燃氢气。

（4）当燃料电池汽车储氢气瓶内存有氢气时，严禁在车上进行电焊等会产生电弧的相关操作。

3. 燃料电池汽车氢安全操作规程

为确保安全，燃料电池汽车在调试、启动、进库、出库过程中均应严格执行氢安全操作规程。燃料电池汽车氢安全操作规程主要如下：

（1）严禁在车库内进行大规模的加氢操作。

（2）在燃料电池汽车启动前，应检查燃料电池系统管路的气密性，确保无泄漏。

（3）在调试及燃料电池汽车启动前，应用氮气吹扫管路，并且在调试时必须由专人配备便携式氢含量探测仪来检查氢泄漏情况。

（4）雷雨天气禁止进行系统的调试及其他相关的操作。

（5）当发现安全问题时，必须立即停止调试。

第二节　气体燃料汽车概述

气体燃料主要包括压缩天然气（CNG）、液化石油气（LPG）和氢气。天然气是从天然气田直接开采出来的，其主要成分是甲烷，极难液化。因此，目前一般是将天然气压缩到 20 MPa 的高压，然后充入车用气瓶中储存以供汽车使用，即所谓的压缩天然气（CNG）。石油气是石油催化裂化过程和油田伴生气回收轻烃过程中的产品。石油气在常温下加压到 1.6 MPa 即可液化成液化石油气（LPG）。从油田气制得的 LPG，其主要成分为丙烷、丁烷与少量的乙烷和戊烷，不含烯烃，适合作车用燃料。从炼油厂得到的 LPG，除含丙烷、丁烷外，还含有较多的烯烃，不宜用作车用燃料。因为烯烃在常温下的化学安定性差，所以在储运过程中容易生成胶质，燃烧后容易积炭。汽油、轻柴油、天然气、液化石油气及甲醇和乙醇燃料的理化性质见表 4.1 所示。

表 4.1 汽油、轻柴油、天然气、液化石油气及甲醇和乙醇燃料的理化性质

种类 项目		汽油	轻柴油	天然气（NG）	液化石油气（LPG）	甲醇	乙醇
来源		石油炼制产品	石油炼制产品	以自由状态存在于油气田中，以 20 MPa 压强存储为压缩天然气（CNG），在 -160 ℃以下隔热状态保存为液化天然气（LNG）	在石油炼制过程中产生的液化气体	由 CO 和 H 化学合成	植物淀粉物质发酵燕馏
分子式		C_5 ~ C_{11} 的 HC	C_{15} ~ C_{23} 的 HC	含 C_1 ~ C_3 的 HC 主要成分是 CH_4.	含 C_1 ~ C_3 的 HC，主要成分是 C_3H_8.	CH_3OH	C_3H_5OH
质量分数	ω_C	0.855	0.870	0.750	0.818	0.375	0.522
	ω_H	0.145	0.126	0.250	0.182	0.125	0.13
	ω_O	0	0.004	0	0	0.500	0.348
相对分子质量		114	170	16	44	32	46
液态密度 /（kg/L）		0.70 ~ 0.75	0.82 ~ 0.88	0.42	0.54	0.78	0.80
沸点 /℃		25 ~ 220	160 ~ 360	-161.5	-42.1	64.4	78.3
蒸发热 /（kJ/kg）		334	—	510	426	1 100	862
理论空气量	kg/kg	14.90	14.50	17.40	15.80	6.52	9.05
	m^3/kg	11.54	11.22	13.33	12.12	5.00	6.93
	kmol/kg	0.515	0.500	0.595	0.541	0.223	0.310
自燃温度 /℃		220 ~ 250	0	632	504	500	420
闪点 /℃		-45.0	50.0 ~ 65.0	-162.0	-73.3	10.0 ~ 11.0	9.0 ~ 32.0
燃料热值 /kJ/kg		44 000	42 500	50 050	46 390	20 260	27 000
混合气热值 /（kJ/m^3）		3 750	3 750	3 230	3 490	3 557	3 660
辛烷值	RON	90 ~ 106	—	130	96 ~ 111	110	106
	MON	80 ~ 83	—	120 ~ 130	89 ~ 96	92	89
蒸汽压 /kPa		49 ~ 83	—	不能测定	1 274	30.4	15.3

一、CNG 和 LPG 的主要优点

天然气和液化石油气在常温下为气态，容易与空气混合形成均匀的可燃混合气，燃烧完全，可以大幅度减少 CO、HC 和微粒的排放。另外，天然气和液化石油气的火焰温度低，因此，氮氧化合物的排放量也相应减少。

天然气辛烷值高达 130，液化石油气的辛烷值也在 100 左右，因此，燃用天然气或液化石油气可提高发动机的压缩比，从而获得较高的发动机热效率。

冷启动性和低温运转性能良好，在暖机期间无需加浓混合气。

燃烧界限宽，稀燃特性优越。燃烧稀混合气可以减少氮氧化合物的生成和改善燃料经济性。

不稀释润滑油，可以延长润滑油的更换周期和发动机的使用寿命。

二、CNG 和 LPG 的缺点

因为天然气在常温、常压下是气体，所以其储运性能差。目前广泛采用将压缩天然气充入车用气瓶内储运的办法，这些气瓶既增加了汽车自重，又减少了载货空间，虽然可以通过深冷液化技术制成液化天然气（LNG），但技术复杂，生产成本高。

一次充气的续驶里程短。

CNG 或 LPG 均呈气态进入气缸，使发动机充量系数降低；与汽油或柴油相比，CNG 或 LPG 的理论混合气热值小，因此，燃用 CNG 或 LPG 将使发动机功率下降。

三、氢气燃料的优点

氢气汽车的燃料是氢气，通常情况下是一种无色、无味、无毒的气体。相比其他燃料，它具有下列优点。

（一）资源丰富

氢可采用多种方式制取。如可从天然气中提取，可由再生物质制取，可电解水制氢等。

（二）环保

氢气燃烧后无一氧化碳、二氧化碳、硫化物、炭烟和颗粒物排放，只产生氮氧化物和水，稀混合气燃烧时氮氧化物也可降低到比其他燃料少得多，真正实现零排放。

（三）燃烧热值高

氢的燃烧热值高于所有化石燃料和生物质燃料，见表 4.2 所示。

表 4.2 氢气及甲烷、汽油、甲醇和乙醇燃料的燃烧值

名称	氢气	甲烷	汽油	甲醇	乙醇
燃烧值 /（kJ/kg）	121 061	50 054	44 467	20 254	27 006

（四）热效率高

其理论循环接近奥托循环，在相同的测试条件下，氢气发动机的热效率比汽油机提高 15% ~ 50%。

（五）燃烧稳定、燃烧充分

氢在空气中的可燃比非常高（体积分数范围 4% ~ 75%），而汽油（体积分数范围 1% ~ 7.6%）和甲烷（体积分数范围 5.3% ~ 15%）相比却较低，这一特性在氢的燃烧中起了很大的作用。加上氢的燃烧在气体中传播速度很快，因此，氢燃料发动机的燃烧非常清洁。

（六）燃料混合比的浓度调节方便

氢发动机可以靠空气—燃料混合比的浓度调节动力输出，不需要节流阀。这样做最大的好处是提高了发动机的整体效率，因为不存在燃料泵中流量的损失，稀薄燃烧的效率较高也起了一定的作用。

（七）辛烷值高

氢的辛烷值高达 130，而高级汽油的辛烷值只有大约 93，因此，它的自燃温度很高，抵抗爆燃的能力强，也就是说可以采用较高的压缩比。据福特公司的研发统计数据，1 台压缩比为 14.5∶1 的氢发动机最大效率可达到 52%。

（八）点火能量低

点火能量不到汽油最低点火能量的 1/10，并且火焰传播特性很好，可在空气过量系数较大的范围内稳定燃烧。沸点低（约 –253 ℃），冷启动好。

（九）稀燃能力强

发动机能在稀混合气下稳定工作，具有很好的热效率。

四、氢气燃料的缺点

（一）难以储存

氢是最轻的元素，易泄漏，从高压储气罐中泄漏会达到声速，泄漏速度是天然气的 3 倍。远程输运时损耗大。

（二）制取成本高

与传统动力汽车相比，成本至少高出 20%。

（三）易燃

氢 / 空气混合物燃烧的范围是 4% ～ 75%（体积分数），着火能仅为 0.02 mJ。而其他燃料的着火范围要窄得多。氢燃料低点火能量所导致的进气管回火和缸内早燃，以及经由活塞环渗漏到曲柄箱的氢气产生爆炸等问题，使得氢气发动机正常工作遭到破坏。

（四）氢脆

锰钢、镍钢以及其他高强度钢容易发生氢脆。这些钢长期暴露在氢气中，尤其是在高温高压下，其强度会大大降低，导致失效。因此，如果与氢接触的材料选择不当，就会导致氢的泄漏和燃料管道的失效。

第三节　太阳能汽车认知

太阳能是一种有利于生态，清洁的能源，太阳能汽车可以说是真正的“零排放”交通工具。但是，汽车能够从太阳能电池组中获得的功率，取决于太阳照射的比功率和太阳能电池组面积的大小。

当阳光垂直照射到太阳能电池组表面上时，照射的比功率为 1 kW/m^2，在一般情况下，平均比功率只有它的 1/3。考虑到太阳能汽车必须沿城市公路行驶，车上太阳能电池组的面积不可能太大，一般都限制在 6 m^2 以下，再考虑到现代化光电转换装置的效率约为 14%，即使在最为有利的气候条件下，太阳能电池组的瞬间功率也不会超过 1 kW。

将太阳光转换成电能是利用太阳能的一个重要途径。人们早在 20 世纪 50 年代就制成了第一个光电池。将光电池装在汽车上，用它将太阳光不断地转换成电能，再用电能启动汽车，即太阳能汽车是以太阳能作为动力源的汽车。它利用太阳能电池，将太阳能转换为电能，由电能带动电动机运转，再由电动机驱动汽车行驶。

一、太阳能电池的发电原理

太阳能电池的发电原理是基于半导体的光生伏特效应将太阳辐射能直接转换为电能。在晶体中电子的数目总是与核电荷数相一致，所以 P 型硅和 N 型硅是呈电中性的。如果将 P 型硅或 N 型硅放在阳光下照射，光的能量通过电子从化学键中释放出来，由此产生电子空穴对，但在很短的时间内（在微秒范围内）电子又被捕获，即电子和空穴“复合”。P 型材料和 N 型材料相接时，将在晶体中 P 型和 N 型材料之间形成界面，即 P–N 结。此时，在界面层 N 型材料中的自由电子和 P 型材料中的空穴相对应。由于正、负电荷之间的吸引力，在界面层附近 N 型材料中的电子扩散到 P 型材料中，而空穴扩散到 N 型材料中与自由电子复合。

这样在界面层周围形成一个无电荷区域，通过界面层周围的电荷交换形成两个带电区，即通过电子到 P 型材料的迁移，在 N 型区形成一个正的空间电荷区和在 P 型区形成一个负的空间电荷区。

对不同材料的太阳能电池，尽管光谱响应的范围是不同的，但光电转换的原理是一致的。如图 4.15 所示，在 P–N 结的内静电场作用下，N 型区的空穴向 P 型区运动，而 P 型区的电子向 N 型区运动，最后造成在太阳能电池受光面（上表面）有大量负电荷（电子）积累，而在电池背光面（下表面）有大量正电荷（空穴）积累。如果在电池上、下表面引出金属电极，并用导线连接负载，在负载上就有电流通过。只要太阳光照不断，负载上就一直有电流通过。

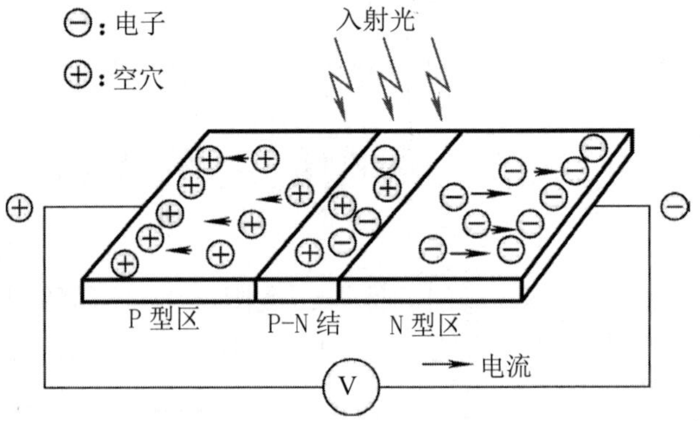

图 4.15 硅太阳能电池的发电原理

二、太阳能电池材料技术

单晶硅太阳能电池转换效率最高，技术也最为成熟，转换效率为 15% ~ 17%。它在大规模应用和工业生产中仍占据主导地位，但由于单晶硅成本价格高，大幅度降低其成本很困难，为了节省硅材料，发展了多晶硅薄膜和非晶硅薄膜作为单晶硅太阳能电池的替代产品。

多晶硅薄膜太阳能电池与单晶硅比较，价格低廉，而且效率高于非晶硅薄膜电池，其转换率为 12% ~ 14%。因此，多晶硅薄膜电池将在太阳能电池市场上占据主导地位。非晶硅薄膜太阳能电池成本低，重量轻，转换效率为 6% ~ 10%，便于大规模生产，有极大的潜力，但受制于其材料引发的光电效率衰退效应，稳定性不高，直接影响了其实际应用。如果能进一步解决稳定性问题及提高转换率问题，那么非晶硅太阳能电池无疑是太阳能电池的主要发展产品之一。

硫化镉、碲化镉多晶薄膜电池的效率较非晶硅薄膜太阳能电池效率高；成本较单晶硅电池低，并且也易于大规模生产，但由于镉有剧毒，会对环境造成严重的污染，因此，并不是晶体硅太阳能电池最理想的替代产品。

砷化镓化合物电池的转换效率可达 28%。砷化镓化合物材料具有十分理想的光学带隙以及较高的吸收效率，抗辐照能力强，对热不敏感，适合于制造高效单体电池。但是砷化镓材料的价格不菲，因而在很大程度上限制了砷化镓电池的普及。

铜铟硒薄膜电池适合光电转换，不存在光衰退问题，转换效率和多晶硅一样，具有价格低廉、性能良好和工艺简单等优点，将成为今后发展太阳能电池的一个重要方向。但由于铟和硒都是比较稀有的元素，资源较少，因此，这类电池的发展又必然会受到限制。

三、太阳能电池的结构

图 4.16 所示为太阳能电池的结构和太阳能电池板。在 N 型半导体的表面形成 P 型半导体，构成 P–N 结，即形成太阳能电池，形成的 P 型区仅仅有 1 ~ 3 μm，太阳光

照射到它的表面，透过 P 型区到达 P–N 结处就能够产生电动势，产生的电压约为 0.5 V。太阳能电池电流的大小与太阳光照射强度的大小、太阳能电池面积的大小成正比。

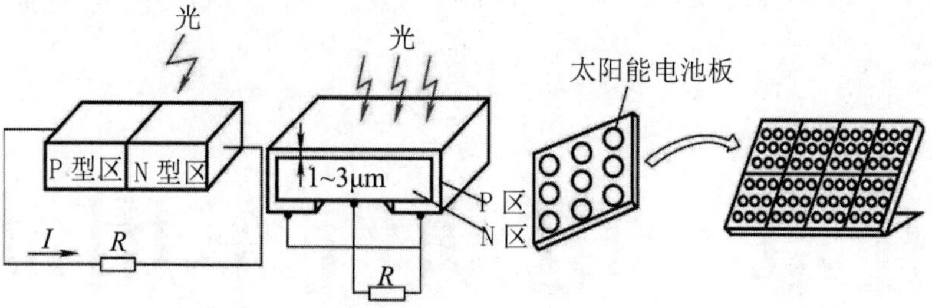

（a）太阳能电池的结构　　（b）太阳能电池板

图 4.16 太阳能电池的结构和太阳能电池板

太阳能电池的形状主要为圆形和方形，将许多个太阳能电池排列组合成太阳能电池板，就能产生所需要的高电压和大电流。太阳能电池的转换效率约为 10%。太阳能电池对能量的转换效率较低，需要进一步采用新材料和新技术来提高。

太阳能汽车至今为止在世界上还没有被普遍实际应用，现有的太阳能汽车只是一些显示科研成果的概念车和比赛车。然而尽管如此，这种“绿色”汽车对人类的吸引力实在是太大了，以致世界上所有的汽车生产国都在致力于太阳能汽车的研究和开发，目的就是有朝一日让太阳能汽车真正服务于人类。

第五章　电动汽车用动力电池

章节概述

电动汽车电池作为汽车的储能装置，既要求有足够的能量来满足一定的驾驶周期和行驶里程，又要提供能达到车辆指定的加速性能所需要的最大功率。即要求动力电池要具备良好的充放电性能，高的比功率和比能量，价格低廉，使用维护方便。但不同类型电动汽车由于其结构和工作模式不同，对动力电池的要求略有区别。

学习目标

1. 掌握电动汽车动力电池的定义及分类方法。
2. 理解动力电池结构的特点与工作原理。
3. 了解动力电池关键技术及在电动汽车中的应用。

第一节　铅酸蓄电池

一、铅酸蓄电池的种类

以酸性水溶液作为电解质的蓄电池称为酸蓄电池。由于酸蓄电池电极是以铅及其氧化物作为材料，故又称为铅酸蓄电池。铅酸蓄电池于1859年由法国科学家普兰特（G.Plante）发明。1881年，法国人发明的电动汽车就是以铅酸蓄电池作为动力的，铅酸蓄电池广泛用于燃油（气）汽车的启动。铅酸蓄电池按其工作环境的不同可分为移动式和固定式两大类。固定型铅酸蓄电池按电池槽结构的不同可分为半密封式和密封式，半密封式又分为防酸式和消氢式。根据排气方式的不同，密封式铅酸蓄电池可分为排气式和非排气式两种。

铅酸蓄电池的特点是开路电压高，放电电压平稳，充电效率高，能够在常温下正常工作，生产技术成熟，价格便宜，规格齐全。因此，近十年来，国内外开发的称之为第一代的电动汽车也广泛使用了铅酸蓄电池。在电动汽车上使用的铅酸蓄电池的类型及其主要特点如表5.1所示。

表5.1　在电动汽车上使用的铅酸蓄电池的类型及其主要特点

铅酸蓄电池的类型	主要特点
开口管式铅酸蓄电池	有较高的比能量，良好的循环寿命，自动加水，少维护
阀控胶质管式铅酸蓄电池	有较高的比能量和质量比功率，良好的循环寿命，免维护
平板阀控铅酸蓄电池	有较高的比功率，免维护
海平板阀控铅酸蓄电池	有较高的峰值功率，浅循环放电，免维护

电动汽车牵引用动力铅酸蓄电池（简称动力铅酸蓄电池）的性能与启动用铅酸蓄电池的要求是不同的。动力铅酸蓄电池要求有高的比能量和比功率，高的循环次数和使用寿命，快速充电性能等。目前，已经有很多专业公司研制和开发了多种新型铅酸蓄电池，使得铅酸蓄电池的性能有了较大的提高。

二、铅酸蓄电池的工作原理

铅酸蓄电池放电和充电的反应过程是铅酸蓄电池活性物质进行的可逆化学变化过程，可以用下列化学反应方程式表示：

$$\underset{\text{正极}}{PbO_2}+2H_2SO_4+\underset{\text{负极}}{Pb}\underset{\text{充电}}{\overset{\text{放电}}{\rightleftharpoons}}\underset{\text{正极　负极}}{2PbSO_4}+2H_2O$$

铅酸蓄电池放电过程中，化学反应由左向右进行，其相反的过程为充电过程的化学反应。由于放电过程中，铅酸蓄电池中 H_2SO_4 的浓度会逐渐减小，因此，可以用比重计来测定 H_2SO_4 的密度，再由铅酸蓄电池电解液的密度确定铅酸蓄电池电解液的放电程度。单体铅酸蓄电池的电压为 2 V，在使用或存放一段时间后，电池的电压可能降低到 1.8 V 以下，或 H_2SO_4 溶液的密度下降到 1.2 g/cm^3 时，铅酸蓄电池就必须充电；如果电压继续下降，则铅酸蓄电池将被损坏。

三、铅酸蓄电池的构造

图 5.1 所示为普通铅酸蓄电池的结构。铅酸蓄电池的基本单元是单体电池（Batterycell），每个单体电池都是由正极板、负极板和装在正极板和负极板之间的隔板组成。每个单体电池的基本电压为 2 V，然后将不同容量的单体电池按使用要求进行组合，装置在不同的塑料外壳中，来获得不同电压和不同容量的铅酸蓄电池。铅酸蓄电池总成经过灌装电解液和充电后，就可以从铅酸蓄电池的接线柱上引出电流。阀控铅酸蓄电池通常采用密封、无锑网隔板等技术措施；并在普通铅酸蓄电池的电解液中加入硅酸胶（Na_2SiO_3）等凝聚剂，使电解质成为胶状物，形成一种“胶体”电解质，采用“胶体”电解质的铅酸蓄电池使用起来更加方便。硅酸胶（Na_2SiO_3）与硫酸的反应如下：

$$H_2SO_4+Na_2SiO_3=Na_2SO_4+H_2SiO_3\text{（胶体）}$$

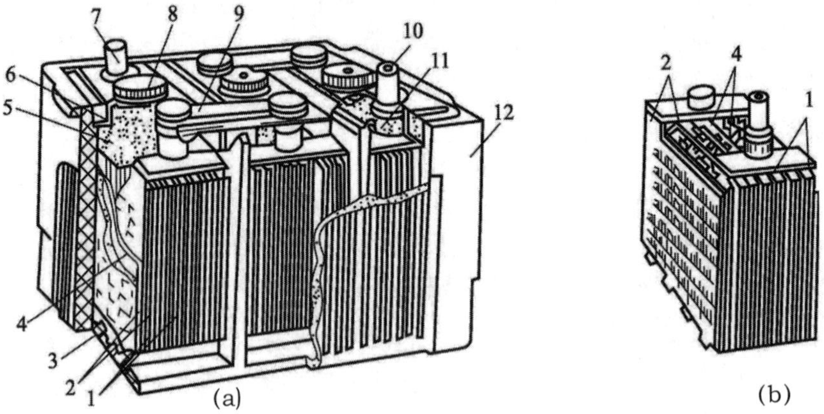

1—正极板；2—负极板；3—肋条；4—隔板；5—护板；6—封料；7—负极柱；8—加液口盖；9—电极连接条；10—正极柱；11—极柱衬套；12—蓄电池容器

图 5.1 普通铅酸蓄电池的结构

图 5.2 所示为排气阀式铅酸蓄电池的结构。该种蓄电池的特点是带有催化剂，可以使充电时产生的氢气和氧气反应生成水流回蓄电池，因而可以防止充电时产生的氢气和氧气逸散，控制水的消耗。

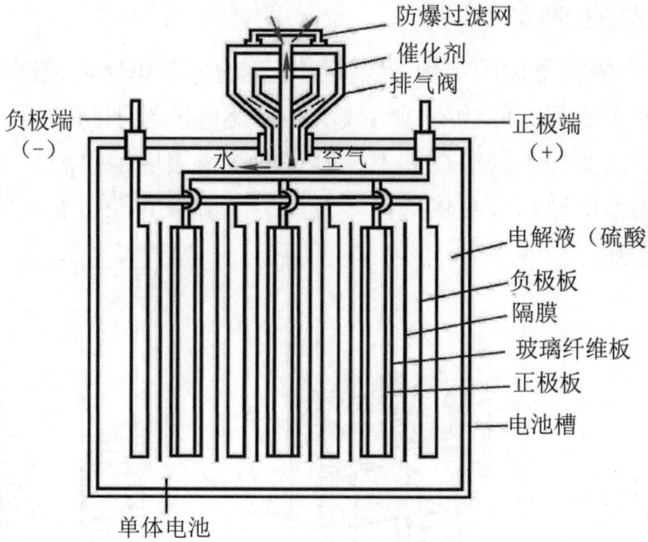

图 5.2　排气阀式铅酸蓄电池的结构

第二节　镍镉蓄电池

一、镍镉蓄电池的原理

镍镉蓄电池（Ni-Cd）是一种碱性蓄电池，是电动汽车首选电池之一。镍镉蓄电池的比能量可达到 55 W · h/kg（普通铅酸电池的能量密度约为 40 W · h/kg），比功率可超过 225 W/kg，极板强度高，工作电压平稳，能够带电充电，并可以快速充电。镍镉蓄电池过充电和过放电性能好，有高倍率的放电特性，瞬时脉冲放电率很大，深度放电性能也好。镍镉蓄电池循环使用寿命长，可达到 2 000 次或 7 年以上，是铅酸蓄电池的 2 倍。镍镉蓄电池采用全封闭外壳，可以在真空环境中正常工作，低温性能较好，能够长时间存放。

镍镉蓄电池以羟基氧化镍为正极，金属镉为负极，水溶性氢氧化钾溶液为电解质。在镍镉蓄电池充电和放电的化学反应过程中，电解液基本上不会被消耗。为了延长使用寿命和改善高温性能，通常在电解液中加入氧化锂。镍镉蓄电池的化学反应方程式如下：

$$\underset{\text{正极}}{2NiOOH}+2H_2O+\underset{\text{负极}}{Cd}\underset{\text{充电}}{\overset{\text{放电}}{\rightleftharpoons}}\underset{\text{正极}}{2Ni(OH)_2}+\underset{\text{负极}}{Cd(OH)_2}$$

二、镍镉蓄电池的结构

图 5.3 所示为镍镉蓄电池的结构。镍镉蓄电池的每个单体电池都是由正极板、负极板和装在正极板和负极板之间的隔板组成。将单体电池按不同的组合装置在不同塑料外壳中，可得到所需要的不同电压和不同容量的镍镉蓄电池总成。在市场上有多种不同型号规格的镍镉蓄电池总成可供选择。在灌装电解液并经过充电后，就可以从电池的接线柱上引出电流。

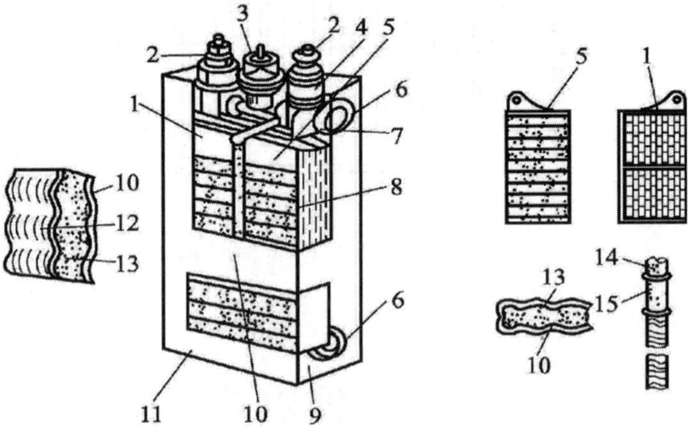

1—正极板；2—接线柱；3—加液口盖；4—绝缘导管；5—负极板；6—吊架；7—单格电池连接条；8—极板骨架；9—绝缘层；10—镀镍薄钢板；11—外壳；12—通孔；13—活性物质；14—正极板导管；15—氢氧化镍

图 5.3 镍镉蓄电池的结构

三、镍镉蓄电池的特点

镍镉蓄电池的工作电压较低，单体电池的标称电压为 1.2 V，循环使用寿命在 2 000 次以上；可以进行快速充电，充电 15 min 可恢复 50% 的容量，充电 1 h 可恢复 100% 的容量，但一般情况下完全充电需要 6 h；深度放电达 100 %，自放电率低于 0.5 %/ 天；可以在 -40 ~ 80 ℃的环境温度条件下正常工作；快速充电能力强，充电 18 min 即可从 40% 达到 80% 容量。镍镉蓄电池有记忆效应，镍镉蓄电池中采用的镉（Cd）是一种有害的重金属，在电池报废后必须进行有效地回收，这点在国外已能实现。镍镉蓄电池的成本约为铅酸蓄电池的 4 ~ 5 倍，初始购置费用较高，但镍镉蓄电池的比能量和循环使用寿命都大大地高于铅酸蓄电池，因此，在电动汽车实际使用时，总的费用不会超过铅酸蓄电池的费用。由于镍镉蓄电池使用性能比铅酸蓄电池好，在电动汽车上得到广泛的采用。克莱斯勒公司的 TE 小型汽车、标致 106 型纯电动汽车（EV）、雪铁龙 AX-EV 以及日本本田汽车公司、日产汽车公司等生产的纯电动汽车都采用了镍镉蓄电池。

第三节 镍氢蓄电池

镍氢（Ni–MH）蓄电池也是一种碱性蓄电池，其标称电压为 1.2 V，比能量可达到 70 ~ 80 W·h/kg，有利于延长电动汽车的行驶里程，镍氢蓄电池比功率可达到 200 W/kg，是铅酸蓄电池的 2 倍，能够提高车辆的启动性能和加速性能。镍氢蓄电池有高倍率的放电特性，短时间可以 3C 放电，瞬时脉冲放电率很大。镍氢蓄电池的过充电性能和过放电性能好，能够带电充电，并可以快速充电，在 15 min 内可充 60% 的容量，1 h 内可以完全充满，应急补充充电的时间短。在 80% 的放电深度下，镍氢蓄电池循环寿命可达到 1 000 次以上，是铅酸蓄电池的 3 倍。镍氢蓄电池采用全封闭外壳，可以在真空环境中正常工作，低温性能较好，能够长时间存放。镍氢蓄电池中没有 Pb 和 Cd 等重金属元素，不会对环境造成污染，镍氢蓄电池可以随充随放，不会出现镍镉蓄电池在没有放完电后即充电而产生的“记忆效应”。

一、镍氢蓄电池的工作原理

镍氢（Ni–MH）蓄电池的正极是球状氢氧化镍粉末与添加剂钴等金属、塑料和黏合剂等制成的涂膏，用自动涂膏机涂在正极板上，然后经过干燥处理成发泡的氢氧化镍正极板。在正极材料 $Ni(OH)_2$ 中，添加 Ca、Co、Zn 或稀土元素，对稳定电极的性能有明显的改进。采用高分子材料作为黏合剂或用挤压和轧制成的泡沫镍电极，并采用镍粉、石墨等作为导电剂时，可以提高大电流时的放电性能。

镍氢蓄电池的负极的关键技术是储氢合金，要求储氢合金能够稳定地经受反复的储气和放气循环。储氢合金是一种允许氢原子进入或分离的多金属合金的晶格基块，用钛、钒、锆、镍、铬（Ti、V、Co、Ni、Cr）五种基本元素，并与钴、锰等金属元素烧结的合金。经过加氢、粉碎、成形和烧结成负极板。储氢合金的种类和性能对镍氢蓄电池的性能有直接的影响。负极在充电或放电过程中既不溶解，也不再结晶，电极不会有结构性的变化，在保持自身化学功能的同时，还保证本身的机械坚固性。储氢合金一般需要进行热处理和表面处理，以增加储氢合金的防腐性能，这有利于提高镍氢蓄电池的比能量、比功率和延长其使用寿命。

电解质是水溶性氢氧化钾和氢氧化锂的混合物。在蓄电池充电过程中，水在电解质溶液中分解为氢离子和氢氧离子，氢离子被负极吸收，负极从金属转化为氢氧化物。在放电过程中，氢离子离开了负极，氢氧离子离开了正极，氢离子和氢氧离子在电解质氢氧化钾中结合成水并释放电能。图 5.4 所示为镍氢电池工作原理。

$$\text{正极}\quad Ni(OH)_2+OH^- - e \underset{\text{放电}}{\overset{\text{充电}}{\rightleftharpoons}} NiOOH+H_2O$$

$$\text{负极}\quad H_2O+e \underset{\text{放电}}{\overset{\text{充电}}{\rightleftharpoons}} \frac{1}{2}H_2+OH^-$$

$$\text{总反应}\quad Ni(OH)_2 \underset{\text{放电}}{\overset{\text{充电}}{\rightleftharpoons}} NiOOH+\frac{1}{2}H_2$$

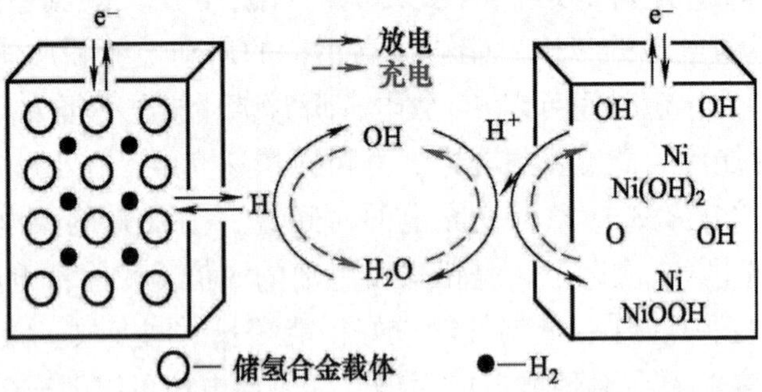

(a) 负极（储氢合金载体）　　(b) 正极（镍）

图 5.4 镍氢电池工作原理

二、镍氢蓄电池的结构

镍氢蓄电池正极是活性物质氢氧化镍 $Ni(OH)_2$，负极是储氢合金，用氢氧化钾作为电解质，在正、负极之间有隔膜，共同组成镍氢单格电池。在金属铂的催化作用下，完成充电和放电的可逆反应。镍氢蓄电池的特性与镍镉蓄电池基本相同，但氢气是没有毒性的物质，无污染，安全可靠。镍氢蓄电池使用寿命长，而且不需要补充水分。

镍氢蓄电池的极板有发泡体和烧结体两种。发泡体极板的镍氢蓄电池在出厂前必须进行预充电，且放电电压不能低于 0.9 V，工作电压也不太稳定，特别是存放一段时间后，会有 20% 的电荷流失，老化现象比较严重。为避免镍氢蓄电池老化所造成的内阻增高，镍氢蓄电池在出厂前必须进行预充电。经过改进的镍氢蓄电池的烧结体极板本身就是活性物质，不需要进行活性处理，也不需要进行预充电，电压平衡、稳定，具有低温放电性能好、不易老化和使用寿命长的优点。

镍氢蓄电池的基本单元是单体电池，每个单体电池都由正极板、负极板和装在正极板和负极板之间的隔板组成。每节电池的额定电压为 13.2 V（充电时最大电压为 16.0 V），然后将电池按使用要求组合成不同电压和不同容量的镍氢蓄电池总成。该种镍氢蓄电池比能量达到 70 W · h/kg，能量密度达到 165 W · h/L，比功率在 50% 的放电深度下为 220 W/kg，在 80% 的放电深度下为 200 W/kg。可以更大地提高电动汽车的动力性能。通常镍氢蓄电池的外形有圆形和方形两种。镍氢电池的结构如图 5.5 所示。

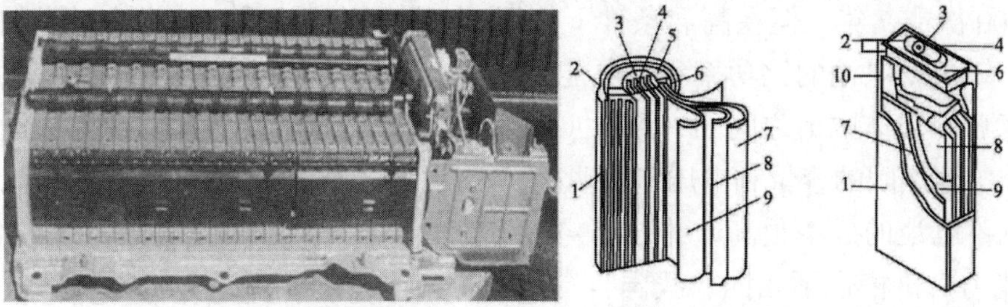

（a）普锐斯电动汽车镍氢电池　　（b）圆柱形电池　　（c）方形电池

1—电池盒；2—绝缘衬垫；3—盖帽；4—安全排气口；5—封盘；6—绝缘圈；7—负极；8—隔膜；9—正极；10—绝缘体

图 5.5　镍氢电池的结构

三、镍氢蓄电池的充、放电特性

以松下电池工业公司生产的电动汽车镍氢蓄电池为例。

（一）放电特性

D 型镍氢蓄电池（由 6 个单电池组件）放电时，2（为按额定电流放电时的实际放电容量）的功率输出时质量比功率可达 600 W/kg 以上，3 的功率输出时的质量比功率可达到 500 W/kg 以上，深度范围内质量比功率的变化比较平稳，对电动汽车动力性能的控制是十分有利的。

（二）充电特性

D 型镍氢蓄电池的充电接收性很好，充电效率几乎达到 100%，能够有效地接收电动汽车在制动时反馈的电能。另外，由于能量损耗较小，镍氢蓄电池的发热量被抑制在最小的极限范围内，可以有效地控制荷电状态，并用电流来显示电池的荷电状态。

（三）使用寿命

电动汽车动力电池组经常处于充、放电状态，而且充、放电是不规则进行的，这给电池的使用寿命带来严重的影响。松下电气公司用模拟电动汽车行驶工况对镍氢蓄电池进行仿真试验，证实镍氢蓄电池的特性几乎不发生变化，镍氢蓄电池用于电动汽车是比较合适的。

四、镍氢蓄电池的特点

镍氢蓄电池单体电池的电压为 1.2 V，3 h 比能量为 75 ~ 80 W · h/kg，能量密度达到 200 W · h/L，比功率为 160 ~ 230 W/kg，功率密度为 400 ~ 600 W/kg；充电 18 min 可恢复 40% ~ 80% 的容量，应急补充充电性能好，一次充电后续驶里程长，而且启动加速性能较好。镍氢蓄电池可以在环境温度 –28 ~ 80 ℃条件下正常工作，循环寿命可达到 6 000 次或 7 年，但在高温条件下使用时电荷量急剧下降，自放电损耗较大，价格较贵。镍氢蓄电池的比功率和放电能力不及镍镉蓄电池。镍氢蓄电池在使用时还应充分注意各个单体电池之间的一致性（均匀性），特别是在高速率、深度放电情况下，各个单体电池之间的容量和电压差较明显。

镍氢蓄电池的成本很高，约 600 ~ 800 美元 /kW。不同的储氢合金具有不同的储存氢的能力，价格也不相同。我国自行研制了稀土系的储氢合金，已达到世界水平，为我国生产镍氢蓄电池的推广提供了有利条件。

镍氢蓄电池用于电动汽车的主要优点是：启动加速性能好，一次充电后的续驶里程较长，不会对周围环境造成污染，易维护，快速补充充电时间短。

镍氢蓄电池在充电过程中容易发热，发热产生的高温会对镍氢蓄电池产生负面影响。高温状态下，正极板的充电效率变差，并加速正极板的氧化，使电池的使用寿命缩短。镍氢蓄电池在充电后期，会产生大量的氧气，在高温的环境条件下，将加速负极储氢合金氧化，并使储氢合金平衡压力增加，使储氢合金的储氢量减少而降低镍氢蓄电池的性能。若用尼龙无纺布做隔膜，在高温的作用下会发生降解和氧化。尼龙无纺布隔膜发生降解时，产生氨离子和硝酸根离子，加速了镍氢蓄电池的自放电。尼龙无纺布隔膜发生氧化时，氧化成碳酸根，使镍氢蓄电池的内阻增加。在镍氢蓄电池充电的过程中，电池温度迅速地升高，会使充电效率降低，并产生大量氧气，如果安全阀不能及时开启，则会产生爆炸的危险。

为此，在镍氢蓄电池的制造技术上做一些改进，例如：正极板采用多极板技术，负极板采用端面焊接技术，在电解液中适当加入 LiOH 和 NaOH，采用抗氧化能力强的聚丙烯毡做隔膜等，可以有效地提高镍氢蓄电池耐高温能力。在镍氢蓄电池动力电池组的单体镍氢蓄电池之间，加大散热间隙，采取有效的散热措施和建立自动热管理系统，以保证镍氢蓄电池的正常工作和延长使用寿命。

第四节　锂离子电池

锂离子电池是 1990 年由日本索尼公司首先推向市场的新型高能蓄电池，是目前世界最新一代的充电电池。目前比较成熟的锂离子电池的能量密度为 100 ~ 150 W・h/kg，这个值比铅酸电池高出 2 ~ 3 倍，且锂离子电池的循环性要远远高于铅酸电池，所以目前锂离子电池是开发电动汽车的首选电池。

与其他蓄电池相比，锂离子电池还具有电压高、比能量高、充 / 放电寿命长、无记忆效应、无污染、充电快速、自放电率低、工作温度范围宽和安全可靠等优点，它已成为未来电动汽车较为理想的动力电源。相比于镍氢蓄电池，混合动力汽车采用锂离子电池可使电池组的质量下降 40% ~ 50%，体积减小 20% ~ 30%，能源效率也有一定程度的提高。

一、锂离子电池的分类

按外形的不同，锂离子电池可分为方形锂离子电池和圆柱形锂离子电池。按正极材料的不同，锂离子电池主要分为锰酸锂离子电池、磷酸铁锂离子电池、镍钴锂离子电池或镍钴锰锂离子电池。

第一代车用锂离子电池是锰酸锂离子电池，成本低，安全性较好，但循环寿命欠佳，在高温环境下循环寿命更短，高温时会出现锰离子溶出的现象。第二代锂离子电池是具有美国专利的磷酸铁锂离子电池，是锂离子电池的发展方向，由于原材料价格低且磷、铁、锂的资源丰富，工作电压适中，充、放电特性好，放电功率高，可快速充电且循环寿命长，高温、高热稳定性好，储能特性强，完全无毒。

为了避开磷酸铁锂离子电池的专利纠纷，一些国家开发了镍钴锂离子电池或镍钴锰锂离子电池。由于钴的价格昂贵，所以这些替代锂离子电池成本较高，安全性比磷酸铁锂离子电池稍差，循环寿命优于锰酸锂离子电池。

二、锂离子电池的结构

锂离子电池由正极、负极、隔板、电解液和安全阀等组成。圆柱形锂离子电池的结构如图 5.6 所示。

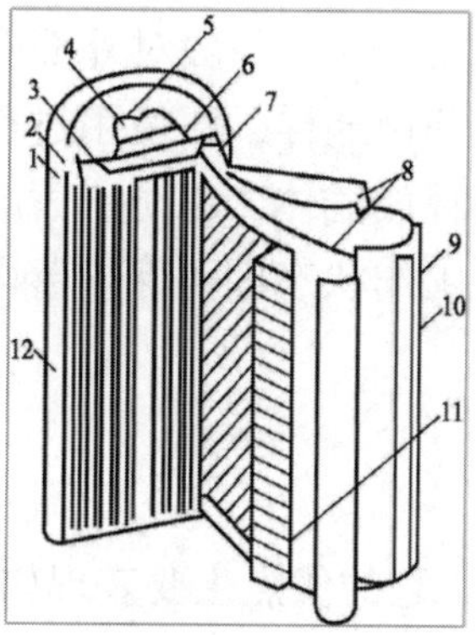

1—缘体；2—垫圈；3—PTC 元件；4—正极端子；5—排气孔；6—防爆阀；7—正极引线；8—隔板；9—负极；10—负极引线；11—正极；12—外壳

图 5.6　圆柱形锂离子电池的结构

（一）正极

在锰酸锂离子电池中正极物质以锰酸锂作为主要原料，在磷酸铁锂离子电池中，正极物质以磷酸铁锂为主要原料，在镍钴锂离子电池中，正极物质以镍钴锂作为主要材料，在镍钴锰锂离子电池中，正极物质以镍钴锰锂作为主要材料。在正极活性物质中，加入导电剂、树脂黏合剂，并涂覆在铝基体上，呈细薄层状分布。

（二）负极

负极活性物质是由碳材料与黏合剂的混合物加上有机溶剂调和制成糊状，并涂覆在铜基体上，呈薄层状分布。

（三）隔板

隔板的功能是关闭或阻断通道，一般使用聚乙烯或聚丙烯材料的微多孔膜、所谓关闭或阻断功能，是指电池出现异常温度上升时，阻塞或阻断作为离子通道的细孔，使蓄电池停止充 / 放电反应。隔板可以有效防止因外部短路等引起的过大电流而使电池产生异常发热的现象。这种现象即使产生一次，电池就不能正常使用。

（四）电解液

电解液是指以混合溶剂作为主体的有机电解液。为了使主要电解质成分的锂盐溶解，必须具有高电容率。并且具有与锂离子相容性好的溶剂，即以不阻碍离子移动的低黏度的有机溶液为宜，而且在锂离子电池的工作温度范围内，必须呈液体状态，凝固点低，沸点高。电解液对于活性物质具有化学稳定性，必须良好地适应充、放电反应过程中发生的剧烈的氧化还原反应。由于使用单一溶剂很难满足上述严酷条件，因此，电解液一般混合不同性质的几种溶剂使用。

（五）安全阀

为了保证锂离子电池的使用安全性，一般对外部电路进行控制或者在蓄电池内部设有异常电流切断的安全装置。即使这样，在使用过程中也有可能因其他原因引起蓄电池内压异常上升，这样安全阀释放气体，以防止蓄电池破裂。安全阀实际上是一次性非修复式的破裂膜，一旦进入工作状态即可保护蓄电池使其停止工作，因此，安全阀是蓄电池的最后保护手段。

三、锂离子电池的特点

锂离子电池有许多显著特点，它的优点主要表现如下：

工作电压高。锂离子电池的工作电压为 3.6 V，是镍氢蓄电池和镍镉蓄电池工作电压的 3 倍。

比能量高。锂离子电池比能量已达到 150 W · h/kg，是镍镉蓄电池的 3 倍、镍氢蓄电池的 1.5 倍。

循环寿命长。目前锂离子电池循环寿命已达到 1 000 次以上，在低放电深度下可达几万次，超过了其他几种电池。

自放电率低。锂离子电池的自放电率仅为 6% ~ 8%，远低于镍镉蓄电池（25% ~ 30%）和镍氢蓄电池（15% ~ 20%）。

无记忆性。锂离子电池可以根据要求随时充电，而不会降低电池性能。

对环境无污染。锂离子电池中不存在有害物质，是名副其实的“绿色电池”。

能够制造成任意形状。

锂离子电池也有一些缺点，成本高。主要是因为正极材料 $LiCoO_2$ 的价格高，但按单位能量（W·h）的价格来计算，已经低于镍氢蓄电池，与镍镉蓄电池持平，但高于铅酸蓄电池。必须有特殊的保护电路，以防止过度充电。

四、锂离子电池的工作原理

锂离子电池正极材料采用锂化合物 $LiCoO_2$ 、$LiNiO_2$ 或 $LiMn_2O_4$ ，负极采用锂碳层间化合物 $LixC_6$ ，电解液为有机溶液。典型的电池体系为

$$(-)C/LiPF_6-EC+DEC/LiCoO_2(+)$$

式中：(-)C 表示石墨为负极材料；$LiCoC_2$(+) 表示 $LiCoC_2$（钴酸锂）为正极材料；$LiPF_6$（六氟磷酸锂）为电解质；EC（碳酸乙烯酯）+DEC（碳酸二乙酯）为混合电解液。

图 5.7 所示为锂离子电池的工作原理。电池充电时，锂离子从正极材料的晶格中脱出，通过电解质溶液和隔膜嵌入负极中；放电时，锂离子从负极脱出，通过电解质溶液和隔膜嵌入正极材料晶格中。在整个充、放电过程中，锂离子往返于正、负极之间。

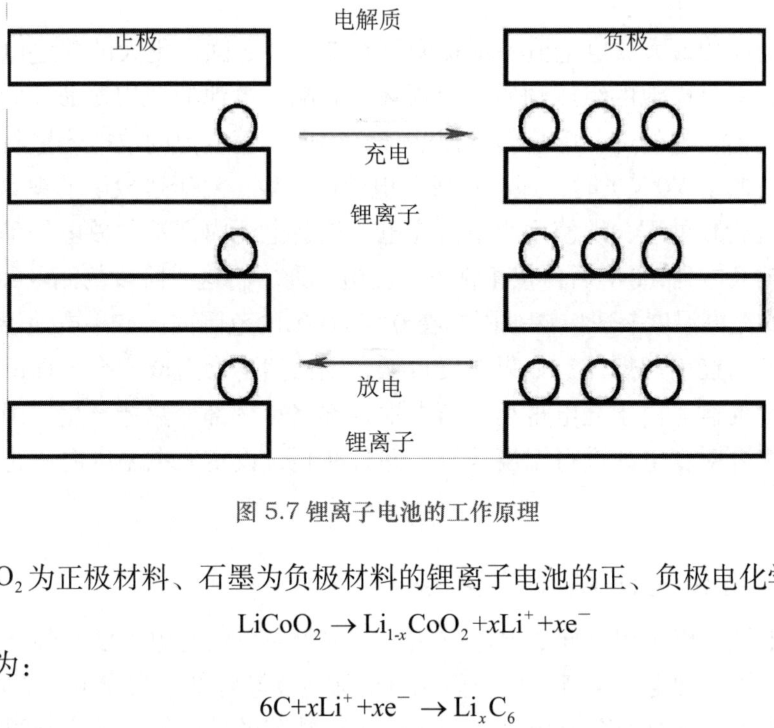

图 5.7 锂离子电池的工作原理

以 $LiCoO_2$ 为正极材料、石墨为负极材料的锂离子电池的正、负极电化学反应为：

$$LiCoO_2 \rightarrow Li_{1-x}CoO_2+xLi^++xe^-$$

总反应为：

$$6C+xLi^++xe^- \rightarrow Li_xC_6$$

$$LiCoO_2+6C \rightarrow Li_{1-x}CoO_2Li_xC_6$$

由于锂离子电池只涉及锂离子而不涉及金属锂的充、放电过程，从根本上解决了由于锂枝晶的产生而带来的电池循环性和安全性的问题。

五、锂离子电池的充放电特性

（一）电压方面

锂离子电池对充电终止电压的精度要求很高，一般误差不能超过额定值的 1%。如果终止电压过高，则会影响锂离子电池的使用寿命，甚至造成过充电现象，对蓄电池造成永久性的损坏；如果终止电压过低，则会使充电不完全，蓄电池的使用寿命变短。

（二）充电电流方面

锂电池的充电率（充电电流）应根据电池生产厂的建议选用。虽然某些电池充电率可达 2，但常用的充电率为 0.5 ～ 1。在采用大电流对锂离子电池充电时，因充电过程中蓄电池内部的电化学反应会产生热，因此有一定的能量损失，同时必须检测蓄电池的温度，以防过热损坏蓄电池或产生爆炸。此外，对锂电池充电时，若全部用恒定电流充电，虽然可以在一定程度上缩短充电时间，但很难保证蓄电池充满，如果对充电时间控制不当还会造成过充电现象。

（三）放电方面

锂离子电池的最大放电电流一般被限制在 2 ～ 3 之间。更大的放电电流会使蓄电池发热严重，对蓄电池的组成物质造成损坏，影响蓄电池的使用寿命。同时，由于大电流放电时，蓄电池的部分能量转换成热能，因此，蓄电池的放电容量将会降低。在造成过放电（低于 3.0 V）时，还会造成蓄电池的失效。对于过放电的锂离子电池，在充电前需要进行预处理，即使用小电流充电，使蓄电池内部被过放电的单元激活。在蓄电池电压被充电到 3.0 V 后再按正常方式充电，通常将这一阶段的充电称为预充电。

锂电池的充电温度一般应该被限制在 0 ～ 60 ℃的范围内。如果电池温度过高，则会损坏电池并可能引起爆炸；如果温度过低，则虽然不会造成安全方面的问题，但也很难将蓄电池充满。由于充电过程中蓄电池内部将有一部分热能产生，因此，在大电流充电时，需要对蓄电池进行温度检测，并且在超过设定充电温度时停止充电以保证安全。

六、锂离子电池的充电方法

锂离子电池可以采用不同的充电方法，其中最简单的充电方法是恒压充电。采用恒压充电时，蓄电池电压保持不变，而充电电流将逐渐降低。当充电电流降至低于 0.1 A 时，就认为蓄电池被充分充电了。为了防止有缺陷的蓄电池无休止地进行充电，采用了一个备用定时器来终止充电周期。恒压充电是一个相对节省成本的方法。但这种方法却需要很长的蓄电池充电时间。蓄电池充电期间，充电电压保持一定，充电电流降低得很快，因而充电速率也降低得很快。这样，蓄电池就只是在比其能够接受的低得多的电流强度下充电。

为了兼顾充电过程的安全性、快速性和蓄电池使用的高效性，锂离子电池通常都采用恒流恒压充电方法，其充电过程可分为预充电、恒流充电和恒压充电三个阶段，如图 5.8 所示。

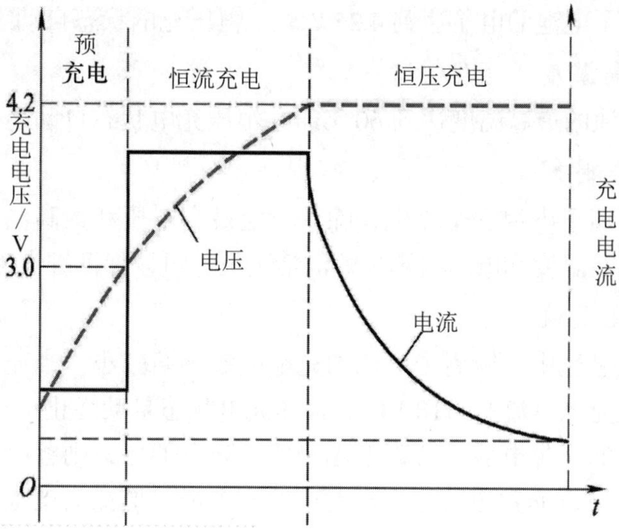

图 5.8　锂离子电池充电特性曲线

（一）预充电阶段

在该状态下，首先检测单节锂离子电池电压是否较低（小于 3.0 V），如果是，则采用涓流充电，即一个比较小的恒定电流对蓄电池进行充电，直至蓄电池电压上升到一个安全值；否则，可省略该阶段，这也是最普遍的情况。因为预充电主要是对过放电的锂电池进行修复。

（二）恒流充电阶段

涓流充电后，充电器转入恒流充电状态。该状态下，充电电流保持不变的较大的值，蓄电池的最大充电电流决定于蓄电池的容量。在恒流充电和预充电状态下，通过连续监控蓄电池的电压和温度，可以采用以下两种恒流充电终止法，终止恒流充电。

1. 电池最高电压终止法

当单节锂电池电压达到 4.2 V 时，恒流充电状态应立即终止。

2. 电池最高温度终止法

在恒流充电过程中，当蓄电池的温度达到 60 ℃时，恒流充电状态应立即终止。

（三）恒压充电阶段

恒流充电结束后，则转入恒压充电状态。在该状态下，充电电压保持恒定。因为锂离子电池对充电电压精度的要求比较高，单节蓄电池恒压充电电压应在规定值的 ±1% 之间变化，因此，要严格控制锂离子电池的充电电压。在恒压充电过程中，充电器连续监控蓄电池的电压、温度、充电电流和充电时间。常用的恒压充电终止方法有以下四种方法：

1. 电池最高电压

当单节锂离子电池的电压达到 4.25 V 时，恒压充电状态自动终止。

2. 电池最高温度

当锂离子电池的最高温度达到 60 ℃时，恒压充电状态自动终止。

3. 最长充电时间

为了确保锂离子电池安全充电，除了设定最高电压和最高温度外，还应设置最长恒压充电时间，在温度和电压检测失败的情况下，可以保证锂电池安全充电。

4. 最小充电电流

在恒压充电过程中，锂离子电池的充电电流逐渐减小，当充电电流下降到一定数值（通常为恒流充电电流的 1/10）时，恒压充电状态自动终止。

此外，蓄电池充足电后，若蓄电池仍插在充电器上，则蓄电池会由于自放电而损失电量。充电器应以非常小的电流对蓄电池充电或是监测蓄电池电位以备对蓄电池再充电，这种状态称为维护充电状态。

第五节　其他类型的蓄能装置

在新能源汽车上用到的蓄能装置除蓄电池外，还有超级电容、飞轮电池和压缩空气等几种储能装置。这三种蓄能装置的蓄能方式、充放电原理与前面所述的蓄电池均不相同。

一、超级电容

超级电容器简称超级电容，又称为双电层电容器（Electrical Double Layer Capacitor）。它具有超强的储存电荷的能力，是一种介于蓄电池和普通电容器之间的新型蓄能装置。

（一）超级电容的工作原理

超级电容的主要组成部件是集电极（电容板）电解质和绝缘层，其工作原理如图 5.9 所示。

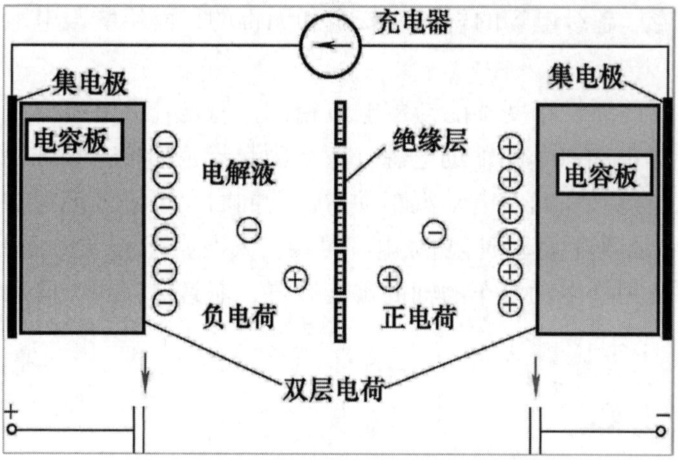

图 5.9　超级电容的工作原理

电解质和绝缘层装在两活性炭多孔化电极之间，电荷沿集电极和电解液成对排列，形成双层电容器，这样就扩大了电容器的电荷储存量。当充电电源加在两电极上时，在靠近电极的电介质界面上产生与电极所携带的电荷极性相反的电荷，并被束缚在电介质界面上，形成事实上的电容器的两个电极。两个电极的距离非常小，只有几纳米，而活性炭多孔化电极可以获得极大的电极表面积，可以达到 200 m^2/g。因此，超级电容具有极大的电容量，可以储存很大的静电能量。目前单体超级电容的最大电容量可达 5 000 F。

当两电极板间的电动势低于电解液的氧化还原电极电势时，电解液界面上的电荷不会脱离电解液，超级电容处于正常工作状态（通常在 3 V 以下）。如果电容器两端电压超过电解液的氧化还原电极电位，则电解液将发生分解，处于非正常工作状态。随着超级电容的放电，正、负极板上的电荷被外电路释放，电解液界面上的电荷相应地减少。由此可以看出，超级电容的充、放电过程始终是物理过程，没有化学反应，因而性能较化学蓄电池稳定得多。

（二）超级电容的特点

与蓄电池相比，超级电容具有以下几点优势。

（1）充、放电循环寿命很长。超级电容的充、放电循环寿命可达 500 000 次，或使用时间可达 90 000 h，而蓄电池的循环寿命很难超过 1 000 次。

（2）可以提供很大的放电电流。例如，2 700 F 的超级电容额定放电电流不低于 950 A，放电峰值电流可达 1 680 A，而蓄电池通常不可能有如此高的放电电流。一些高放电电流的蓄电池，在如此高的放电电流下，其使用寿命也会明显缩短。

（3）可以实现快速充电。超级电容可以在数十秒到数分钟内快速充电，而蓄电池的可接受充电电流是有限的，因此不可能在如此短的时间内充足电。

（4）工作温度范围很宽。超级电容可以在很宽的温度范围内（-40 ~ 70℃）正常工作，而蓄电池在高温或在低温环境下不能正常工作。

（5）安全无毒。超级电容的材料是安全和无毒的，而铅酸蓄电池、镍镉蓄电池均具有毒性。

虽然超级电容的能量密度不能与蓄电池相比，但是其大电流充放电的特点使超级电容特别适合用作电动汽车的辅助电源。在车辆起步、加速、爬坡等行驶工况时，由超级电容提供大电流，在确保电动汽车动力性的同时，可有效地保护蓄电池，延长蓄电池的使用寿命。在车辆制动时，超级电容可接受大电流充电，能很好地回收制动能量。超级电容不仅可以用作电动汽车的辅助蓄能装置，而且可以用作电动汽车主要的或唯一的蓄能装置。

二、飞轮电池

飞轮电池是 20 世纪 90 年代才提出的新概念电池。它突破了化学电池的局限，用物理方法实现蓄能。

（一）飞轮电池的工作原理

飞轮电池主要由飞轮、轴、轴承、电动机、真空容器和电力电子转换器等组成，如图 5.10 所示。当飞轮以一定的角速度旋转时，就具有了一定的动能。飞轮是整个蓄能装置的核心部件，它直接决定了整个装置的蓄能量。对飞轮电池充电时，通过电力电子转换器从外部输入电能而使电动机旋转，电动机（此时作为电动机）驱动飞轮加速旋转，飞轮储存的动能（机械能）就增大。飞轮电池向外放电时，由高速旋转的飞轮带动电动机（此时作为发电机）旋转，将动能转化为电能，再通过电力电子转换器将电能转换为负载所需的频率和电压。

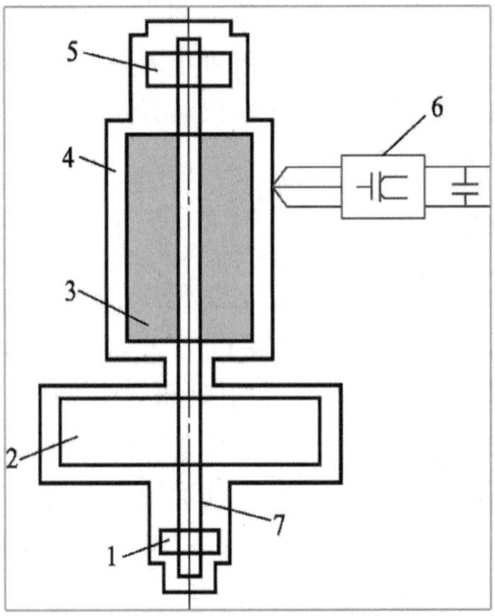

1，5—轴承；2—飞轮；3—电动机；4—真空容器；6—电力电子转换器；7—轴

图 5.10 飞轮电池的工作原理

飞轮工作时的转速很高（可达 40 000 ~ 50 000 r/min），用一般金属制成的飞轮无

法承受这样高的转速，因而飞轮一般都采用碳纤维制成，使之在满足强度要求的同时，可减小飞轮电池的质量。

电动机用于电能与机械能的相互转换，实现充电（储存机械能）和放电（释放机械能）过程。飞轮电池通常采用永磁式电动机，在充电时用作电动机，在外电源的驱动下，带动飞轮高速旋转，将电能转换为机械能进行储存；在放电时用作发电机，在飞轮的带动下发电而向外输出电能。

飞轮电池通常使用非接触式的磁悬浮轴承，以减小飞轮运转时的摩擦损耗，提高飞轮电池的能量储存效率。

飞轮在高速旋转时，周围的空气会形成强烈的涡流，造成巨大的空气阻力。因此，飞轮电池通常将电动机和飞轮都密封在一个真空容器内，以减少风阻。

（二）飞轮电池的特点

飞轮电池具有以下优点。

（1）能量密度高。飞轮电池的能量密度可达 100 ~ 200 W · h/kg，功率密度可达 5000 ~ 10 000 W/kg。

（2）能量转换效率高、充电快。飞轮电池工作时的能量损失很小，其能量转换效率高达 90% 以上。由于飞轮电池无最大充电电流的限制，其充电速度取决于飞轮的角加速度，因而充电很快。

（3）体积小、重量轻。飞轮采用了碳纤维材料，直径一般也不大。因此，与化学电池和燃料电池相比，飞轮电池的体积小、重量轻。

（4）工作温度范围宽。飞轮电池对环境温度没有严格限制。

（5）使用寿命长。飞轮电池无重复深度放电的影响，其循环充放电次数可达数百万次，预期寿命可达 20 年以上。

（6）维护周期长。飞轮电池的轴承采用磁悬浮形式，飞轮在真空环境下运转，其机械损耗微乎其微，因而其维护周期长。

与超级电容一样，飞轮电池特别适合用作电动汽车的辅助蓄能装置，在车辆起步、加速、爬坡等行驶工况时，协助蓄电池供电，可提高电动汽车的动力性，并能延长蓄电池的使用寿命。在车辆制动时，飞轮电池可很好地回收制动能量。用飞轮电池作为蓄能装置的电动汽车也早被世界各国所关注，美国飞轮系统公司用其最新研制的飞轮电池将一辆克莱斯勒 LHS 轿车改成电动轿车，一次充电可行驶 600 km，速度从 0 加速至 96 km/h 的时间仅为 6.5 s。

三、压缩空气

（一）压缩空气汽车

压缩空气汽车（Air Powered Vehicle，APV）也称气动汽车，是一种利用高压压缩空气为动力源的汽车。

（二）压缩空气汽车的基本结构与工作原理

APV 在整车结构上与传统内燃机动力汽车差别不大，同样由车身、底盘、动力系统和辅助设备等部分组成，但因为使用的动力与传统汽车不同，在整车的集成技术上与内燃机汽车有一定的差异，主要差异如下。

1. 压缩空气存储

APV 能量来自车载的高压压缩空气，车上存储压缩空气的耐高压气罐，其作用相当于内燃机汽车的油箱。为保证汽车有足够的续驶能力，满足日常行驶的需要，需要汽车装载足够的压缩空气。由于汽车的车内空间有限，这就要求车载的能量具有尽可能高的能量密度。压缩空气的能量密度与存储时的压力成正比，压力越高，单位容积内存储的能量越大。经过测算，车载 300 L、压力为 30 MPa 的压缩空气，在理想情况下，可以驱动一辆质量为 1 t 的轿车以时速 50 km/h 行驶，基本可以满足日常城市交通的需求。

存储压力为 30 MPa 的压缩空气，其安全性是压缩空气动力汽车集成中必须要考虑的。一般工业生产中使用储气瓶存储高压压缩空气，价格便宜，安全可靠，但是重量太大，不适宜用作车载的压缩空气存储容器使用，这也是一直制约压缩空气动力汽车发展的重要因素。随着现代科技的发展，铝合金内胆碳纤维缠绕的超高压的储气罐，具有重量轻、耐高压、安全耐用的特点，使用压力达 50 MPa 以上，50 L 容积的气罐自重 20 kg 左右，非常适合当成车载压缩空气存储容器使用，但价格较高。为减少气罐对汽车空间的占用，在汽车车身和底盘的设计中，可以将定制的多个细长气罐嵌于车厢地板下的底盘之中，留出车厢空间为乘客使用。

2. 动力系统

（1）压缩空气动力发动机及传动系统。压缩空气动力发动机（气动发动机）是气动汽车的核心，减压到工作压力的高压空气进入气动发动机气缸内膨胀做功，类似于内燃机在燃料爆炸燃烧产生高温高压气体后推动活塞对外做功的过程，因此，在基本结构上也接近于内燃机，包括机体、气缸、活塞、连杆、曲轴和配气机构等部分。但气动发动机的工作循环为简单的二行程，即高压压缩空气进入气缸膨胀做功行程和将膨胀后的低压气体排出气缸的排气行程。由于没有燃烧过程，气动发动机机体不承受高温和超高压，机体强度也可减小，因而结构简单，重量轻。汽车中也不再需要集成水冷系统，制造及使用维护成本低。

气动发动机进气为高压气体，且进气道压力始终高于气缸内压力，类似内燃机气门向气缸内开启的配气结构，进气门将始终承受高压气体很大的背压。在压力超过气门弹簧的预紧力情况下，即使进气门处于关闭状态，高压气体也会将进气门顶开，发生泄漏，造成耗气量增大、排气行程缸内气压升高、负功增加、整体功率和效率下降等不良效果。因此，在结构上，气动发动机的配气机构必须适应高压进气的要求，合理高效的配气机构的设计也是气动发动机研究的重点之一。

压缩空气动力发动机的工作具有启动及低速转矩大，随发动机转速升高输出转矩逐渐减小，而耗气量逐渐增大的特点，通常情况下，进气阀打开后发动机即可运转并输出最大转矩，直接驱动汽车起步行驶。

（2）气动动力系统。APV 本质上是一套气动设备，与常规的气动系统的构成只是一些元器件上的差别，也包括了气源、气阀、气动管道、执行机构（在此为压缩空气动力发动机）和控制元件等。但在压缩空气动力汽车的气动回路中，气体介质的存储压力达 1 000 kPa，工作压力为 500 kPa，整个气动回路工作在超高压、中低压的不同压力等级上，所以气动回路与汽车的集成有其特殊性。

APV 气动回路示意图如图 5.11 所示。动力回路的一端接高压储气罐，接触压力为超高压，另一端为中高压，接发动机的工作腔，两者间压差非常大，因此，必须实行分级减压。常规气动系统的减压控制都采用气动减压阀进行节流减压的方式。由于在节流减压过程中，通过节流口高速流动的气体的摩擦作用，能量损失较大，而且压力越高，损失越大。而对于压缩空气动力汽车来说，必须尽可能地减少压缩空气在气动回路传输过程中的能量损失，因此，普通的节流减压方式不适宜压缩空气汽车气动回路高压减压段。

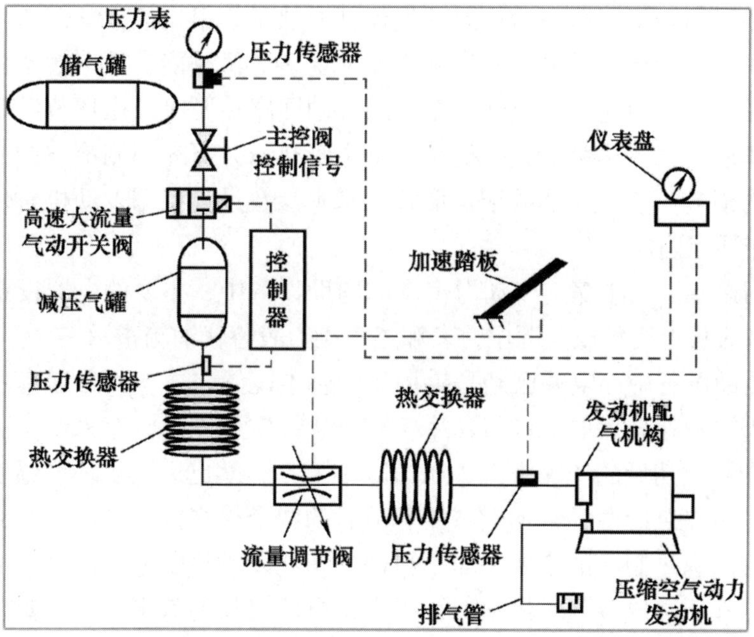

图 5.11　压缩空气动力汽车气动回路示意图

APV 气动回路高压减压段采用了高压容积减压方式，使用气体膨胀减压的方法使压力降低到设定值。高压容积减压方式在回路中设置了一个一定容积的减压气罐，设定好减压气罐的控制压力范围后，使用压力传感器检测气罐气压，当罐内气压低于设定压力下限时，控制器发出控制信号开启高压大流量高速气动开关阀，让储气罐中的超高压气体通过大截面的阀口冲入减压罐膨胀减压。而当气罐中进入足够的高压气体，罐内压力升高到设定压力上限时，控制器根据压力传感器的反馈关闭高压大流量高速气动开关阀。通过开关阀的断续开启，维持减压气罐中的压力在设定压力范围内，保证次级气动系统的正常工作。

高压大流量高速气动开关阀减小了阀口节流过程中的摩擦能耗损失，所以，对于高压气动动力系统的节能，这是一种很好的方式。

在汽车行驶的过程中，要适应不同载重、速度和路况等不同工况的要求，应对发动机的动力输出进行调节。试验表明，在配气机构参数不变的情况下，气动发动机的输出功率和转矩随压缩空气进气压力及流量的增加而增大，因此，对发动机动力输出的调节需要对发动机进气压力及流量进行调节。而在压缩空气动力汽车的气动回路中，次级减压后的气体将作为发动机的进气与发动机进气道连接，所以，对发动机进气压力和流量的调节将在次级减压过程完成。为调节的方便，在次级减压环节使用了比例流量调节阀，同时在气动汽车的集成中，考虑到一般驾驶人驾驶习惯，设计连接机构将发动机进气流量调节阀与汽车加速踏板连接，按驾驶人踏下加速踏板的深度提高发动机进气压力及流量，瞬时提升发动机转矩和功率，满足不同工况的需要。

在气动回路的设计中，考虑到高压气体在减压后温度大幅降低，将与环境温度形成较大温度差。如果从环境中给低温的气体补充热量，根据热力学规律，气体的温度和压力将升高，能量增大，最终使发动机输出更多的机械能，整车效率提高，也将获得更长的续驶能力。因此，集成到汽车上的气动回路在两级减压环节后都设置了热交换器，让减压后的气体尽可能充分地从环境中吸热，并可充当制冷空调的冷源，减少发动机动力的消耗。热交换器的结构形式和基本参数设计根据发动机对供气量的要求和汽车总体布局来确定。

（3）辅助设备。在压缩空气动力汽车的辅助设备中，主要的电器设备与普通汽车相同，但在仪表板上用集成气源压力表和进气压力表替代油箱指示表。

在汽车辅助设备中，空调已经是乘用车的基本配置之一，而普通车用空调使用压缩机制冷，需要消耗较大的发动机功率。对于压缩空气动力汽车来说，因为发动机排出的尾气是膨胀做功后的压缩空气，压力减小了，温度也远低于环境温度，通过热交换器可以为汽车提供冷源，再加上减压环节后的两个热交换器，在整车的集成中合理配置，完全可以满足制冷的需要，而不再额外消耗发动机功率。同时，室外新鲜空气由热交换器冷却后当成冷气供给室内，更带来自然清新的效果。当需要在严寒环境使用时，只需再选装电热供暖即可，成本较低。

3. 压缩空气汽车的分类

按压缩空气的动力分配方式有串联方式、并联方式和串并联混合方式。串联分配方式，其缸与缸之间的空气动力管道是串联的（见图 5.12），上一级缸的剩余压力是下级缸的始动力。该方式的下级作用缸的结构尺寸较大，但动力利用率较高，热交换较充分。

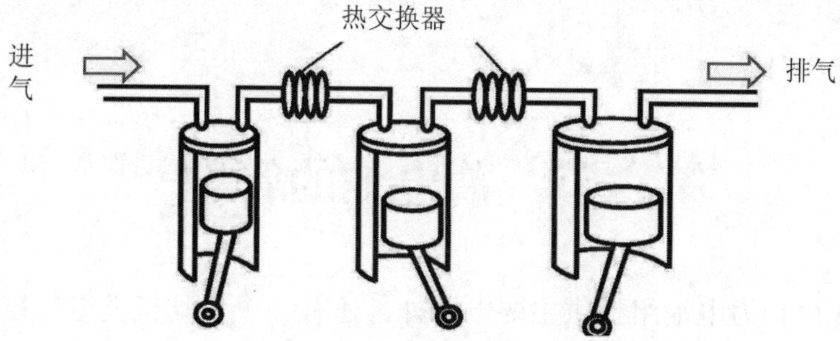

图 5.12 发动机压缩空气串联式

并联分配方式是缸与缸之间的空气动力管道是并联的（见图 5.13），不同的缸的初始动力相同，并联方式的缸的结构尺寸相同，动力输出平稳，但剩余压力稍高。

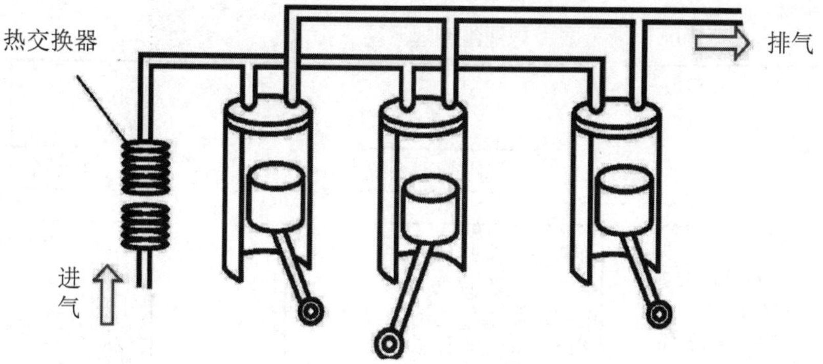

图 5.13 发动机压缩空气并联式

串并联混合方式是缸与缸之间的空气动力管道部分串联、部分并联（见图 5.14）。

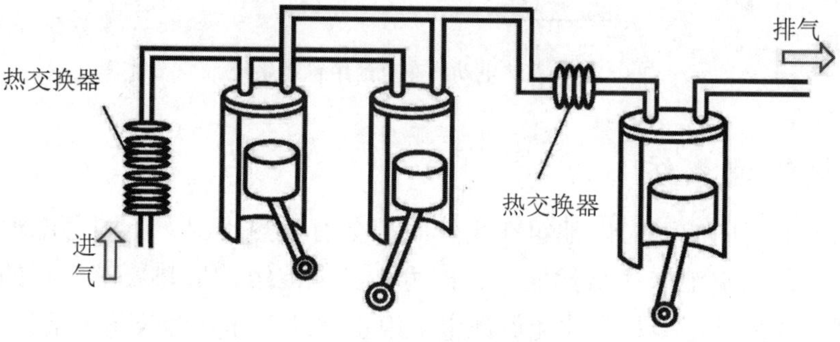

图 5.14 发动机压缩空气串并联混合方式

第六节　蓄电池的管理

电动汽车除由动力电池组提供主要电源外，还有一个发动机发电机组向动力电池组通过转换器不断地补充电能。

根据电动车辆所采用电池的类型和动力电池组的组合方法，电池组管理系统主要包括热（温度）管理系统、电池组管理系统和电路管理系统，如图 5.15 所示。

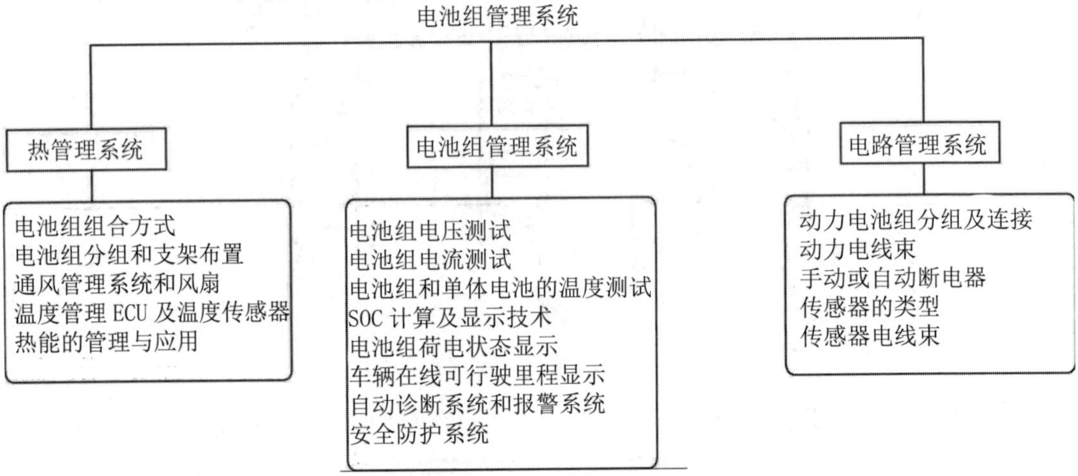

图 5.15　电动汽车电池组管理系统

一、热管理系统

电动汽车上使用的动力电池组在工作时都会有发热现象，不同蓄电池的发热程度各不相同，有的蓄电池采用自然通风，即可满足电池组的散热要求，有的蓄电池则必须采取强制通风来进行冷却，才能保证电池组正常地工作并延长蓄电池的寿命。另外，在电动汽车上，由于动力电池组的各个蓄电池或各个分电池组布置在车架的不同位置上，各处的散热条件和周围环境都不同，这些差别也会对蓄电池充、放电性能和蓄电池的使用寿命造成影响。为了保证每个蓄电池都能有良好的散热条件和环境，将电动汽车的动力电池组装在一个强制冷却系统中，使各个蓄电池的温度保持一致或相接近，以及各个蓄电池的周边环境条件相似。

根据动力电池组在电动车辆上的布置，动力电池组的温度管理系统中，首先应合理安排动力电池组的支架，要求便于动力电池组或其分组的安装。能够实现机械化装卸，便于各种电线束的连接。在动力电池组支架的位置和形状确定后。设计通风管道、风扇、动力电池组ECU和温度传感器等，电动汽车上水平布置的温度管理系统如图5.16所示，垂直布置的温度管理系统如图5.17所示，在某些蓄电池工作时，会产生较高的温度，可以充分利用其产生的热量用于取暖和风窗玻璃除霜等，使热量得到管理和应用。

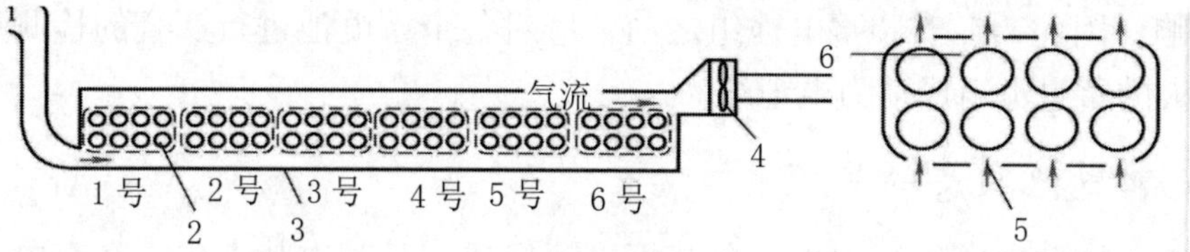

（a）温度管理系统及动力电池组分组布置　（b）分组电池组的局部通风情况

1—空气吸入管道；2—分电池组；3—动力电池组密封支架；4—冷却风扇；5—分电池组冷却气流；6—温度传感器

图5.16 电动汽车上水平布置的温度管理系统

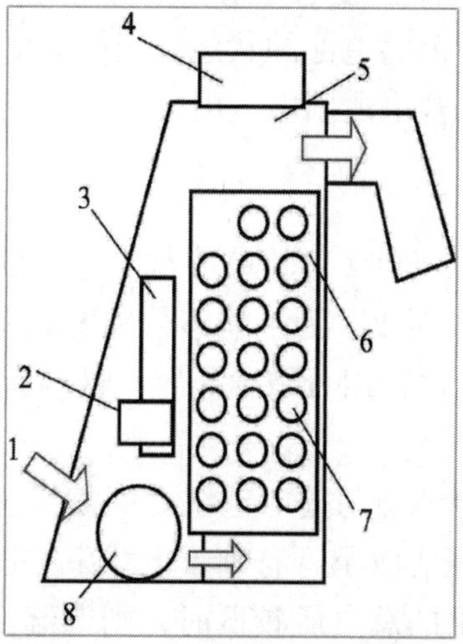

1—冷却空气吸入管道；2—温度传感器；3—电池组管理ECU；4—充电器；5—电池组通风箱；6—单元电池；7—分电池组；8—风扇

图5.17 垂直布置的温度管理系统

二、动力电池管理系统

动力电池管理系统的作用是对蓄电池的组合、安装、充电、放电，蓄电池组中各个电池的不均衡性，蓄电池的热管理，以及电池的维护等进行监控和管理。使蓄电池组能够提高工作效率，保证正常运转并达到最佳状态，避免发生蓄电池的过充电和过放电，有效地延长蓄电池的使用寿命，以及动力电池组的安全管理和保洁等。蓄电池管理系统主要包括以下方面。

（一）蓄电池的技术性能

不同类型和不同型号、不同使用程度的蓄电池都具有不同的性能，包括蓄电池的容量、工作电压、终止电压、质量、外形尺寸和蓄电池特性（包括记忆特性）等，因此，要对动力电池组建立技术档案。实际上即使是同一型号、同一批量的蓄电池，彼此之间由于制造原因、电解质的浓度差异和使用情况的不同，都会对整个动力电池组的性能带来影响，因此，在安装蓄电池组之前，应对各个蓄电池进行认真的检测后，将性能差异不大的蓄电池组成动力电池组。

（二）蓄电池状态的管理

电动汽车的动力电池组由多个单节蓄电池组成，其基本状态包括在充电和放电双向作业时的电压、电流、温度、SOC 的比例等。在正常情况下动力电池组的电压、电流、温度、SOC 的比例等应能够进行双向计量和显示。

由于多种原因在动力电池组中个别蓄电池会出现性能的改变，使得动力电池组在充电时动力电池组不能充足，而在放电时很快地将电能放尽。这就要求蓄电池管理系统能够及时地自动检测各个单节蓄电池的状态，当检测出某节蓄电池出现损坏状态时，及时进行报警，以便将“坏”蓄电池剔出、更换。

（三）动力电池组的组合

动力电池组需要将 8 ~ 32 节 12 V 的单节蓄电池串联起来（指铅酸电池）或更多节单节（指其他蓄电池）串联而成，为了能够分别安装在电动汽车的不同位置处，通常动力电池组分为多个小的蓄电池组分散地布置，这样有利于蓄电池组的机械化安装、拆卸和检修。

在蓄电池与蓄电池、蓄电池组与蓄电池组之间需要用导线连接。当动力电池组的总电压较高时，导线的截面积比较小，有利于电线束的连接和固定，但高电压要求有更可靠的防护。当动力电池组的总电压较低时，则电流比较大，导线比较粗，安装较不方便。在各个电池组之间还需要安装连接导线将各个电池组串联起来。一般在电池组与电池组之间，装有手动或自动断电器，以便在安装、拆卸和检修时切断电流。另外，在蓄电池管理系统中还有各种传感器线路等，因此，在电动汽车上有尺寸很长的各种各样的电线束，要求电线之间有可靠的绝缘，并能快速地连接。

（四）动力电池组的安全管理

动力电池组的总电压可以达到 90 ~ 400 V，高电压对人体会造成危险，应采取有效的隔离措施，一般是将动力电池组与车辆的乘坐区分离，将动力电池组布置在地板下面或车架的两侧；在正常的情况下，车辆停止使用时，通常会自动切断电源，只有在电动汽车启动时才接通电源。当电动汽车发生碰撞或倾覆时，电池管理系统应能立即切断电源，防止高压电引起的人身事故和火灾，并防止电解液造成的伤害，以保证人身安全。

三、电路管理系统

动力电池组管理系统要承担动力电池组的全面管理，一方面保证动力电池组的正常运作，显示动力电池组的动态响应并及时报警，使驾驶人随时都能掌握动力电池组的情况；另一方面要对人身和车辆进行安全保护，避免因电池引起的各种事故。在此，电路管理起着至关重要的作用。

（一）电路管理系统的基本功能

动力电池组电路管理系统一般采用先进的微处理器进行控制，通过标准通信接口和控制模块对动力电池组进行管理，一般有以下几方面：

1. 动力电池组管理。

监视动力电池组的双向总电压和电流、动力电池组的温升，并通过液晶显示或其他显示装置动态显示总电压、电流、温升的变化，避免动力电池组过充电或过放电，使动力电池组不会受到人为的损坏。

2. 单节电池管理。

对动力电池组中的单节电池的管理，可以及时发现单节电池的电状态，对单节电池动态电压和温度的变化进行实时测量，以便及时发现单节电池存在的问题，并采取有效的预防措施。

3. 荷电状态的估计和故障诊断。

动力电池组管理系统应具有对荷电状态（SOC）的估计和故障诊断的功能，能够有效地反应和显示荷电状态(SOC)。目前,对荷电状态(SOC)的估计误差一般在10%左右。配备故障诊断专家系统可以早期预报动力电池组的故障和隐患。

（二）电路管理系统的组成

电路管理系统的基本组成如图5.18所示。

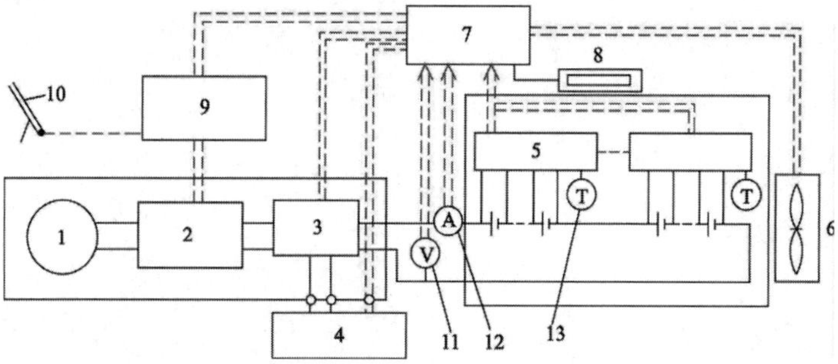

1—电动机；2—逆变器；3—继电器箱；4—充电器；5—动力电池组（由多个分电池组组成）；6—冷却风扇；7—动力电池组管理系统；8—荷电状态（里程）显示器；9—车辆中央控制器；10—驾驶人控制信息输入；11—电压伏特计；12—电流安培计；13—温度测量计；＝＝＝—动力线路；－－－－信号线路图

5.18　电路管理系统的基本组成

带有温度测量装置的电路管理系统的基本组成如图 5.19 所示。

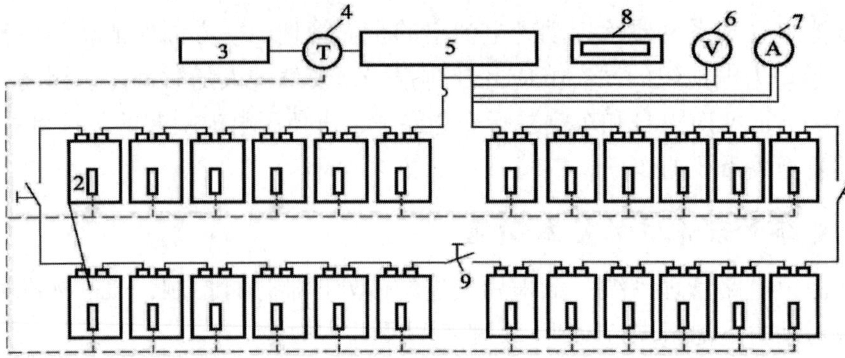

1—电池组；2—温度传感器；3—故障诊断器；4—温度表；5—动力电池组管理系统；6—电压表；

7—电流表；8—充电状态（里程）显示器；9—断路器；———动力线路；— — —信号线路

图 5.19 带有温度测量装置的电路管理系统的基本组成

带有温度测量装置的动力电池组电路管理系统，利用充电过程中损坏的电池的温度高于正常电池温度的原理，用温度传感器来测定和监控每一个电池在充电过程中的温度是否在允许的正常范围内。如果温度测量装置发现某个电池的温度处于不正常状态，充电状态（SOC）显示也不正常，即刻向动力电池组管理系统反馈某个电池在线的响应信息，并由故障诊断系统预报动力电池组的故障。

第六章　电动汽车电机驱动系统

章节概述

新能源汽车驱动系统包括电动机和控制器。控制器主要由功率模块（电源的电子开关线路）和控制模块（包括微处理器和相应软件）组成。控制器的作用是将动力源的电能转变为适合于电动机运行的另一种形式的电能，所以控制器本质上是一个电能变换控制装置。控制器选择恰当时，驱动系统的性能取决于电动机。

学习目标

1. 掌握新能源汽车常用电动机驱动系统的结构。
2. 掌握电动汽车电动机驱动系统的类型与组成。
3. 理解新能源汽车常用电动机驱动系统的控制特性。
4. 了解电动汽车对电动机驱动系统的要求及发展趋势。

第一节 概 述

一、电动机的类型

电动机是把电能转换成机械能的装置。它被广泛应用于机械、冶金、石油、煤炭、化工、航空、交通、农业等行业。常见的电动机分类及种类如下：

按功能分，电动机可分为驱动电动机和控制电动机（包括步进、测速、伺服、自整角电动机等）。

按电动机的转速与电网电源频率之间的关系，电动机可分为同步电动机和异步电动机。

按最高转速分，电动机分为最高转速小于 6 000 r/min 的普通电动机和最高转速高于 6 000 r/min 的高速电动机。

按电源相数分，电动机可分为单相和三相电动机。

按防护类型分，电动机可分为开启式、防护式、封闭式、隔爆式、防水式和潜水式电动机。

按安装结构分，电动机可分为卧式、立式、带底脚式、带凸缘式电动机。

按绝缘等级分，电动机可分为 E 级、B 级、F 级、H 级等。

按电能种类分，电动机可分为直流电动机和交流电动机（方波电动机和正弦波电动机）。

常见的电动机中适用于电力驱动的电动机的分类如表 6.1 所示。

表 6.1 几种典型电动机的性能特性

性能及类型	直流电动机	异步电动机	永磁同步电动机	开关磁阻电动机
转速 /（r/min）	4 000 ~ 6 000	12 000 ~ 20 000	4 000 ~ 10 000	>15 000
功率密度	低	中	高	较高
电动机重量	重	中	轻	轻
电动机体积	大	中	小	小
可靠性	一般	好	优良	好
结构坚固性	差	好	好	好
控制器成本	低	高	高	一般

直流驱动电动机（DC Motor）主要有永磁式、串励绕线式和他励绕线式三种类型，在新开发的 HEV 中应用较少。交流正弦波驱动的电动机有感应式和同步式两大类，在 HEV 上都有应用。非正弦波驱动电动机应用较少。在 HEV 中，目前应用较多的是交流同步电动机、永磁同步电动机、三相交流感应电动机等。表 6.2 给出了国内外一些新能源汽车使用的电动机类型。

表 6.2　国内外新能源汽车使用的电动机类型

新能源汽车类型	生产公司	车型	电动机类型	峰值功率 /kW
电动汽车	宇通	电动客车 ZK6125KGAA	交流异步电动机	
	福田欧辉	串联混动客车 B6123	交流异步电动机	
	克莱斯勒	A.CLASS Electic	交流感应电动机	
	雷诺	Clio Electic	交流感应电动机	
	福特	RANGER EV	交流感应电动机	
	特斯拉	Tesla	交流异步电动机	
	通用汽车	inpact	交流感应电动机	51 × 2
	富士重工	sambar	永磁同步电动机	40
	丰田汽车	RAV4EV	永磁同步电动机	
混合动力汽车	丰田	PRIUS Ⅱ 1	永磁交流同步电动机	50
	本田	INSIGHT	永磁无刷同步电动机	10
	福特	ESCAPE HYBRID	交流感应电动机	70
燃料汽车	丰田日野	FCHV	永磁交流同步电动机	80
	本田	FCX	永磁同步电动机	80
	日产	X.TRAIL FCV	永磁同步电动机	85
	现代	SANTAFE 219/343	交流感应电动机	

常见的几种电动机从其研究开发至产品进入市场经历的时间如图 6.1 所示。其中，开关磁阻电动机和同步磁阻电动机经历时间最长，有刷直流电动机、交流同步电动机和交流感应电动机作为产品的历史最长。永磁电动机、表面磁铁式永磁电动机、内部磁铁式永磁电动机、开关磁阻电动机、同步磁阻电动机的性能主要受到永磁材料、控制和微处理传感器的制约。

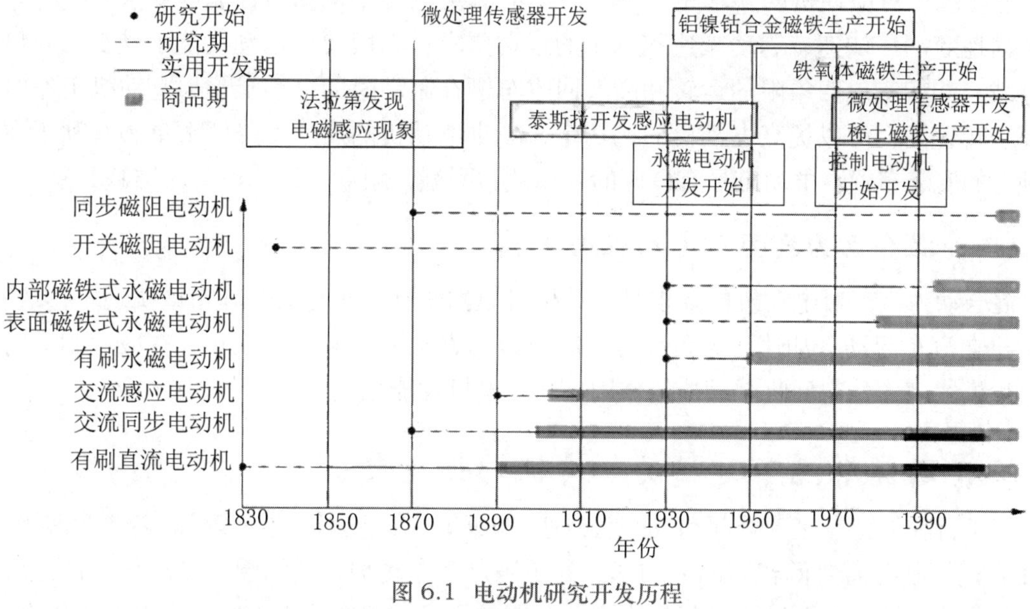

图 6.1　电动机研究开发历程

二、新能源驱动系统中电动机的功用

新能源动力汽车特点是将不同类型的能源转换为电能，电动机将电能转换为机械能，并通过传动系统将机械能传递到车轮驱动车辆行驶。目前正在应用或开发的电动汽车电动机主要有直流有刷电动机、感应电动机、稀土永磁电动机、开关磁阻电动机4类。

电动机在动力系统中的位置如图 6.2 所示。电动机可单独驱动汽车行驶，在市区实现零排放。不同的汽车对电动机功能的要求不同。

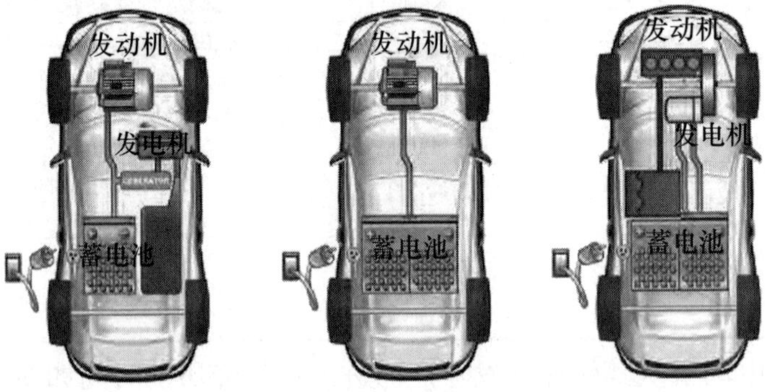

（a）串联式混合动力汽车　（b）纯电动汽车　（c）并联式混合动力汽车

图 6.2 新能源汽车中电动机的位置示意图

（一）纯电动汽车对电动机的要求

电动汽车对电动机的要求是功率和转矩应满足电动车辆动力性能的要求，适应车辆频繁地起动、加速、制动减速和倒车的运动要求；一般要求电动机能承受 2 ~ 4 倍的过载，并能实现四象限的运转和高效回收车辆在制动时的反馈能量；电动机工作电压高、转速高，可以提高电动机的比功率，减小电动机的尺寸，降低重量和有利于在车辆上的安装布置；电动机具有良好的可靠性，耐温，耐湿，结构简单，维修方便。

（二）混合动力汽车对电动机的要求

混合动力汽车对电动机的要求是电动机可单独驱动汽车行驶，在市区实现零排放。电动机在汽车起动、加速、大负荷运行时可以与发动机共同驱动汽车，在减速制动时以再生模式工作，起回收制动能量作用，与发电机功能相同。

三、新能源汽车对驱动电动机的性能要求

汽车行驶的特点是频繁起动、加速、减速、停车等。在低速行驶或爬坡时需要大转矩，而在高速行驶时需要低转矩的大功率。为了满足汽车动力性的需要和获得优良的经济性和环保指标等，对驱动电动机提出十分苛刻的要求。这些要求可归纳为以下几方面：

（一）高电压

采用高电压的优点可以从电学的基本公式解释。电流 I、电压 U 和电功率 P、导体发热量 Q 的关系为：

$$P = I \times U$$

$$Q \propto I^2 R$$

由此可见，在功率一定时，增大电压 U 可以减小电流 I，使导体发热量减小，提高电池的效率。

采用高电压的重要优点是可以减小电动机和导线等装备的尺寸，降低逆变器的成本和提高能量转换效率等。图 6.3 所示为电动机功率和电源电压的关系，当采用高电压电源时，则可采用小电流。提高电动机电压的典型例子：丰田的 THS 系统由 270 V 提高到 500 V；在电动机尺寸和质量变化不大的前提下，使电动机功率、转矩和转速范围扩大。

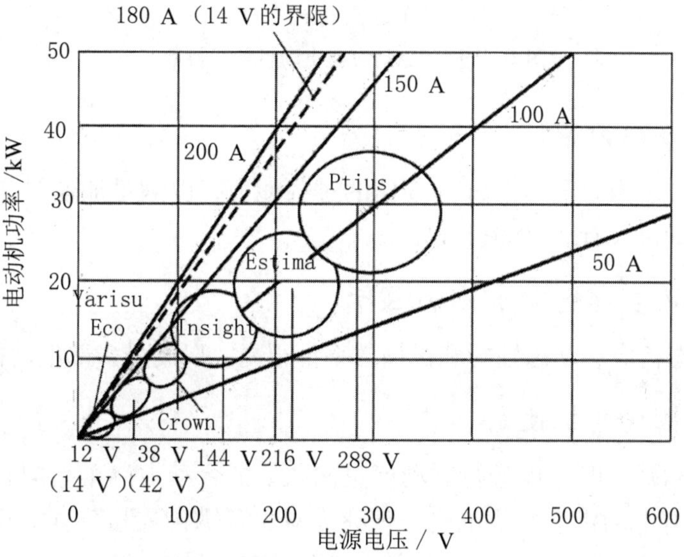

图 6.3　电动机功率与电源电压的关系

（二）高转速

电动机功率 P 与转矩 M 和转速 n 乘积成正比，即 $P \propto M \times n$，因此，在转矩 M 一定的情况下，提高转速 n，则可以提高功率 P；而在功率 P 一定的情况下，提高转速 n，则可以降低电动机的转矩 M，从而减小电动机的体积和质量。

现代电动汽车电动机的转速可以高达 8 000 ~ 12 000 r/min，由于体积小，质量较轻，非常有利于降低整车整备质量。

（三）起动转矩大、调速范围宽

电动机应具有较大起动转矩和较大范围的调速性能，以满足起动、加速、减速、制动等所需的功率和转矩。一般采用变速器实现低速大转矩和高速低转矩驱动。电动机的转矩特性小于基速时为恒转矩，随着车速（电动机转速）的增加，驱动力（转矩）减小。因此，其特性容易满足汽车驱动的需要。汽车驱动力与电动机转矩特性如图 6.4 所示。

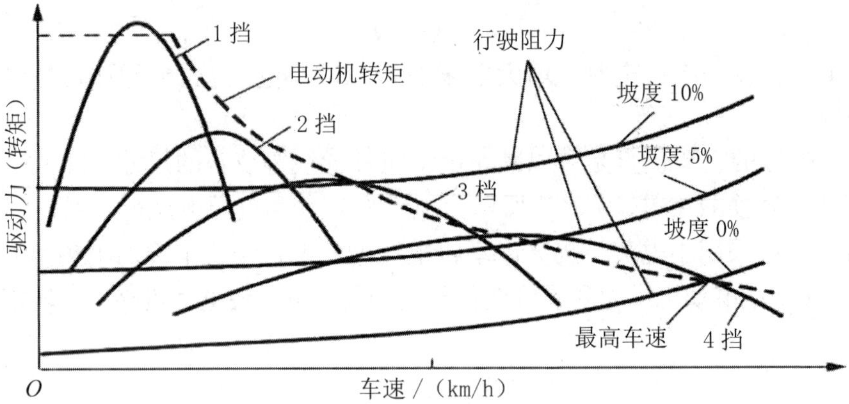

图 6.4 汽车驱动力与电动机转矩特性

（四）防过载能力强

新能源汽车要求电动机具有 4 ~ 5 倍的过载能力，以满足加速时与最大爬坡度的要求。而工业电动机只有 2 倍的过载要求。

（五）可满足多部电动机协调运行

可控性、稳态精度、动态性能和机械效率都很高，以满足多部电动机协调运行。

（六）可兼做发电机使用

在车辆制动和减速时，可进行制动能量回收。混合动力汽车结构有所不同，有的混合动力汽车既有电动机又有发电机。现在为减少车辆自重和节省空间，绝大部分新能源汽车均可用电动机兼作发电机，回收车辆制动和减速时的能量。

（七）安全有保障

电气系统安全性和控制系统安全性应达到有关标准和规定，必须具备高压保护设备以保证安全。

（八）可靠性好

电动机应具有高可靠性，低温、高温和耐潮湿性，并且运行噪声低，能够在较恶劣的环境中长时间工作。

（九）结构简单

结构简单，适合大批量生产，使用维修方便，价格低。

（十）散热性好

普通电动机一般采用风冷，而电动汽车驱动无刷电动机的电磁负荷高，通风散热条件差，因此更多选用水冷或油冷。图 6.5 所示为电动车用电动机的冷却液进出口。

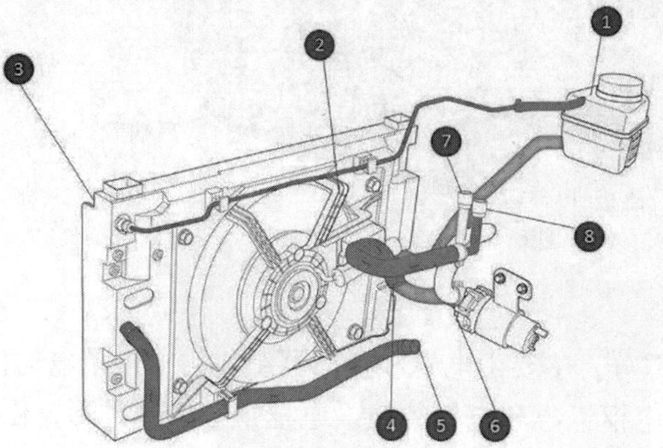

图 6.5　电动机冷却液进出口位置示意图

第二节　直流电动机

一、直流电动机的工作原理

（一）直流电动机的组成

如图 6.6 所示，直流电动机分为两部分，即定子与转子。定子包括主磁极、机座、换向极、电刷装置等，转子包括电枢铁心、电枢绕组、换向器、轴和风扇等。定子和转子之间由空气隙分开。

1. 定子

定子就是发动机中固定不动的部分，它主要由主磁极、机座和电刷装置组成。主磁极由主磁极铁心（极心和极掌）和励磁绕组组成，其作用是用来产生磁场。极心上放置励磁绕组，极掌的作用是使电动机空气隙中磁感应强度分配最为合理，并用来阻挡励磁绕组。主磁极用硅钢片叠成，固定在机座上。机座也是磁路的一部分，常用铸钢制成。电刷是引入电流的装置，其位置固定不变。它与转动的交换器作滑动连接，将外加的直流电流引入电枢绕组中，使其转化为交流电流。在微型直流电动机中，也有用永久磁铁作磁极的。

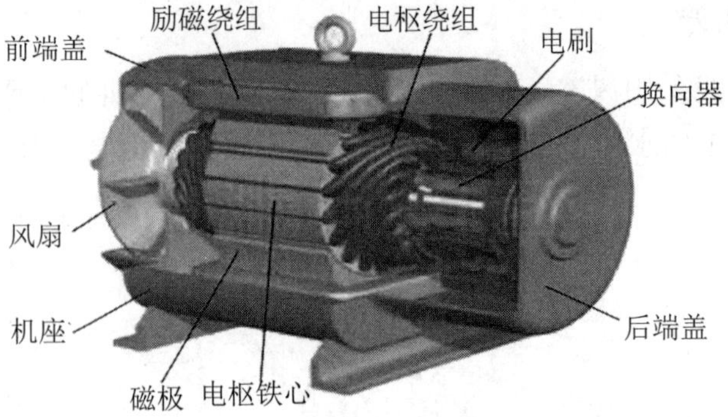

图 6.6 直流电动机构造

2. 转子

转子是电动机的转动部分，主要由电枢和换向器组成。电枢是电动机中产生感应电动势的部分，主要包括电枢铁心和电枢绕组。电枢铁心成圆柱形，由硅钢片叠成，表面冲有槽，槽中放电枢绕组。通有电流的电枢绕组在磁场中受到电磁力矩的作用，驱动转子旋转，起到能量转换的枢纽作用，故称“电枢”。换向器又称整流子，是直流电动机的一种特殊装置。它由楔形铜片叠成，片间用云母垫片绝缘。换向片嵌放在套筒上，用压圈固定后成为换向器再压装，在转轴上电枢绕组的导线按一定的规则焊接在换向片突出的叉口中。在换向器表面用弹簧压着固定的电刷，使转动的电枢绕组得以同外电路连接起来，并实现将外部直流电流转化为电枢绕组内的交流电流。

（二）直流电动机工作原理

图 6.7 所示为直流电动机的基本构成与工作原理。直流电从两电刷之间通入电枢绕组，电枢电流方向如图 6.7 所示。由于换向片和电源固定连接，因此，无论线圈怎样转动，总是 N 极有效边的电流方向向里，S 极有效边的电流方向向外。电动机电枢绕组通电后受力（左手定则）按逆时针方向旋转。线圈在磁场中旋转，将在线圈中产生感应电动势，根据右手定则，感应电动势的方向与电流的方向相反，也称为反电动势。虽然电流方向交替变化，但线圈所受电磁力的方向不改变，因而线圈可以连续地按逆时针方向旋转。

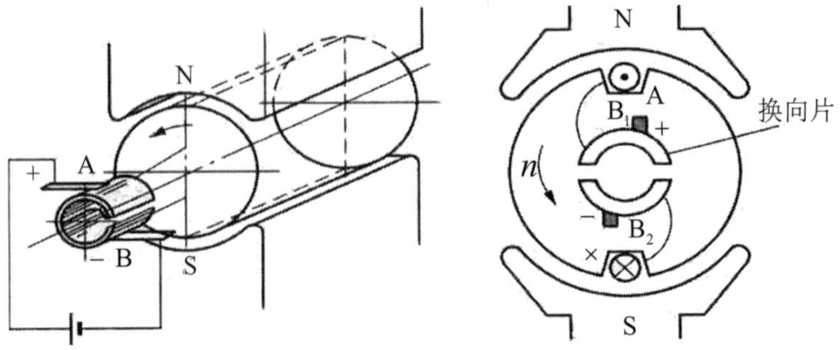

图 6.7 直流电动机的基本结构与工作原理

二、直流电动机的励磁

电动机是根据电磁感应原理实现能量转换的，电动机磁场的建立有两种途径：一是对励磁线圈通电产生磁场；二是使用永久磁铁形成磁场。直流电动机使用的线圈励磁分为他励和自励两类，而直流电动机的性能随着励磁方式的不同将产生很大差别。他励电动机的励磁线圈电源与转子电枢电源分开，因此，可以分别控制励磁电流和电枢电流。他励直流电动机具有线性特性和稳定输出的特性，可以扩大其调速范围，能够在减速和制动时实现再生制动，回收一部分能量。

他励直流电动机的励磁电路如图 6.8（a）所示，由其他直流电源单独供给电流，而与电枢绕组无连接关系。自励直流电动机的励磁电流由自身供给，根据励磁绕组与电枢绕组的连接关系，又可分为并励、串励和复励 3 种。

（一）并励直流电动机

并励直流电动机的电路如图 6.8（b）所示，励磁绕组与电枢绕组并联，励磁线圈与转子线圈的端电压相同。在外加电压一定的情况下，励磁电流产生的磁通将保持恒定不变。并励直流电动机起动转矩大，负载变动时转速比较稳定，转速调节方便，调速范围大。

（二）串励直流电动机

串励直流电动机的电路如图 6.8（c）所示，励磁绕组与电枢绕组串联，串励直流电动机的励磁电流和电枢电流相等，能获得每单位电流的最高转矩，且起动力矩大，有较好的起动特性以及较宽的恒功率调速范围。串励电动机的转速随转矩的增加，呈显著下降的软特性，特别适用于起重设备。

（三）复励直流电动机

复励直流电动机的主磁极上装两个励磁绕组，一个与电枢绕组并联，另一个与电枢绕组串联。这两个励磁绕组若产生的磁动势方向相同，称为积复励，否则，称为差复励，两种连接方式如图 6.8（d）、6.8（e）所示。积复励电动机的电磁转矩变化速度较快，负载变化时能够有效克服电枢电流的冲击，主要用于负载转矩有突变的场合。差复励电动机具有负载变化时转速几乎不变的特性，常用于要求转速稳定的机械中。

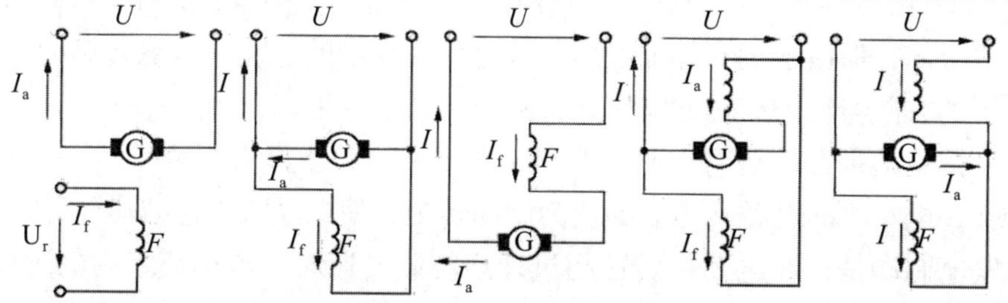

（a）他励　（b）并励　（c）串励　（d）积复励　（e）差复励

图 6.8 各种励磁方式的直流电动机

三、直流电动机的特点及性能参数

（一）直流电动机的特点

直流电动机的主要优点是电磁转矩控制特性优良，起动转矩和制动转矩较大，易于快速起动、停止；调速比较方便，调速范围广，易于平滑调节；控制装置简单，而且价格低廉。其主要不足是效率低，质量大，体积大，结构复杂，成本高；在高速工作时会产生火花，工作转速低，电刷、换向器等接触零件易磨损。直流电动机在早期开发的电动车上应用广泛，但在新研发的电动车上较少使用。

（二）直流电动机的性能参数

直流电动机的额定数据有额定容量、额定电压、额定电流、额定转速、励磁方式及额定励磁电流、额定励磁电压等。

额定容量指其轴上输出的机械功率，等于额定电压与电流乘积再乘以机械效率。直流电动机的额定效率指直流电动机在额定状态下运转时输出机械功率与输入电功率之比。

（三）直流电动机的运行与控制

1. 直流电动机的起动

直流电动机直接起动时的起动电流很大，达到额定电流的 10 ~ 20 倍。因此，必须在电枢电路中串接起动电阻 R 限制起动电流。一般规定起动电流不超过额定电流的 1.5 ~ 2.5 倍。直流电动机起动时，将起动电阻调至最大，待起动后，随着电动机转速的上升将起动电阻逐渐调小。

2. 直流电动机的调速

直流电动机的调速方法有 3 种：改变磁通调速、改变电枢电压调速和电枢串联电阻调速。

3. 直流电动机的制动

直流电动机制动有能耗制动、反接制动和发电制动 3 种。

（1）能耗制动是在停机时将电枢绕组接线端从电源上断开后立即与一个制动电阻短接。由于惯性，短接后的电动机仍然保持原方向旋转，电枢绕组中感应电动势仍存在并保持原方向，但由于没有外加电压，故电枢绕组中的电流和电磁转矩的方向改变，即电磁转矩的方向与转子旋转方向相反，起到了制动作用。

（2）反接制动是在停机时将电枢绕组接线端从电源上断开后立即与一个相反极性的电源相接，电动机的电磁转矩立即变为制动转矩，使电动机迅速减速至停转。

（3）发电制动是指在电动机转速超过理想空载转速时，电枢绕组内的感应电动势将高于外加电压，使电动机变为发电机状态运转，电枢电流改变方向，电磁转矩成为制动转矩，限制电动机转速过分升高。

四、无刷直流电动机（Brush less DC Motor,BLDCM）

BLDCM 是随电子技术的发展而出现的一种新型电动机。它以电子换向装置代替了直流电动机的电刷和换向器，其特性与普通直流电动机类似，但在性能上保持了普通直流电动机的优点而克服了其缺点。它具有调速范围宽、起动迅速、寿命长、维护方便、可靠性高，噪声较低、无换向火花和无线电干扰等特点。无刷电动机转子上既无铜损又无铁耗，其效率比同容量异步电动机高 10% ~ 12%。

（一）无刷直流电动机的组成与功用

无刷直流电动机由电动机本体、转子位置传感器和电子换向电路 3 个基本部分组成。其定子绕组多做成三相对称星形接法，同三相异步电动机十分相似，转子上粘有已充磁的永磁体，为了检测电动机转子的极性，在电动机内装有位置传感器。电动机结构组成如图 6.9 所示。驱动器由功率电子器件和集成电路等构成，其功能是接收电动机的起动、停止、制动信号，以控制电动机的起动、停止和制动；接收位置传感器信号和正反转信号，以控制逆变桥各功率管的通断，产生连续转矩；接收速度指令和速度反馈信号，以控制和调整转速；提供保护和显示等。

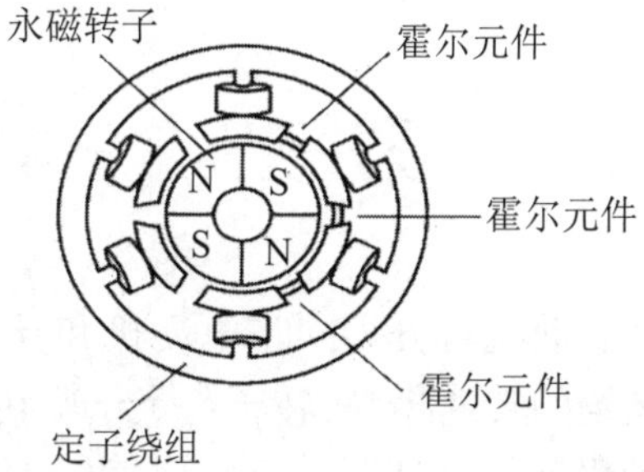

图 6.9 直流无刷电动机结构

（二）无刷直流电动机的工作原理

无刷直流电动机的工作原理如图 6.10 所示，其电子换向驱动电路如图 6.11 所示。位置传感器检测出转子位置信号送入控制器，控制器将转子位置信号经过逻辑变换后产生脉宽调制（PWM）信号，经过驱动电路放大送到逆变器各功率管，控制电动机绕组按一定次序通电，电动机产生间断式旋转磁场。

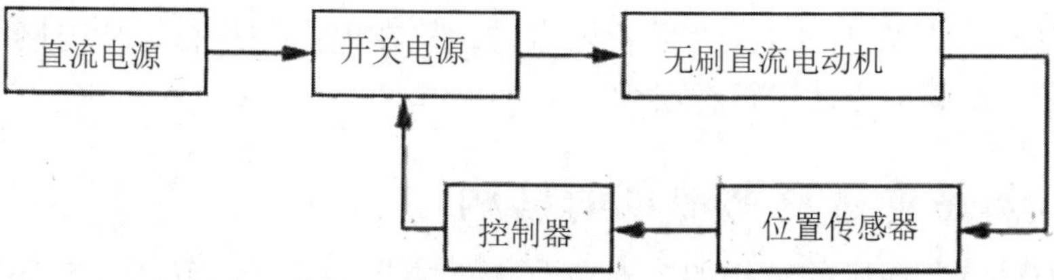

图 6.10 无刷直流电动机的工作原理示意图

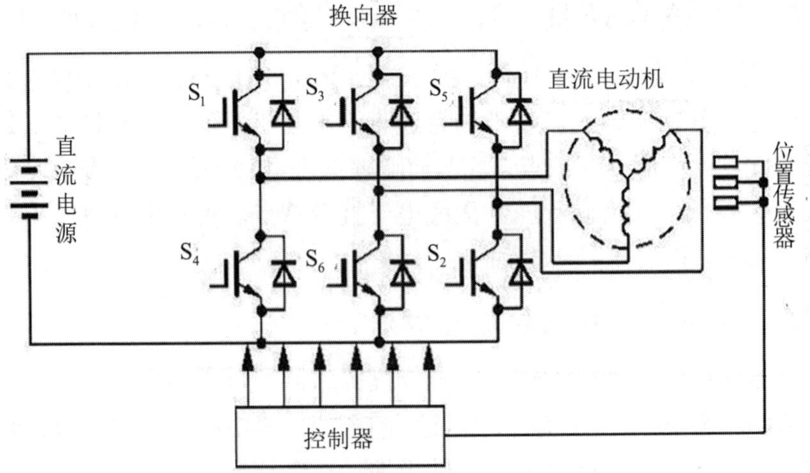

图 6.11 无刷电动机电子换向驱动电路

电子换向电路产生方波驱动电流或正弦驱动电流，方波电流驱动的无刷直流电动机也称为方波电动机，正弦波电流驱动的无刷直流电动机也称为永磁同步电动机（PMSM），方波电流驱动的无刷直流电动机在电动汽车中的应用比较普遍。

第三节　三相异步感应电动机

交流电动机可分为同步电动机和异步电动机两大类。如果电动机转子的转速与定子旋转磁场的转速相等，转子与定子旋转磁场在空间同步地旋转，则称其为同步电动机。如果电动机转子转速不等于定子旋转磁场转速，即转子与定子旋转磁场在空间旋转时不同步，则称其为异步电动机。

一、三相异步感应电动机的特点

三相异步感应电动机具有结构简单、制造容易、价格低、运行可靠、维护方便、效率高等优点，因此得到广泛应用。据估计，90% 左右的电动机均为异步电动机，在电网总负荷中，异步电动机用电量占 60% 以上。

三相异步感应电动机的缺点是功率因数低，运行时必须从电网吸收无功电流来建立磁场，故其功率因数小于 1，大量的异步电动机在电网中运行，使电网的功率因数下降，因此必须用其他方法进行补偿。

二、三相异步感应电动机的结构

三相异步感应电动机的结构如图 6.12 所示，主要由定子、转子、机座、支架、外壳、风扇罩和散热风扇等组成。三相异步电动机的转子与定子之间没有任何电气上的联系，能量的传递全靠电磁感应作用。转子和定子间有个非常小的空气气隙将转子与定子隔开，根据电动机容量大小的不同，气隙一般在 0.4 ～ 4 mm 的范围内。气隙过小，使电动机装配困难，高次谐波磁场增强，附加损耗增加，起动性能变差以及运行不可靠。气隙过大，则电动机运行时的功率因数降低。

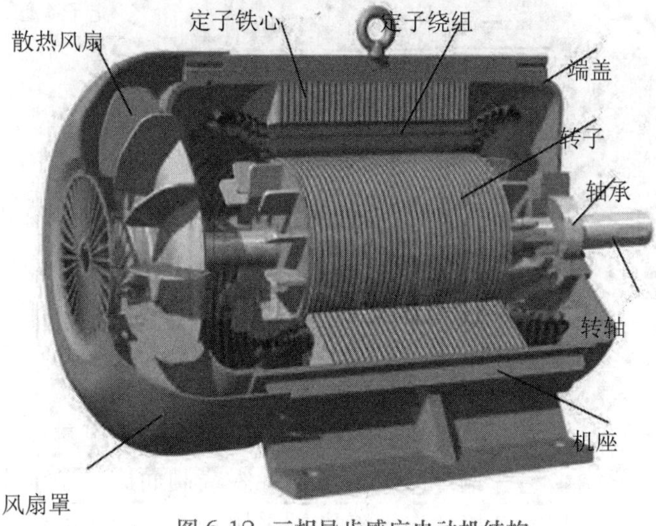

图 6.12 三相异步感应电动机结构

（一）外壳

三相电动机外壳包括机座、轴承盖、接线盒、端盖和吊环等部件。

1. 机座

它通常由铸铁或铸钢浇铸成型，作用是保护和固定三相电动机定子绕组，为了提高散热性能，机座的外表一般都铸有散热片。

2. 轴承盖

它也是用铸铁或铸钢浇铸成型的，作用是固定转子，使转子不能轴向移动，另外还有存放润滑油和保护轴承的作用。

3. 接线盒

它一般用铸铁浇铸，作用是保护和固定定子绕组的引出接线端。

4. 端盖

它由铸铁或铸钢浇铸成型，除了保护作用外，还通过轴承把转子支撑在定子内腔中心，使转子能够在定子中均匀旋转。

（二）定子总成

定子的作用是产生旋转磁场。电动机外壳与定子绕组构造如图 6.13 所示，主要由支撑空心定子铁心的钢制机座、定子铁心和定子绕组线圈组成。定子铁心为电动机磁路的一部分，其内圆上均匀分布的插槽是用来嵌放对称三相定子绕组线圈的。定子铁心由厚 0.35 ～ 0.5 mm、表面涂有绝缘漆的薄硅钢片叠压而成。为了减少交变磁通通过而引起铁心涡电损耗，硅钢片较薄而且片与片之间是绝缘的。

图 6.13 电动机外壳与定子绕组

三相电动机定子的三相绕组彼此独立，绕组空间相差 120°电角度。每相绕组又由若干线圈连接而成，线圈由绝缘铜导线或绝缘铝导线绕制而成。中、小型三相电动机多采用圆漆包线，大型三相电动机的定子线圈则采用较大截面积的绝缘扁铜线或扁铝线绕制。当通入三相对称电流时,定子中会产生旋转磁场。将三相绕组的 6 个出线端(3 个绕组线圈的首尾端）引至接线盒上，绕组首端分别标为 U_1、V_1、W_1，末端分别标为 U_2、V_2、W_2。6 个线端在接线盒内的排列如图 6.14 所示，可以接成星形（图 6.14（a））或三角形（图 6.14（b））。

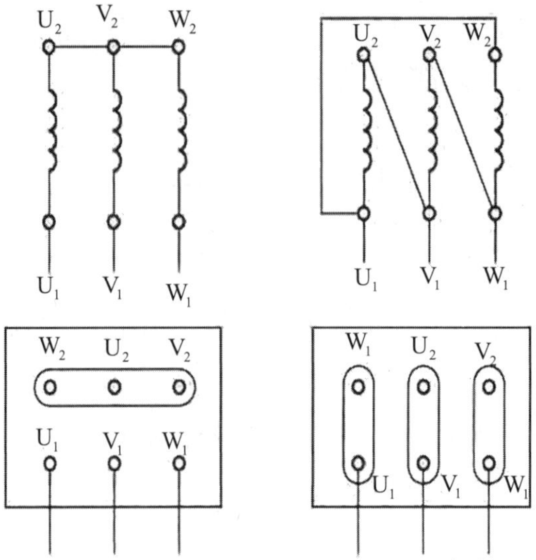

（a）星形 （b）三角形

图 6.14 三相异步电动机外出线端接法

（三）转子总成

电动机转子由转子铁心、转子绕组和转轴组成。转子、气隙和定子铁心构成一个电动机的完整磁路。

1. 转子铁心

转子铁心通常是由 0.5 mm 厚的硅钢片叠压成的一个圆柱形，装在转轴上，转轴拖动机械负载。转子铁心的作用和定子铁心相同，作为电动机磁路的一部分和安装转子绕组。

2. 转子绕组

异步电动机的转子绕组分为绕线型和鼠笼型两种，据此，把异步电动机分为绕线型与鼠笼型异步电动机两类。

（1）绕线型绕组。绕线型转子与电动机定子相同，在铁心的槽中嵌入三相绕组，三相绕组一般连接成形，三相绕组的另一端分别连接到三个铜质的集电环上，集电环固定在转轴上，三个环之间及环与转轴之间相互绝缘，如图 6.15 所示。集电环通过由弹簧压紧的电刷保持与外电路相连，为转轴绕组提供电流，从而形成电磁场。为了改善电动机运行性能，通常在转子电路中串接电阻。

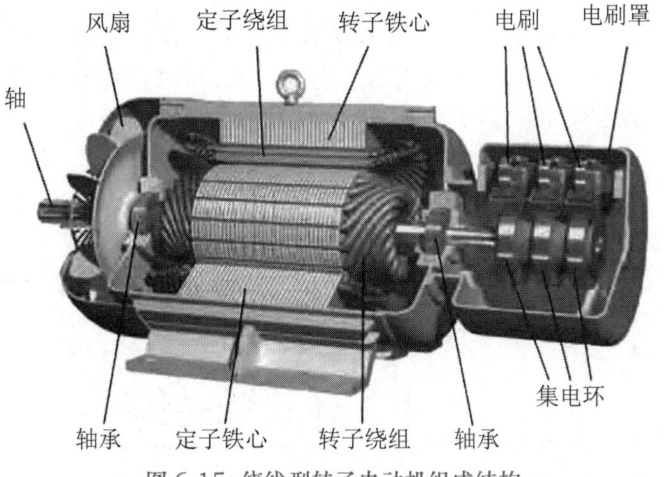

图 6.15 绕线型转子电动机组成结构

（2）鼠笼型绕组。鼠笼型电动机转子由硅钢片和鼠笼型绕组构成，如图 6.16 所示。鼠笼绕组分为铜排和铜条构成的笼型结构（见图 6.16（b））或由铸铝形成的笼式结构（图 6.16（c））。铜质鼠笼转子的特点是叠压硅钢片铁心（见图 6.16（a））两端各用一个铜环，两个铜环由若干铜条穿过铁心槽连接而成。铝铸转子的特点是转子导条和端环机风扇叶片用铝一次浇铸而成，多用于 100 kW 以下的异步电动机。

（四）散热风扇

风扇的作用是冷却电动机，由于汽车动力系统散热条件差，因此采用液冷式电动机的情况越来越多。

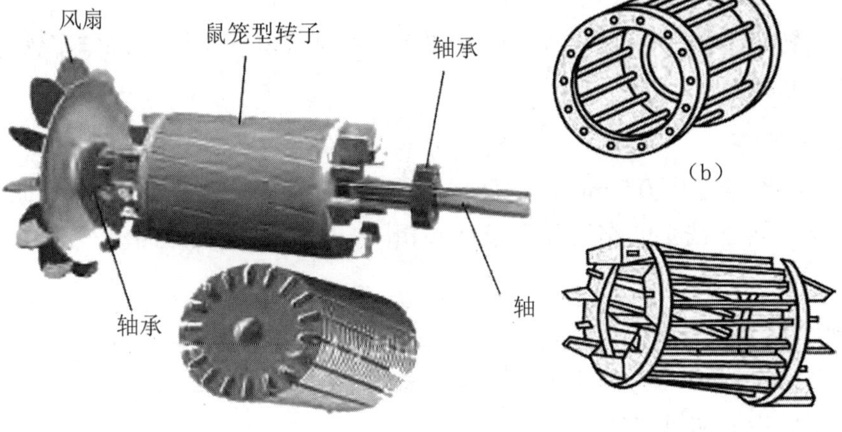

图 6.16 鼠笼型转子的组成

三、三相异步电动机工作原理

（一）绕组旋转磁场的产生

假定三相异步电动机定子绕组的连接方法是星形连接，如图 6.17 所示，单个绕组的始端分别为 A、B、C；末端分别为 X、Y、Z。三相对称绕组分别为 AX、BY、CZ 并接在三相正弦交流电源上，通入三相交变电流。

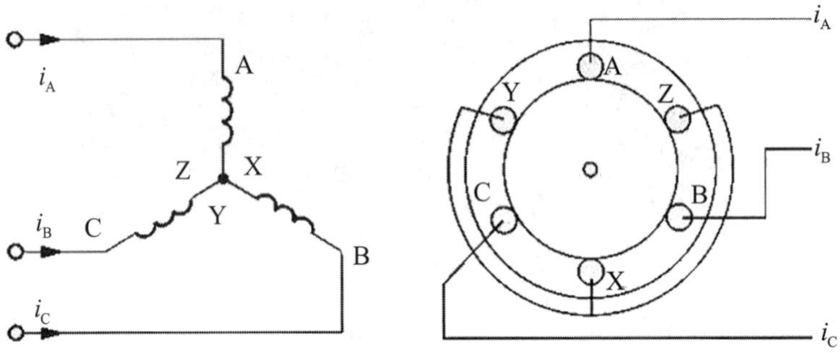

图 6.17 三相异步电动机星形连接示意图

假定流入定子绕组的三相电流波形如图 6.18 所示，由于三相电流随时间和角速度变化，其每相绕线电流的大小和方向不断变化，因此，各个不同瞬时的定子铁心磁场分别是不断变化的。

一般规定，电流为正值时从绕组的始端流入（A、B、C 端），从绕组的末端流出（X、Y、Z 端）；为负值时相反。据此规则，可得到三相电流产生的磁场随时间变化的关系。

当交流电相位 $\theta=0°$ 时，$i_A=0$, i_B 为负值，i_C 为正值，此时，线端 A、X 没有电流，绕组 BY 电流从 Y 流进 B 流出，绕组 CZ 电流从 C 流进 Z 流出，由安培右手螺旋定则得到图 6.18（a）中的磁感线的方向（如虚线箭头所示）。

当交流电相位 θ =120° 时，i_B =0, i_A 为正值，i_C 为负值，此时，线端 B、Y 没有电流，绕组 AX 电流从 A 流进 X 流出，绕组 CZ 电流从 Z 流进 C 流出，由安培右手螺旋定则得到图 6.18（b）中磁感线的方向（如虚线箭头所示）。

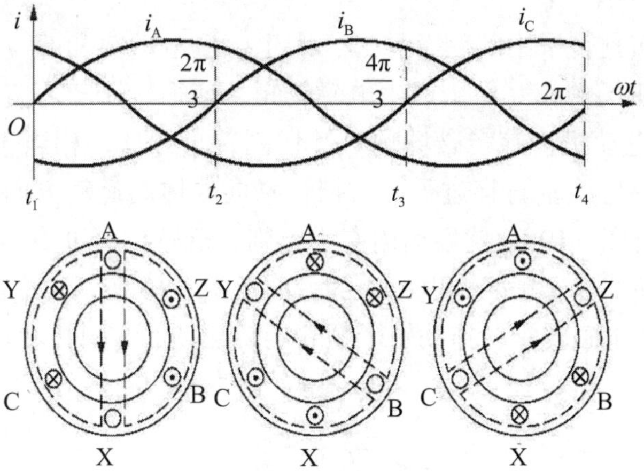

图 6.18　三相交流电波形与定子绕组形成旋转磁场

当交流电相位 θ =240° 时，i_C =0 , i_A 为负值，i_B 为正值，此时，线端 C、Z 没有电流，绕组 AX 电流从 X 流进 A 流出，绕组 BY 电流从 B 流进 Y 流出，由安培右手螺旋定则得到图 6.18（c）中磁感线的方向（如虚线箭头所示）。

当交流电相位和图 6.18（a）状态一样时，重复前面的过程，可以看出，定子绕组中三相交流电变化一个周期，空间的合成磁场也随着交流电的相序变化一周，随着交流电的不断变化，空间合成磁场不停旋转，于是形成旋转磁场。

（二）异步电动机旋转磁场的转向

异步电动机的旋转方向与通入绕组的三相交流电相序有关。任意对调两根三相电源接到定子绕组上的导线，就可以改变异步电动机的旋转方向。

在图 6.18 中，电动机定子三相绕组 AX、BY、CZ 是按三相电流 A、B、C 的相序接到电源上的，这时定子三相绕组中的电流是按顺时针方向排列的，旋转磁场也是按顺时针方向转动的。如果将电源 B 相接到原来的 C 相绕组上，电源 C 相接至原来的 B 相绕组上，则定子三相绕组中的电流相序就按逆时针方向排列，产生的旋转磁场方向将按逆时针方向旋转。

（三）旋转磁场的转速

以上分析的是电动机产生一对磁极的情况，当定子绕组连接的是两对磁极时，运用相同的方法可以分析出此时电流变化的一个周期，磁场只转动半圈，即转速减慢了一半。由此类推，当旋转磁场具有 p 对磁极时，交流电每变化一个周期，其旋转磁场就在空间转动 $1/p$ 转。因此，三相电动机定子旋转磁场每分钟的转速、定子电流频率

及极对数之间的关系为

$$n = 60f/p$$

（四）异步电动机的工作原理

旋转磁场不断切割转子中的闭合导体，产生感应电动势和感应电流，再由转子中的感应电流和旋转磁场的相互作用产生电磁转矩，使得转子随着旋转磁场的方向同向运转。如笼型异步电动机，旋转磁场顺时针切割转子导体，相当于导体逆时针转动，运用右手定则，让磁感线垂直穿过手心，拇指指向导体的运动方向，四指的方向就是感应电流的方向（见图 6.19），然后运用左手定则，磁感线穿过手心，四指指向电流运动方向，大拇指方向即为转子受到电磁力的方向（图 6.19 所示为电磁转矩 T 方向），在电磁力的作用下形成电磁转矩，拖动转子顺着旋转磁场的方向转动。

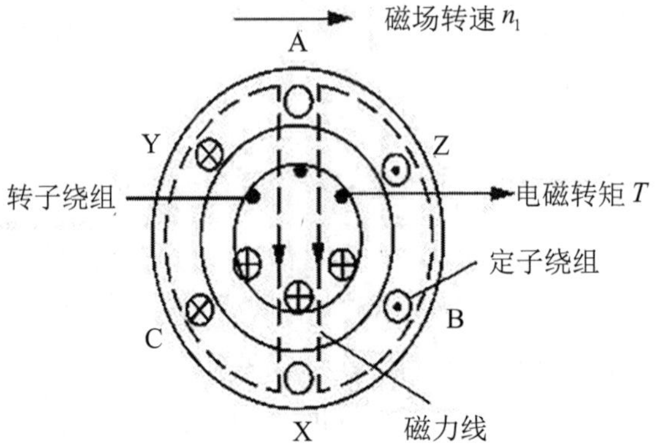

图 6.19　笼型异步电动机转子绕组电流方向

在异步电动机中，为保持旋转磁场始终切割转子导体产生感应电流，转子转速小于旋转磁场的速度。

四、三相异步电动机的主要性能指标

三相电动机的外壳上通常有电动机铭牌，铭牌上注明这台三相电动机的主要性能指标，它是选择、安装、使用和维修三相电动机的重要依据，铭牌的主要内容有额定功率、额定电压、额定电流、额定频率等，其定义如下：

额定功率。表示在额定工况下运行时，输出轴上的机械功率，单位为 kW。

额定电压。表示在额定工况下运行时，加在定子绕组上的线电压，单位为 V。

三相电动机要求所接的电源电压值的变动范围一般为额定电压的 ±5%。电压过高，电动机容易烧毁；电压过低，电动机难以起动，即使起动后电动机也有可能带不动负载，容易烧毁。

额定电流。表示三相交流电动机在额定电压下，输出额定功率时，流入定子绕组的线电流，单位为 A。若超过额定电流过载运行，三相电动机就会发热乃至烧毁。

额定频率。表示电动机所接的交流电源的频率。

绝缘等级。表示三相电动机采用的绝缘材料的耐热能力，它表明三相电动机允许的最高温度。

型号。国产中小型三相电动机型号的系列为 Y 系列，是按国际电工委员会（IEC）标准设计生产的三相异步电动机，它是以电动机中心高度为依据编制型谱的，例如，Y.200L2.6 代表异步电动机中心高度 200 mm、长机座（M 为中机座、S 为短机座）、2 号铁心和 6 个磁极。

额定转速。表示在额定电压、额定频率和额定输出功率的情况下电动机的转速，单位为 r/min。 它取决于交流电源的频率、电动机磁极对数和转差率。三相异步电动机的磁场转速与频率电动机磁极对数之间的关系为：

$$n_1 = 60f/p$$

对电动机本身来说，额定功率相同的电动机，额定转速越高，体积越小，造价就越低，效率也越高，高转速的异步电动机的功率因数也较高，所以应尽量选用额定转速高的电动机。但是，对于要求转速较低的驱动系统而言，选用较高转速电动机时，就需要一套传动比较高、体积较大的减速装置。因此，在选择电动机的额定转速时，要综合考虑电动机和传动系统两方面的因素。

五、三相异步感应电动机的转矩与转速的控制

电动车中应用鼠笼型转子的三相异步感应电动机不能用直流电直接驱动，需要使用逆变器将直流电变换为频率和幅值可调节的交流电，来实现对异步感应电动机的控制。三相异步感应电动机控制系统与驱动电路结构如图 6.20 所示。由于不能直接使用直流电源驱动电动机，因此需要使用功率半导体器件构成的逆变器，将直流电转换为频率和幅值都可以调节的三相交流电，通过微机控制器实现对三相异步感应电动机的转速和转矩的控制。

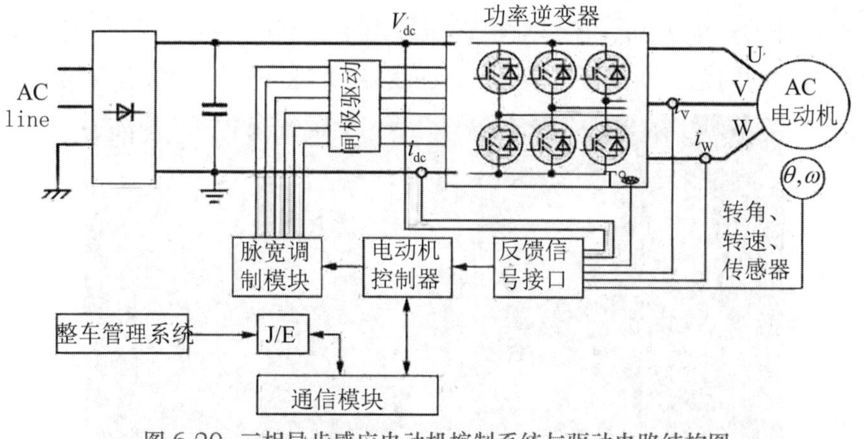

图 6.20　三相异步感应电动机控制系统与驱动电路结构图

六、交流异步发电机工作原理

电动汽车需要利用电动机对车辆进行制动、减速，并回收汽车的惯性能量。交流异步电动机也可以通过控制电路实现电动机的发电运行，使电动汽车制动时的能量转换为对蓄电池的充电电流，从而得到再生利用。通过控制系统将电动机状态改变为发电状态，将发电机发出的能量储存于电池，既可以减小机械刹车系统的损耗，又可提高整车能量使用率，达到节约能源和提高电动汽车续航里程的目的。

电动机是一种电能和机械能相互转化的装置，理论上任何电动机都是可逆的，既可以用作电动机，也可以用作发电机。异步电动机也不例外，但却有它的特殊性。异步电动机的定子是三相绕组，转子是短路绕组，本身没有磁场。所以，异步电动机只有原动机带动是发不出电来的。虽然理论上说，利用剩磁也能发出电来，但并无实际意义。

在异步电动机中，为保持旋转磁场始终切割转子导体产生感应电流，转子转速应小于旋转磁场的速度。与此相反，异步电动机要想发电，首先必须要建立磁场。但如前面介绍的，异步电动机是在定子的三相绕组里通入三相交变电流后，才产生旋转磁场的。就是说，异步电动机为了得到磁场，其定子绕组必须和三相电源相接，在这种情况下，它将作为异步电动机而运转起来了。此时，如果用一台原动机带动转子，使转子的转速超过旋转磁场转速，则转子中的感生电流和感生磁场切割定子线圈，并在定子线圈中产生感生电动势，从而成为三相异步发电机。

七、三相异步感应电动机在新能源汽车中的应用

图 6.21 所示为采用三相异步感应电动机的电动汽车驱动桥。异步电动机由三相交流电驱动，变频调速是电动机首先要具备的功能，因为纯电动车的车轮是由电动机和差速器组成的传动机构进行驱动，电动机本身的转速范围即可满足车辆的行驶需要。但是在变频调速的性能方面，还是对电动机提出了较高的要求，另外，倒车也是日常驾驶时经常遇到的问题，所以还需要电动机能够自如地在正反转状态间切换。

图 6.21 采用三相异步感应电动机的电动汽车驱动桥

异步电动机具备变频调速的能力，其效果相当于我们所理解的装配有无级变速箱的车辆在加速时发动机转速与车速较为线性的对应关系。而上面提到的倒车问题，异步电动机也可轻易地通过自身正反转的切换给予满足。

异步电动机实现动能回收也更为容易。车辆滑行或制动时，车轮反拖电动机转动，在这个工况下，电动机可进行发电并将电能回收到电池中，以此延长车辆的续航里程。

第四节　永磁同步电动机

永磁同步电动机（Permanent Magnet Synchronous Motor, PMSM）的特点是输入交流正弦波或近似正弦波，再用连续转子位置反馈信号来控制换向。PMSM 的发展得益于稀土永磁体的发现。用稀土永磁体制造的电动机的磁体体积较原来磁体体积所占空间小，并且没有损耗，不发热，与传统的电动机相比有明显优势。电动机中永磁体最基本的作用是在某一特定的空间产生恒定的磁场，并且维持此磁场不需要外部电源，因此，永磁材料对 PMSM 性能的影响很大。下面，对永磁材料的基本知识做一些简要介绍。

一、永磁材料基础知识

金属材料按其磁导率可以分为反磁材料、顺磁材料和铁磁材料 3 类。永磁材料为铁磁材料的一种，特点是矫顽磁场强度大于 1 kA/m。

（一）永磁材料分类与特点

永磁铁氧体是常见的永磁材料的一种，它以 SrO 或 BaO 及 Fe 为原料，通过陶瓷工艺（预烧、破碎、制粉、压制成型、烧结和磨加工）制作而成。在永磁材料中，它是综合磁性能最低的，如果使用它制作电动机，则电动机体积相当庞大。但由于原材料丰富、平均售价及性价比（单位磁能积的成本）最低，工艺简便成熟又不存在氧化问题，因此，在很多应用领域（如汽车、摩托车直流电动机、起动电动机、小气隙性接头、分离器、吸持器等装置）仍是最理想的首选永磁材料。

常见的永磁材料还有稀土钴（如钐钴 SmCo）、稀土铷、铷铁硼 NdFeB、铝镍钴、稀土铁氮（如 RE-Fe-N 系）和稀土铁碳（如 RE-Fe-C 系）等。铷铁硼 NdFeB 系永磁体于 1983 年由日本住友特殊金属公司研制成功，被称为磁王，磁能积在 27 ~ 50 MGOe，是目前磁性最高的永磁材料。钐钴 SmCo 磁体的磁能积在 15 ~ 30 MGOe，尽管其性能优异，但含有储量稀少的稀土金属钐，故因稀缺和价格昂贵限制了其应用推广。铝镍钴材料是一种铝、镍、钴的合金，它耐高温、耐腐蚀、剩磁高，但矫顽能力低，抗去磁能力低。

稀土永磁材料是现在已知的综合性能最高的一种永磁材料，它比 19 世纪使用的磁钢的磁性能高 100 倍，比铁氧体、铝镍钴性能优越得多，比昂贵的铂钴合金的磁性能还高一倍。

（二）永磁材料性能参数

永磁材料好坏的衡量参数有最大磁能积、剩余磁感应强度、矫顽力、回复磁导率和居里温度等。其中最重要的是最大磁能积（BH），磁能积越大，材料每单位体积所产生的外磁场的能量就越大。目前，铷铁硼 NdFeB 系永磁材料的磁能积已达到 50 MGOe。铷铁硼、钐钴、铝镍钴和铁氧体等的主要性能如表 6.3 所示。

表 6.3 各永磁材料的主要性能

性能指标	铷铁硼	D 钴	铝镍钢	铁氧体
剩余磁感应强度 B_r/kg	12.5	8.7	12.8	3.8
矫顽力 H_c/kOe	10.5	9	0.6	3
最大磁能积 BH_{max}/MGOe	36	18.3	5.5	3.5
回复磁导率 μ_r	1.8	1	4	1
居里温度 /℃	310	720	800	310
温度系数 /（%/℃）	0.13	0.04	0.03	0.19

注：1 Oe（奥斯特）=79.58 A/m；1 G（高斯）=10^{-4} T（特斯拉）。

表 6.3 中剩余磁感应强度、磁感矫顽力等定义如下。

（1）剩余磁感应强度。将一个磁体在外磁场的作用下充磁到技术饱和后撤去外磁场，此时，磁体表现的磁感应强度称为剩磁，它表示磁体所能提供的最大磁通值。

（2）磁感矫顽力。磁体在反向充磁时，使磁感应强度降为零所需的方向磁场强度的值称为磁感矫顽力。但此时磁体的磁化强度并不为零，只是所加的反向磁场与磁体的磁化强度作用相互抵消（对外磁感应强度表现为零）。此时，若撤去所加的外磁场，则磁体仍然具有一定的磁性能。

（3）磁能积。退磁曲线上任何一点的 B 和 H 的乘积称为磁能积，$B \times H$ 的最大值称为最大磁能积。磁能积是衡量磁体所储存能量大小的重要参数之一。在磁体使用时，对应于一定能量的磁体，要求磁体的体积尽可能小。

（4）居里温度。对于所有磁性材料来说，并不是在任何温度下都具有磁性。一般地，磁性材料具有一个临界温度 T_c，在这个温度以上，由于高温下原子的剧烈热运动，原子磁矩的排列由有序变为无序。在此温度以下，原子磁矩一致排列产生自发磁化，材料呈现铁磁性。温度对磁性的影响非常大，永磁体随温度的增大而失去剩磁，如果永磁体的温度超过居里温度，则其磁性为零。

二、永磁同步电动机的原理

永磁同步电动机的工作原理如图 6.22 所示。电动机的转子为永久磁铁，定子铁心上绕有线圈绕组。对于双绕组同步电动机定子的 A、B 相电流的方向改变时，定子的 A、B 相的磁场方向改变，因此，永久磁铁就可以旋转。对于三相绕组永磁同步电动机，转子的永久磁铁 NS 极沿圆周方向交替排列，定子线圈绕组呈图 6.22（b）所示等角度排列，当对定子绕组顺序通电时，定子可以看作是以速度 n 旋转的磁场。电动机运行时，通过改变定子绕组的电流方向和通电时间，可以始终保持转子磁针附近的定子磁极与转子磁针磁极相反，使转子像磁针在旋转磁场中旋转一样，随着定子的旋转磁场同步旋转。

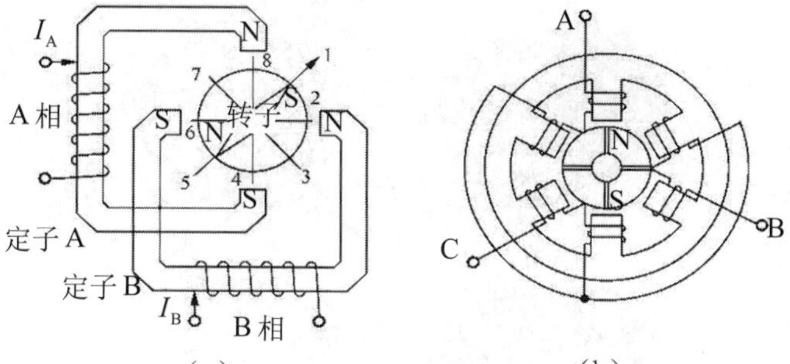

图 6.22 永磁同步电动机的原理

三、永磁同步电动机的结构

永磁同步电动机的主要组成如图 6.23 所示，由轴承、端盖、定子绕组、电动机引线、永久磁铁、绕组、转轴、机座、定子铁心、转子铁心、永磁体、信号检测器、检测器引线等组成。定子与传统同步电动机相同，转子采用径向永久磁铁做成的磁极，转子上粘有铷铁硼磁钢。转子与旋转磁场同步旋转，旋转磁场的速度取决于电源频率。与多相交流同步电动机和感应电动机类似，永磁同步电动机产生理想的恒转矩或称平稳转矩。

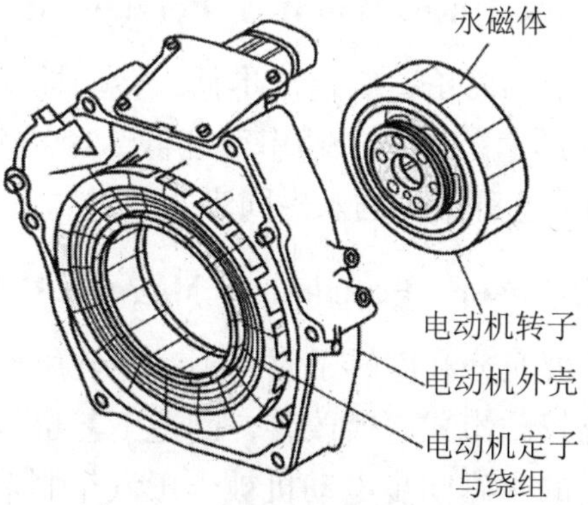

图 6.23 永磁同步电动机组成

永磁同步电动机的定子通常称为三相对称绕组，产生的旋转磁场的角速度 ω，与电动机的磁极对数 p 成反比，与电源频率 f 成正比，即 $\omega=2\pi f/p$，工作时，旋转磁场与已充磁的磁极作用，带动转子与旋转磁场同步旋转并力图使定子转子磁场轴线对齐。当外加负载转矩以后，转子磁场轴线将落后定子磁场轴线一个 θ 功率角，负载越大，θ 角也越大，直到一个极限角度 θ_m，电动机失步停止。

四、永磁同步电动机的转子

转子是永磁同步电动机最为关键的部件之一。永磁体在转子上的安装位置有表面式（凸出式和插入式）和内置式，如图 6.24 所示。

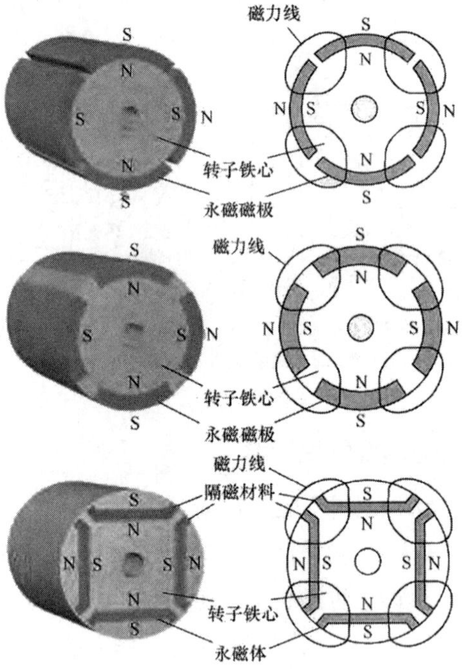

图 6.24 永磁转子的类型

（一）表面凸出式（Surface Mounted Permanent Motor,SMPM）

表面凸出式的优点有结构简单、制造成本低、转动惯量小、动态响应快、转矩脉动低等。但缺点在于弱磁调速范围小，功率密度低。1997 年，本田汽车公司的 PLUS 电动车的驱动电动机采用了这种结构的永磁同步电动机。

（二）表面插入式（Insert Permanent Magnet,IPM）

表面插入式的特点是可充分利用转子磁路不对称性所产生的磁阻转矩，提高电动机的功率密度，动态性能较凸出式有所改善，制造工艺也较简单，但漏磁系数和制造成本都大。这种结构类型的永磁同步电动机被丰田汽车制造的蓄电池电动车 RAV4 采用。本田汽车公司 PLUS 电动车的第二代驱动电动机也采用这种结构。

（三）内置式（Interior Permanent Motor，IPM）

内置式永磁同步电动机也称为混合式永磁同步电动机。该电动机在永磁转矩的基础上叠加了磁阻转矩。磁阻转矩的存在有助于提高电动机的过载能力和功率密度，而且易于弱磁调速，扩大恒功率范围运行。内置式结构的永磁体位于转子内部，按永磁体磁化方向与转子旋转方向的相互关系，内置式磁路结构又分为径向式、切向式和混合式 3 种。内置式永磁体磁路结构如图 6.25 所示。图 6.26 所示为大众途锐混合动力汽车采用的永磁同步电动机的转子与定子结构。

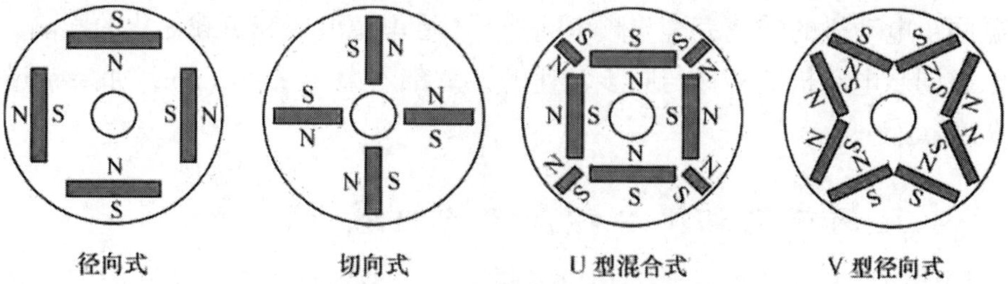

图 6.25 内置式永磁体的磁路结构

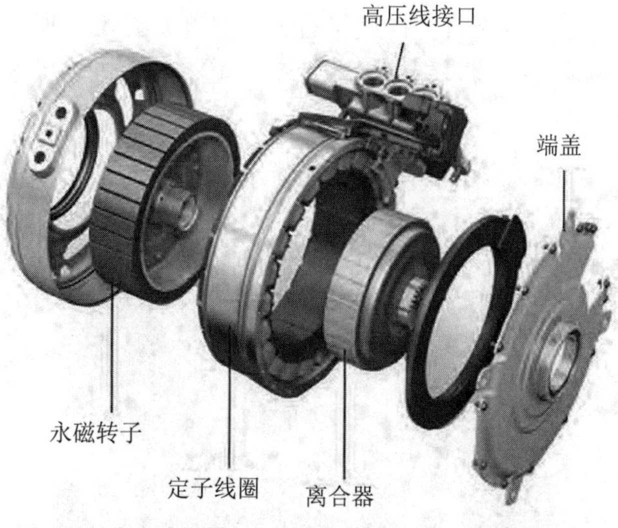

图 6.26 大众途锐混合动力汽车永磁同步电动机分解结构

五、永磁同步电动机的特点

永磁同步电动机因采用永磁体，所以不用励磁，从而省去了励磁功率。永磁同步电动机同步运转时，转子既无能耗又无铁损，因而效率提高，损耗降低，无功功率很小，其功率因数可达 0.95 以上。其主要特点可归纳为以下几个方面。

1. 高效节能、功率因数高

永磁同步电动机与其他电动机比较，一般效率达到 95% 以上，比 Y 系列异步电动机提高 10% ~ 15%。因永磁同步电动机没有励磁功率，无功损耗很小，故功率因数可达 0.95 ~ 0.99，接近于 1，系统综合节电明显。

2. 效率曲线平直

永磁同步电动机效率曲线好，负载在 1/4 时，效率仍能达到 92% 以上。

3. 结构简单，便于维护

其与一般异步电动机相同，主要由定子、转子、机壳构成，无滑环、无电刷，结构简单、寿命长、维护方便。

4. 调速精度高

永磁同步电动机的转速完全与频率同步，不受电源电压和负载变化的影响，在任何情况下永磁同步电动机的转速与同步转速的误差都不大于 0.25 r/min，如果超过 5 r/min 就进入失步状态。

六、永磁同步电动机冷却系统的组成

永磁同步电动机工作时需要对电动机进行空气或液体冷却。工作时定子铁心绕组浸在冷却油中，多余的冷却液进入溢出的收集器中，整个冷却液在冷却油泵的作用下循环，通过带有冷却管的机壳将工作过程的热量散出。图 6.27 所示为永磁同步电动机利用冷却泵形成液体循环，通过壳体上的冷却水道将电动机热量送到散热器后散到空气中。

图 6.27 永磁同步电动机具有冷却水道的壳体

七、永磁同步电动机驱动

图 6.28 所示为日产公司的英菲尼迪混合动力汽车采用的永磁同步电动机的定子与转子的结构，图 6.29 所示为该电动机的驱动电路。该电动机采用三相定子绕组，需要通过三相交流电在定子绕组中产生旋转磁场，驱动永磁转子与旋转磁场做同步运转。这个任务由控制器发出的脉宽信号按照一定的规律控制功率开关元件实现。电动机控制器根据解析器和电流传感器的反馈信号，调节脉宽信号，改变定子绕组的供电频率和电流，以满足车速和转矩的需求。

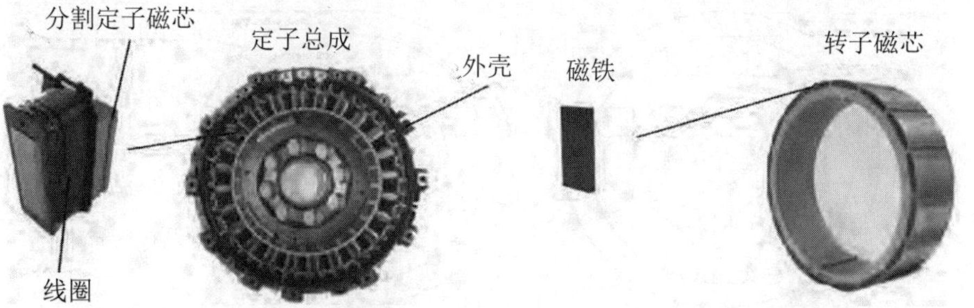

图 6.28　日产英菲尼迪混合动力汽车永磁同步电动机转子、定子结构

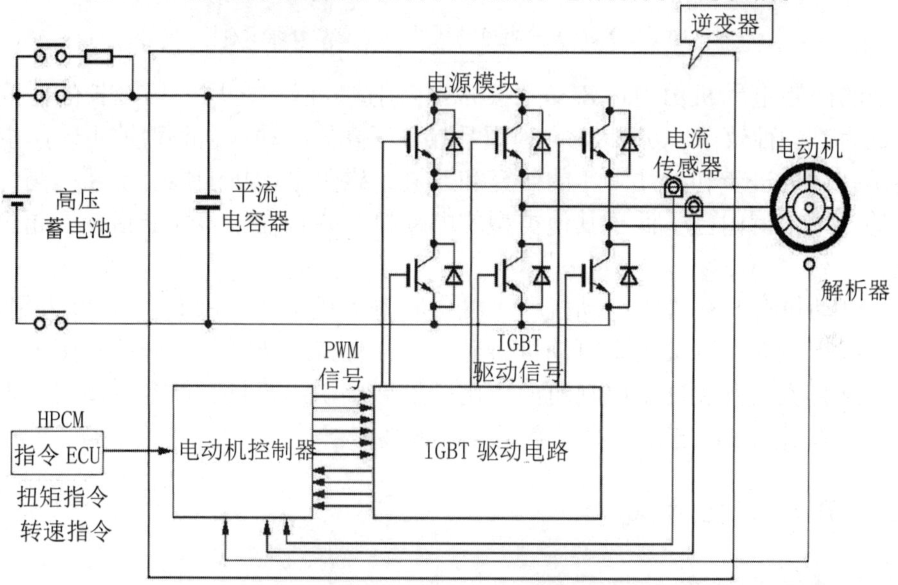

图 6.29　永磁同步电动机驱动控制电路

第五节　磁阻电动机

一、概述

磁阻电动机是利用转子磁阻不均匀而产生转矩的小功率同步电动机，又称反应式同步电动机。它产生转矩不是依靠定、转子绕组电流所产生磁场的相互作用，而是依靠“磁阻最小原理”。所谓“磁阻最小原理”，即“磁通总是沿着磁导最小的路径闭合，从而产生磁拉力，进而形成磁阻性质的电磁转矩”和“磁力线具有力图缩短磁通路径以减小磁阻和增大磁导的本性”。如图 6.30 所示，当定子绕组均不通电时，转子可以停在任意位置，当给 B 相绕组通电时，则转子被吸引并停留在空气间隙最小的平衡位置上。

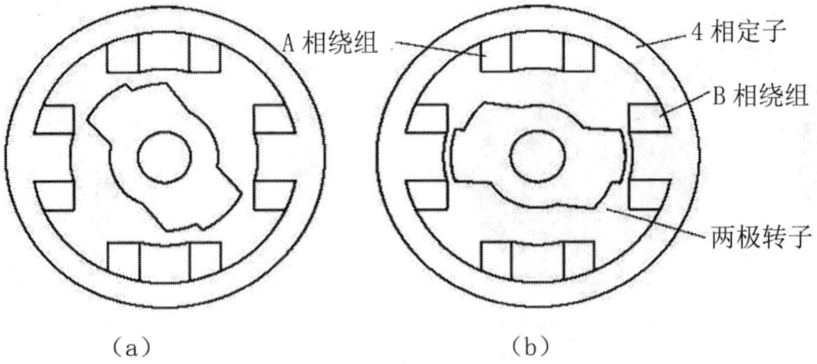

图 6.30 开关磁阻电动机结构及工作原理示意图

最早的磁阻电动机由 Dawidsen 于 1838 年制造，但在之后一段漫长的时间内，它一直被认为是一种效率、功率因数、利用系数等不高的电动机，故仅应用于小功率场所。随着科学技术的进步和近几十年的研究和改进，磁阻电动机的性能不断提高，其性能在较大的功率范围内已不低于其他类型的电动机，并且在很多性能指标上超过了其他电动机。

磁阻电动机有开关磁阻电动机和永磁磁阻电动机两类。因此，自 20 世纪 80 年代以后，国际上掀起了开关磁阻电动机研究热，并且持续至今，使开关磁阻电动机的应用领域不断扩大。开关磁阻电动机的应用已扩展到矿山机械、航空发动机、电梯、电动汽车、洗衣机、食品加工、火车空调、织布机等领域。

二、开关磁阻电动机

（一）开关磁阻电动机结构

开关磁阻式电动机（Switch Resistance Motor，SRM）也叫可变磁阻式电动机（Variable Reluctance Motor，VRM），其驱动控制系统组成如图 6.31 所示，主要由开关磁阻电动机、功率变换器、传感器和控制器 4 部分组成。

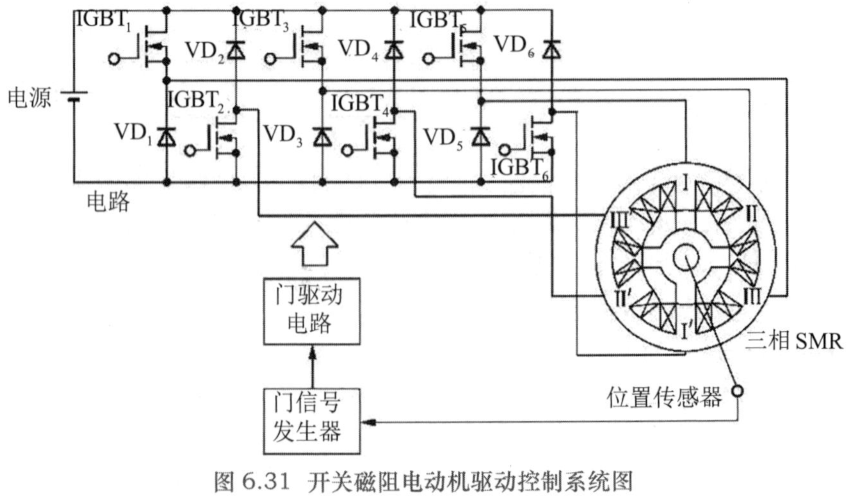

图 6.31 开关磁阻电动机驱动控制系统图

1. 功率变换器

功率变换器将电源电压变换为其开关磁阻电动机所需要的电压。

2. 传感器

传感器的作用是检测转子的位置和输入电流的大小。

3. 控制器

控制器根据位置传感器检测到的定子与转子间相对位置的信息，结合给定的运行命令（正转、反转）导通相应定子相绕组的主开关元件。

4. 开关磁阻电动机的定子和转子

开关磁阻电动机的定子和转子是由硅钢片叠片组成的凸极结构，因定子装置极数不同,则定子与转子有多种组合方式,最常见的是三相 6/4 结构和四相 8/6 结构。图 6.32 为三相 6/4 的开关磁阻电动机定子和转子结构,即定子有 6 个凸极,转子上有 4 个凸极。四相开关磁阻电动机的定子上有 8 个凸极，转子上有 6 个凸极。在定子相对称的两个凸极上的几组绕组相互串联，构成一相，而转子上没有任何绕组。因此，定子上有 6 个凸极的为三相开关磁阻电动机，定子上有 8 个凸极的为四相开关磁阻电动机，如此类推。开关磁阻电动机的不同组合结构方案如表 6.4 所示。

表 6.4 开关磁阻电动机结构方案

相数	3	4	5	6	7	8	9
定子极数	6	8	10	12	14	16	18
转子极数	4	6	8	10	12	14	16
进步角	30°	15°	9°	6°	4.28°	3.21°	2.5°

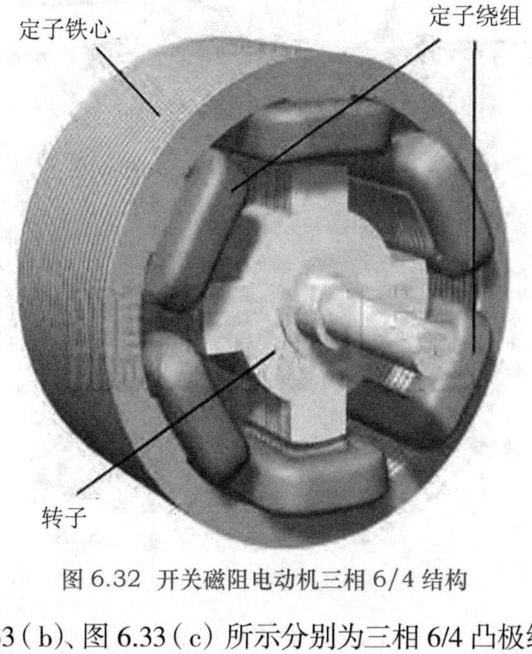

图 6.32 开关磁阻电动机三相 6/4 结构

图 6.33（a）、图 6.33（b）、图 6.33（c）所示分别为三相 6/4 凸极结构、四相 8/6 凸极结构和三相 12/8 凸极结构的开关磁阻电动机的带绕组的定子、转子结构剖面示意图。

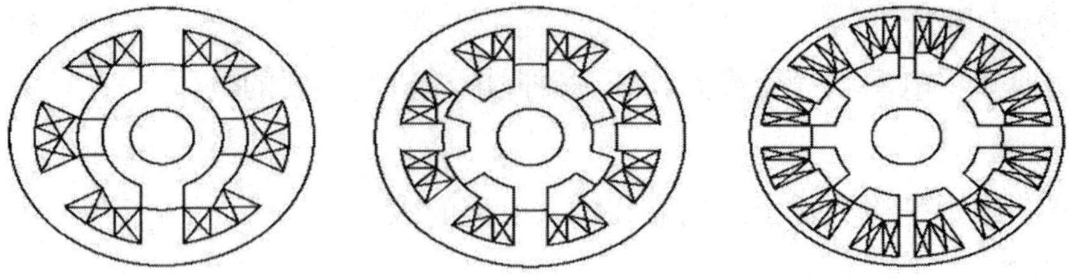

图 6.33 开关磁阻转子和定子凸极结构剖面示意图

(二) 开关磁阻电动机工作原理

以三相 6/4 凸极结构为例说明此类电动机的工作原理。图 6.34 所示给出了三相绕组分别两通时的情况，开关磁阻电动机的工作原理遵循磁阻最小的原则。

三相 6/4 极开关磁阻电动机定子绕组与转子工作原理如图 6.34 所示，控制器根据位置传感器检测到的定子与转子间相对位置的信息，结合给定的运行命令（正转、反转）导通相应定子相绕组的主开关元件。对应绕组中就有电流流过，并产生磁场。由于磁场总是趋于“磁阻最小”，因而电磁转矩使转子转向“极对极”位置。当转子转动被吸引的转子磁极与定子激磁相重合（平衡位置）时，电磁矩消失。此时控制器根据新的位置信息，在定子与转子即将达到平衡位置时，向功率变换器发出命令，关断当前相的主开关元件，而导通下一相，则转子又会向下一个平衡位置转动。

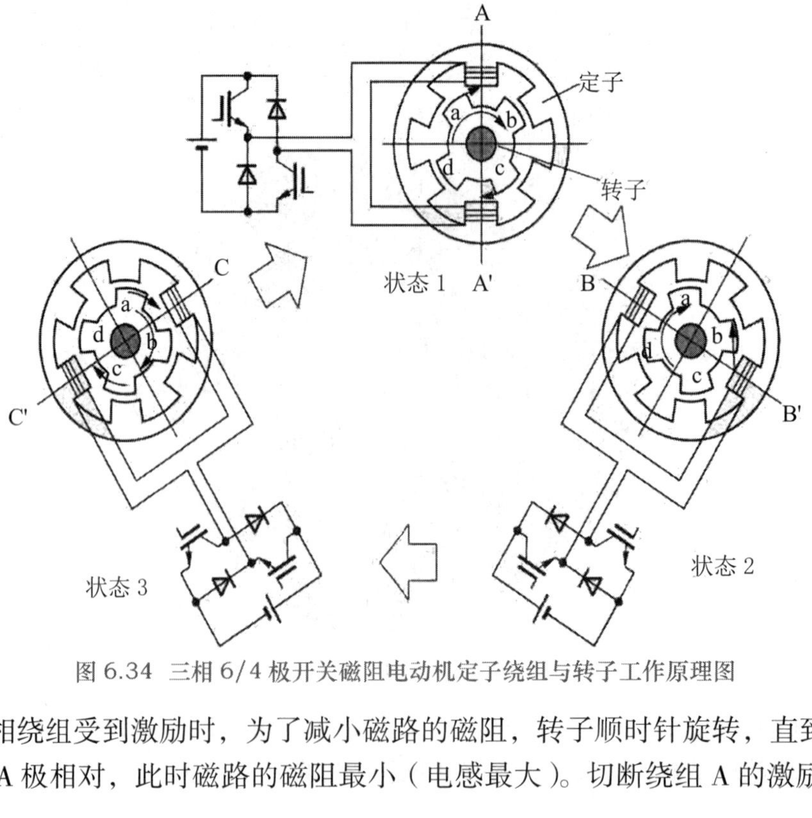

图 6.34 三相 6/4 极开关磁阻电动机定子绕组与转子工作原理图

当 A 相绕组受到激励时，为了减小磁路的磁阻，转子顺时针旋转，直到转子 a 极与定子的 A 极相对，此时磁路的磁阻最小（电感最大）。切断绕组 A 的激励，给绕组

B 施加激励，磁阻转矩使转子 b 极与定子 B 极相对。切断绕组 B 的激励，给绕组 C 施加激励，磁阻转矩使转子 c 极与定子 C 极相对。如果定子绕组按 A → B → C → A 的顺序导通，则转子沿顺时针方向连续旋转。反之，则沿逆时针方向旋转。

控制器根据相应位置信息按一定的控制逻辑连续导通和关断相应的定子绕组主开关，就可产生连续的同转向的电磁转矩，使转子在一定的转速下连续运转；再根据一定的控制策略控制各定子绕组的通、断电时刻，以及绕组的电流大小，就可使系统在最佳状态下运行。

由以上分析可以看出，电流的方向对转矩没有任何影响，电动机的转向与电流的方向无关，而只取决于定子绕组的通电顺序。若通电顺序改变，则电动机的转向与之也发生改变。为了保证电动机能连续旋转，位置检查器要能及时给出定子、转子极间的相对位置，使控制器能及时和准确地控制定子各相绕组的通断，以使 SRM 能产生所要求的转矩和转速，达到预期的性能要求。图 6.35 所示为三相 6/4 极 SRM 的驱动电路，IGBT1 ~ IGBT6 为与绕组相连的可控开关元件，6 个二极管为对应的续流二极管。当 A 相绕组的开关管导通时，电源给 A 相励磁，流通顺序为电源正极→上开关管 IGBT1 →绕组 A →下开关管 IGBT2 →电源负极。A 相绕组的电感处在电感上升区域内，转子转向极对极的位置。开关管关断时，由于绕组是一个电感，根据电工理论，电感的电流不允许突变，此时电流的续流回路（去磁阶段）流通顺序为绕组 A →上续流二极管 VD1 →电源→下续流二极管 VD2 →绕组 A，存储于电感的磁场储能一部分转化为电能回馈给电源，另一部分则转化为机械能输出。当电动机相绕组按 AA′、BB′、CC′ 的顺序导通时，转子沿顺时针连续旋转。

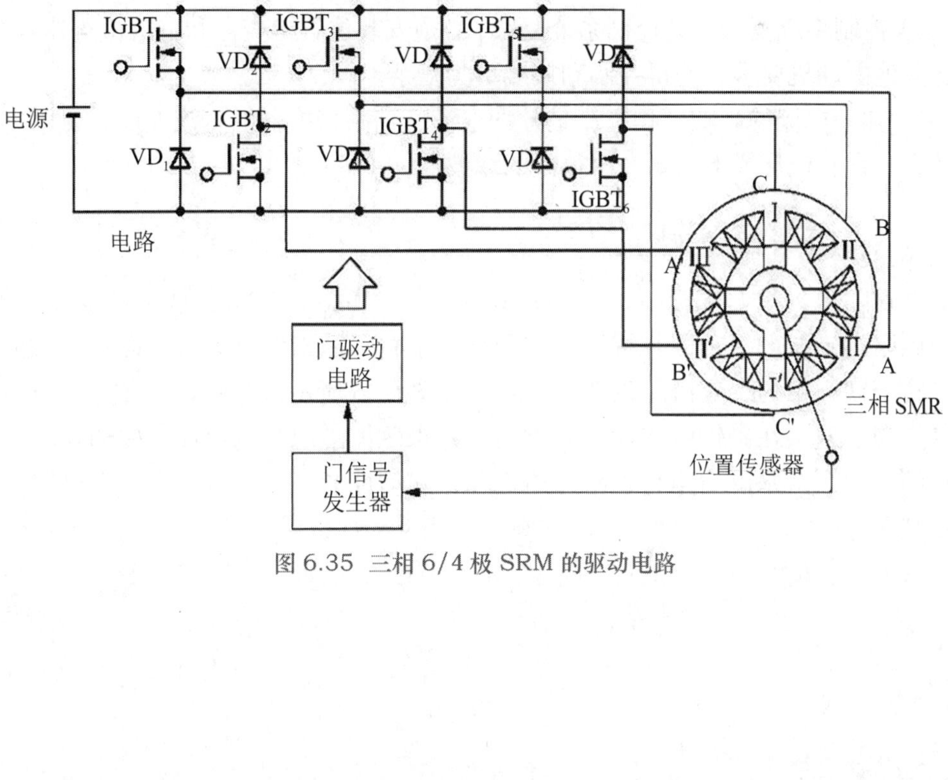

图 6.35　三相 6/4 极 SRM 的驱动电路

（三）开关磁阻电动机的特点

（1）电动机结构简单、成本低、适用于高速运转。转子上没有任何类型绕组，转子机械强度极高，可以用于超高速运转。

（2）功率电路简单可靠。它只需单方向绕组电流，故功率电路可以做到每相一个功率开关，既降低了成本又具有高的工作可靠性。

（3）各相独立工作，可靠性高。当一相绕组或控制器一相电路发生故障时，只需停止该相工作，电动机除总功率能力有所下降外，并无其他妨碍。

（4）起动电流小转矩大。试验表明，起动电流为 15%、30% 额定电流时获得的起动转矩可达额定转矩的 100%、150%；起动电流小转矩大的优点可以延伸到低速运行段，很适合电动车辆等需要重载起动和较长时间低速重载运行的机械。

（5）适用于频繁起动、停止和正、反向转换运行。

（6）可控参数多、调速性能好。控制开关磁阻电动机的主要运行参数有相开通角、相关断角、相电流幅值、相绕组电压等。

（7）损耗小、效率高。转子不存在绕组铜损，加上可控参数多，灵活方便，故易于在宽转速范围和不同负载下实现高效优化控制。

（8）易于回收利用。定子和转子使用的是硅钢片，回收利用容易。

（9）高温运转特性好。运转时转子不发热，冷却控制比较容易，可在高温下运行。

（10）转矩有脉动现象。磁场是跳跃性旋转的，输出的转速与转矩产生脉动现象。

（11）震动与噪声。转速与转矩有脉动，加上单边磁拉力的作用，使其产生的震动与噪声比其他类型的电动机要大。

（12）控制系统复杂。其控制系统复杂，必须安装位置检查器和电流检查器等总成，引线比其他电动机要多，使得控制和接线更为复杂。

（13）脉动电流的影响。相电流是脉冲电流，功率变换器的直流电流一侧的电流波动也较大，在直流母线上需要一个很大的滤波器。

三、永磁磁阻电动机

永磁磁阻电动机（Permanent Magnet Reluctance Motor，PRM）是一种同步电动机，也属于磁阻电动机的一种，其特征是转子采用永磁－磁阻混合方式，即将永磁的磁钢固定在转子铁心中的反应槽与磁障槽之间，如图 6.36 所示，其磁钢的磁力线方向与转子半径方向垂直，在磁钢旁均设有磁障槽，将永磁体磁通与电枢反应磁通隔开。这种电动机的总力矩为永磁力矩与磁阻力矩之和，起动性能好。永磁磁阻电动机转子总成如图 6.37 所示。

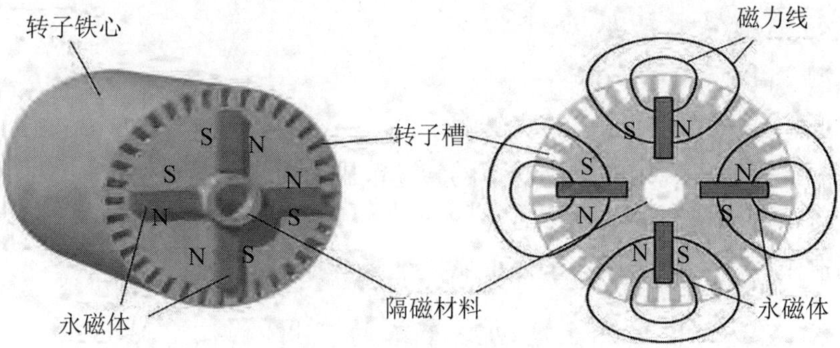

图 6.36　转子铁心与永磁体位置关系

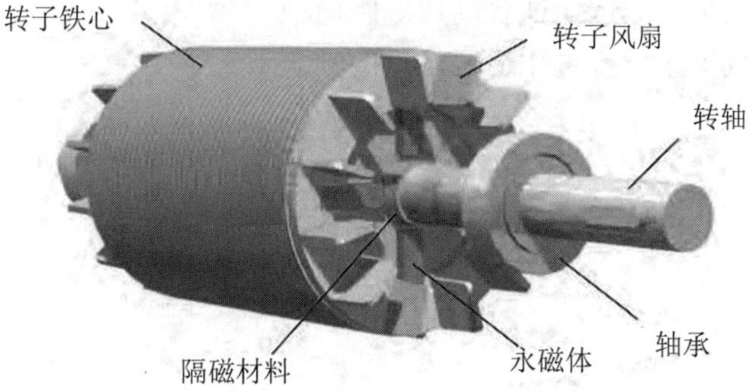

图 6.37　永磁磁阻电动机转子总成图

（一）永磁磁阻电动机构造

永磁磁阻电动机的基本构造如图 6.38 所示，主要由定子铁心、转子铁心、转子、永久磁铁、定子绕组等组成。可见永磁磁阻电动机实质是由永磁电动机和磁阻电动机复合而成的。为了产生大的磁阻转矩，把永久磁铁放入转子铁心的 V 型槽中。为了减小离心力的作用引起的应力集中，在设计转子铁心时，通常设计有桥形和凸起的部分，以提高转子铁心的机械强度，提高可靠性。

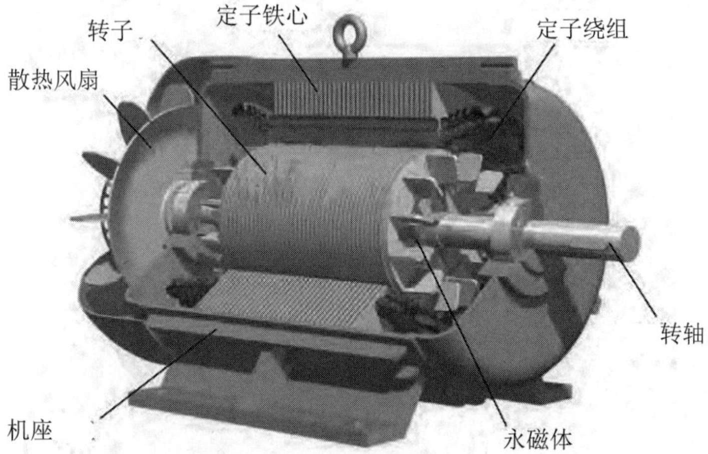

图 6.38　永磁磁阻电动机的构造

（二）永磁磁阻电动机的特点

（1）小型、高效率。

（2）在低速区域短时间产生最大转矩。

（3）在中、高速可使用的最高功率的转速范围宽。

（4）无负荷和小负荷的损失小。

（5）制造工序少、成本低、工作可靠、维修量少。

（三）永磁磁阻电动机在电动汽车中的应用

电动汽车用永磁磁阻电动机有两种主要形式：

（1）高功率乘用车，应选用适合高速的圆筒型。

（2）大转矩的载重车，应选用适合低速的圆盘型。

第七章 电动汽车整车控制系统

章节概述

近年来，新能源汽车以其零排放、结构简单、噪声小等优点受到了众多消费者的喜爱，这使得新能源汽车在技术研发和市场消费等方面迅速发展。而一辆新能源汽车能否稳定运行，受整车控制系统的影响很大。这是因为整车控制系统是新能源汽车的“神经中枢”，承担着能量与信息传递的任务。本项目将介绍整车控制系统的相关知识，使学生初步掌握整车控制系统的基础知识，为以后的学习打下良好的基础。

学习目标

掌握整车控制系统的组成。

掌握 CAN 总线的组成与工作原理。

掌握两种典型车型整车控制器的结构。

能够识别整车控制系统的各组成部分。能够完成 CAN 总线完整性的检查。

能够完成整车控制器的更换。

学习模范事迹，追求不断进取、精益求精的劳模精神。

领略科技前沿，增强民族自豪感和创新意识。

第一节 整车控制系统概述

整车控制系统是新能源汽车的神经中枢，负责各系统的数据交换、信息传递、整车状态监控、安全控制、故障诊断、驾驶员意图解析、动力电池能量管理等，对新能源汽车的动力性、经济性、安全性和舒适性等有很大影响。

一、整车控制系统的组成

从新能源汽车内部执行机构（如驱动电机、空调、动力电池等）的角度来看，整车控制系统由整车控制器（VCU）、其他控制单元（如电机控制器、空调控制单元等）、传感器和控制器局域网（Controller Area Network, CAN）总线组成。

从新能源汽车电气控制系统的角度来看，整车控制系统由低压电气控制系统、高压电气控制系统、整车网络控制系统三部分组成。

1. 低压电气控制系统

用于控制低压电气设备和电路，如低压蓄电池、刮水器、照明灯，以及低 压电气设备、整车控制器、高压电气设备的电路和电源等。

2. 高压电气控制系统

用于控制高压电气设备，如动力电池、驱动电机和 DC/DC 变换器等。

3. 整车网络控制系统

用于整车控制器与电机控制器、电池管理系统（Battery Management System, BMS）、空调控制单元等控制单元的通信与管理。整车控制器一般通过 CAN 总线与各子系统实现通信与管理。

二、整车控制系统的分层控制

整车控制系统通常采用分层控制，如图 7.1 所示。整车控制器作为第一层，负责总体控制、协调 各控制单元的工作及信息；其他控制单元作为第二层，包括电机控制器、电池管理系统、车载充电机、DC/DC 变换器、仪表控制单元、空调控制单元、转向控制单元、制动控制单元等。各控制单元的输入信 号由传感器负责采集并转换成电信号。整车控制器与各控制单元间通过 CAN 总线进行信息交互，共同合作实现整车功能控制。

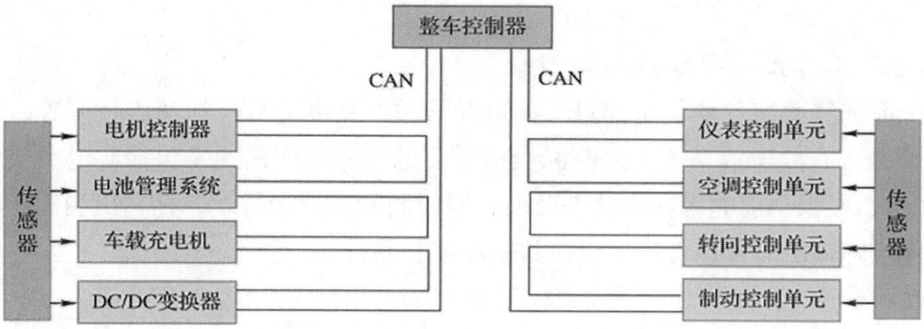

图 7.1　整车控制系统的分层控制

三、整车控制系统的功能

整车控制系统的功能包括驾驶员意图解析、整车状态监测与显示、整车工作模式判断与驱动控制、整车能量优化管理、整车通信网络管理、制动能量回收控制、故障诊断与处理、电动化辅助系统管理、远程控制等。

1. 驾驶员意图解析

整车控制系统可根据加速踏板位置信号和制动踏板信号等，解析驾驶员的驾驶意图（如加速、制动等）。具体来说，整车控制系统可根据相关计算规则，将驾驶员发出的加速踏板位置信号和制动踏板信号转化为驱动电机的转矩命令，并直接（或通过 CAN 总线）传送给电机控制器，控制电机控制器的输出功率，进而控制电机转速。

图 7.2　充电示意图

2. 整车状态监测与显示

整车控制系统能通过传感器和 CAN 总线对车辆的状态进行监测，并将各控制单元的状态信息和故障诊断信息发送给车载信息显示系统，使其通过组合仪表显示出来。显示内容包括车速，里程，驱动电机转速、温度，动力电池的电量、电压、电流，故障信息等。

3．整车工作模式判断与驱动控制

整车控制器通过各种状态信息（如启动开关、充电信号、加速踏板位置、当前车速和车辆是否有故障信息等）来判断当前需要的整车工作模式（包括充电模式和行驶模式），然后根据当前的参数和状态及前一段时间的参数和状态，核算出当前车辆的转矩和最终实际输出的合理转矩，以达到驱动控制的目的。

动动脑筋：

当驾驶员踩下加速踏板时，整车控制器向电机控制器发送驱动电机输出转矩信号，电机控制器控制驱动电机按照驾驶员的意图输出转矩。请大家想一想，当驾驶员踩下制动踏板时，整车控制系统该如何控制？

4．整车能量优化管理

整车控制系统能通过整车控制器控制用电设备（包括驱动电机、空调、制动设备、转向设备和冷却设备等）来对车辆的能量进行优化管理，从而提高车辆的续驶里程。例如，当动力电池电量较低时，整车控制器会发送控制指令关闭部分辅助设备（如音响、空调等），将电能优先供给车辆行驶使用并保证车辆的安全。

5．整车通信网络管理

整车控制器能对整车通信网络进行管理，并通过 CAN 总线协调驱动电机系统、空调系统、转向系统、制动系统和冷却系统等系统间的通信，具体包括信息的组织与传输、网络状态的监控、网络节点的管理、信息优先权的动态分配、网络故障诊断与处理等。

6．制动能量回收控制

整车控制系统能对制动能量进行回收利用。它能对车辆行驶速度、驾驶员制动意图和动力电池系统的状态进行综合判断，并控制驱动电机回收制动能量。制动能量回收的具体过程为：当新能源汽车达到制动能量的回收条件时，整车控制器将向电机控制器发送指令，使驱动电机处于再生制动状态，让部分制动能量储存在动力电池中，以提高整车能量的利用效率。

知识角：

再生制动（regenerative braking）又称反馈制动，是一种使用在新能源汽车上的制动技术。为了节约能源，在制动时，把车辆的动能转化为电能并储存起来，而不是变成无用的热量释放出去。

7．故障诊断与处理

整车控制系统能实时监控车辆电控系统，并对其进行故障诊断和相应安全保护处理。另外，整车控制系统还能根据传感器的输入信息及 CAN 总线的通信信息，对各种故障进行诊断、等级分类、报警显示、故障码存储等。对于不太严重的故障，整车控制系统还能让新能源汽车做到“跛行回家”。

8. 电动化辅助系统管理

电动化辅助系统包括电动空调系统、电动控制系统、电动助力转向系统、辅助动力电池加热系统等。整车控制系统将根据动力电池状态，对电动化辅助系统进行管理。

9. 远程控制

整车控制系统能使新能源汽车实现远程控制，包括远程信息查询、远程充电控制、远程空调控制等。例如，人们可以通过应用程序实时查询整车状态（动力电池电量值、续驶里程、空调状态、动力电池温度等）；人们可以在离车较远的情况下，提前打开车内空调，调节车内温度。另外，汽车厂也可以通过远程控制功能收集车辆常见故障信息，为后续的开发工作节约成本。

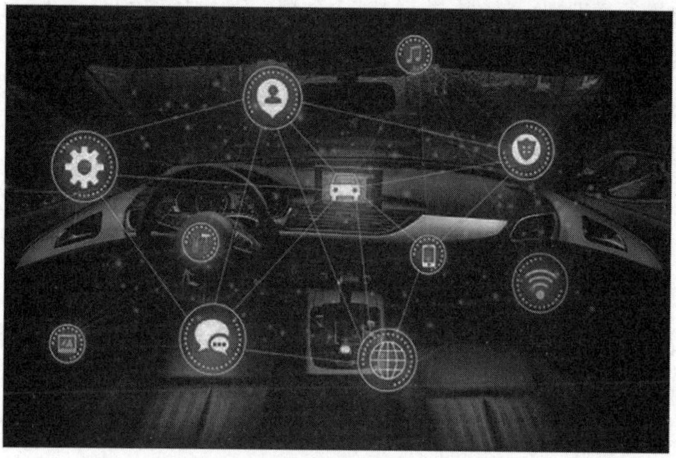

图 7.3 电动车控制系统

四、典型新能源汽车的整车控制系统

（一）吉利帝豪 EV450 新能源汽车的整车控制系统

吉利帝豪 EV450 新能源汽车的整车控制系统，按各部分功能进行内部划分，可分为动力电池系统、充电系统、驱动电机系统、电动助力转向系统等。

1. 动力电池系统

吉利帝豪 EV450 新能源汽车的动力电池系统由动力电池和电池管理系统（BMS）组成。

动力电池（见图 7.4）安装在车体下部，其组成部件包括电池单体、电池监控单元（Cell Sensor Cireuit，CSC）采集系统、电池管理单元（Bttery Management Unit，BMU）、电池高压分配单元（B-BOX）等。电池单体采用三元锂电池，以钴酸锂、锰酸锂或镍酸锂等化合物为正极，以可嵌入锂离子的碳材料为负极，使用有机电解质。

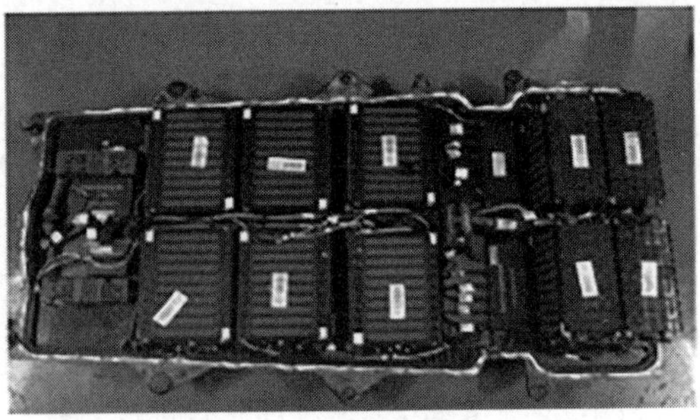

图 7.4 动力电池

电池管理系统（BMS）能够对动力电池的总电压、总电流、每个测点温度和电池单体的电压参数进行实时监控，并进行故障诊断、动力电池的荷电状态计算、短路保护、漏电监测、报警显示、充放电模式选择等。BMS 还可以将动力电池的相关参数报送给整车控制器，由整车控制器控制动力电池的充电和放电功率。

2. 充电系统

吉利帝豪 EV450 新能源汽车的充电系统具有快充、慢充、低压充电、制动能量回收四项功能。

（1）快充功能。

实现快充功能所需的部件包括直流充电设备、直流充电接口（又称快充接口）、动力电池、高压线束等。当直流充电设备接口连上直流充电接口时，直流充电设备将发送充电唤醒信号给 BMS，BMS 会根据动力电池的可充电功率，向直流充电设备发送充电电流指令。同时，BMS 会吸合高压正极继电器和高压负极继电器，使动力电池开始充电。快充能量传递路线如图 7.5 所示。

图 7.5 快充能量传递路线

（2）慢充功能。

实现慢充功能所需的部件包括交流充电接口（又称慢充接口）、高压线束、交流充电插座、交流充电插头、动力电池、车载充电机等。当车辆处于慢充模式下，车载充电机检测交流充电接口的 CC（Connection Confirm）、CP（Control Pilot）信号（充电枪插入、导通信号）并唤醒 BMS，BMS 唤醒车载充电机并发送充电指令，同时闭合主继电器，使动力电池开始充电。慢充能量传递路线如图 7.6 所示。

图 7.6　慢充能量传递路线

（3）低压充电功能。

实现低压充电功能所需的部件包括 12 V 铅酸蓄电池、电机控制器、车载充电机、低压线束、高压线束、动力电池等。高压上电前，低压电路系统依赖 12 V 铅酸蓄电池供电。高压上电后，电机控制器将高压直流电转换成低压直流电，并为 12 V 铅酸蓄电池充电。低压充电能量传递路线如图 7.7 所示

图 7.7　低压充电能量传递路线

（4）制动能量回收功能。

实现制动能量回收功能所需的部件包括制动开关、动力电池、驱动电机、车载充电机、电机控制器、整车控制器、高压线束等。制动能量回收是在车辆滑行或制动过程中，驱动电机从驱动状态转变成发电状态，将车辆的动能转换为电能储存在动力电池中。在车辆滑行或制动时，整车控制器根据当前动力电池状态和制动踏板信号，计算能量回收转矩并给电机控制器发送指令，启动能量回收。制动能量回收的能量传递路线如图 7.8 所示，它与能量消耗相反。

图 7.8　制动能量回收的能量传递路线

3．驱动电机系统

驱动电机系统是新能源汽车的“心脏”，其任务是在驾驶员的控制下，高效率地将动力电池的电能转化为车轮的动能，并将车轮的动能信息反馈到动力电池中。驱动电

机系统主要由驱动电机和电机控制器组成。

驱动电机由旋转磁场和定子线圈共同作用产生转矩。与传统汽油机不同，驱动电机没有怠速，即使车辆处于由静止到起步的临界状态，驱动电机也可产生最大驱动转矩，可保证车辆具有较大的加速度。吉利帝豪 EV450 新能源汽车的驱动电机采用永磁同步电机，如图 7.9 所示。

图 7.9 吉利帝豪 EV450 新能源汽车的驱动电机

电机控制器安装在前舱内，能控制动力电池与驱动电机之间的能量传输，同时能采集驱动电机位置信号和三相电流检测信号，精确地控制驱动电机运行。因此，电机控制器能将动力电池中的直流电转换为交流电。另外，由于电机控制器内部集成有 DC/DC 变换器，电机控制器也可将动力电池的高压电转换成低压电，以给整车低压系统供电。此外，在车辆滑行或制动时，电机控制器能将车轮旋转的动能转换为电能，使驱动电机作为发电机使用。

知识角：

怠速是汽车的一种工作状态，指发动机在空挡情况下运转。

4. 电动助力转向系统

电动助力转向（Electricpower Steering，EPS）系统是一种直接依靠转向电机提供辅助转矩的动力转向系统。与传统的液压助力转向（Hydraulic Power Steering，HPS）系统相比，EPS 系统既节省能量，又保护环境，还具有调整简单、装配灵活，以及在多种状况下都能提供转向助力的特点。

吉利帝豪 EV450 新能源汽车的 EPS 系统主要由转向电机、中间轴、机械转向器、时钟弹簧、转角传感器，EPS 控制器等组成。EPS 控制器将根据转角传感器采集的信号控制转向电机，从而实现车辆转向。

（二）比亚迪 e5 新能源汽车的整车控制系统

比亚迪 e5 新能源汽车的整车控制系统，其特点是没有整车控制器，控制功能主要由网关控制器、双向交流逆变式电机控制器（VTOG）、电池管理系统（BMS，由电池管理控制器和电池信息采集器等组成)、电池热管理控制器和主控制器等共同实现。该整车控制系统没有明显的分层，大多数任务在各控制单元所属的控制子网内完成。相对于一般的新能源汽车，虽然比亚迪 e5 新能源汽车整车控制系统的控制实时性有所加强，但是该系统对各控制子网之间的数据交换要求更高。

1. 网关控制器

比亚迪 e5 新能源汽车的网关控制器用于整车网络化控制系统的管理，它不仅能实现动力网和舒适网间的数据交换，还能对诊断数据进行监控，并将诊断数据传送到车身导线上，以便车辆测量和诊断仪器处理这些诊断数据。另外，网关控制器还能进行网络状态监测与统计、错误处理、休眠唤醒等。

2. 双向交流逆变式电机控制器

双向交流逆变式电机控制器的主要功能有驱动控制、充电控制等。

(1)驱动控制。

双向交流逆变式电机控制器的驱动控制功能包括加速、制动、挡位等信号采集，驱动电机正向、反向驱动控制，输出电压、电流、功率、转矩控制，电压跌落、过电流、过温、IPM 过温等保护，电控系统防盗、制动能量回收控制，主动泄放和被动泄放控制等。

知识角：

IPM(Inelligent Power Module)即智能功率模块，包括功率开关器件(IGBT)和驱动电路，以及过电压、过电流、过温故障检测电路等。

(2)充电控制。

双向交流逆变式电机控制器的充电控制功能包括：交、直流转换，双向充、放电控制；自动识别单相、三相相序，并根据充电电流控制充电方式；根据充电设备识别充电功率；根据车辆或其他设备的请求信号控制车辆对外放电；在电网断电又恢复供电时继续充电。

3. 电池管理系统

比亚迪 e5 新能源汽车采用分布式电池管理系统，它由一个电池管理控制器(BMC)、13 个电池信息采集器(BIC)及一套动力电池采样线组成。

电池管理系统的主要功能有：接收动力电池信息采集单元传来的各电池单体的状态，确定整个动力电池系统的状态，并根据它们的状态对动力电池系统进行相应的控制调整和策略实施，实现对动力电池系统及各电池单体的充放电管理，接收充电接口传来的充电信息；接收通过 CAN 总线传来的启动开关、制动踏板等信息：控制高压系统各接触器工作。

4. 电池热管理控制器

电池热管理控制器安装在前舱内，如图 7.10 所示。其主要功能为接收动力电池冷却液水温信号，控制动力电池冷却水泵工作，并与空调控制单元协同控制空调制冷系统，以给动力电池冷却液降温。

图 7.10 电池热管理控制器

5. 主控制器

比亚迪 e5 新能源汽车主控制器位于中控台的下方，直接控制电动真空泵和冷却风扇。主控制器通过分析水温传感器的检测结果，并且参考空调请求状态，对冷却风扇进行控制，以确保各系统在正常温度下工作。

第二节　网络控制系统介绍

新能源汽车网络控制系统是通过某种车用通信协议，将车辆内部的各控制单元、传感器、执行机构连接起来，从而形成的车辆内部局域网络控制系统。

一、车用通信协议类型

车用通信协议通常可划分为四类，包括 A 类总线、B 类总线、C 类总线、D 类总线。

1.A 类总线

A 类总线是面向传感器和执行机构的低速网络，其中以本地互联网（Local Interconnct Network, LIN）最具代表性，其数据传输速率通常小于 10 kbit/s。A 类总线主要用于电动车窗、座椅调节器、灯光照明等控制。

2.B 类总线

B 类总线是面向独立控制模块间信息共享的中速网络，其数据传输速率通常在 10~125 kbit/s。B 类总线以控制器局域网络（Controller Area Network，CAN）最为著名，主要应用于车辆信息的传送，如汽车速度监测、故障诊断、仪表显示等信息的传送。

图 7.11　智能车载系统

3.C 类总线

C 类总线是面向高速、实时闭环控制的多路传输网络，其数据传输速率通常为 125~1 000 kbit/s。C 类总线主要用于车上实时控制系统之间数据的传输。

视野拓展：

不同国家应用的 C 类总线也不同。英国、德国等欧洲国家的汽车厂商大多使用“高速 CAN”作为 C 类总线；美国则在载货汽车及拖车、客车、农业动力机械中广泛使用专门的通信协议 J1939，即使用基于高速 CAN 的车用高层协议作为 C 类总线。

4.D 类总线

D 类总线是面向多媒体设备、高速数据流传输的高性能网络，其数据传输速率一般在 2 Mbit/s 以上。D 类总线主要用于影音娱乐信息系统、多媒体系统，它不但可用于车载收音机、车载电话等传统设备，还可用于基于数字化音像与宽带网络的车载计算机、全球定位系统（GPS）、语音识别及指令系统。因此，D 类总线的宽带范围相当大，可划分为 IDB_C 低速网络、IDB-M 高速网络、IDB-wireless 无线通信网络。

二、CAN 总线

CAN 是国际标准化的串行通信协议，它的高性能已被广泛认同，是当今自动化领域技术发展的热点之一，被誉为自动化领域的计算机局域网。CAN 总线被广泛应用于汽车、工业自动化、船舶、医疗设备、工业设备等领域。

应用于汽车上的 CAN 总线，其作用是将新能源汽车中不同的控制器连接起来，实现信息的可靠共享，并减少新能源汽车线束数量。

（一）CAN 总线的组成

CAN 总线由 CAN 控制器、CAN 收发器、终端电阻、传输数据线（CAN-H、CAN-L）等组成，如图 7.12 所示。

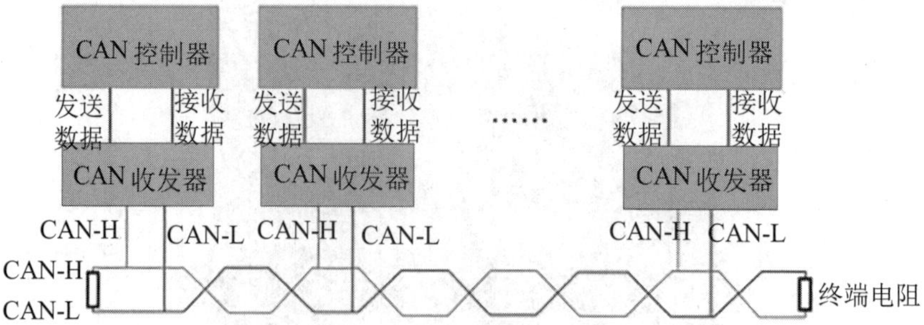

图 7.12 CAN 总线的组成

1.CAN 控制器

CAN 控制器主要用来接收、处理微处理器传来的信息，并将处理后的信息传给 CAN 收发器，同时 CAN 控制器也接收、处理 CAN 收发器传来的信息，并将处理后的信息传给各控制单元的微处理器。

2.CAN 收发器

CAN 收发器主要用来接收 CAN 控制器送来的信息，并将其发送到 CAN 数据传输总线上，同时，CAN 收发器也接收 CAN 数据传输总线上的信息，并将其传给 CAN 控制器。

3. 终端电阻

终端电阻通常安装在控制单元内，它能防止数据在到达线路终端后像回声一样返回并干扰原始数据，从而保证了数据的正确传送。

4. 传输数据线

传输数据线是两条双向数据线，分别为 CAN–H（高位）和 CAN–L（低位）数据线，主要作用是进行网络数据传输。为防止向外辐射和外界电磁波干扰，两条数据线通常缠绕在一起，并且至少每 2.5 cm 就要扭绞一次。此外，两条数据线上的电位是相反的，其电压的和总等于常值。

（二）CAN 总线的工作原理

CAN 总线在发送数据时就像在开电话会议，每个节点都能接收信息，所有节点都处于相同的信息状态。当某个控制单元发出一条信息后，CAN 总线会将其传输给网络上的各控制单元，而这些控制单元会有选择地接收。

CAN 总线中传输的数据为二进制的数字信息，每条信息的格式都是相同的，由开始域、状态域、空位、检查域、数据域、安全域、确认域和结束域八部分组成。不同控制单元发送到 CAN 总线上的信息需要通过状态域的数值来区分优先权，优先权高的先发送。而同一控制单元发出的信息优先权也不完全相同，重要的信息优先权更高。

灵犀一点：

图 7.13 所示为车载储能系统。

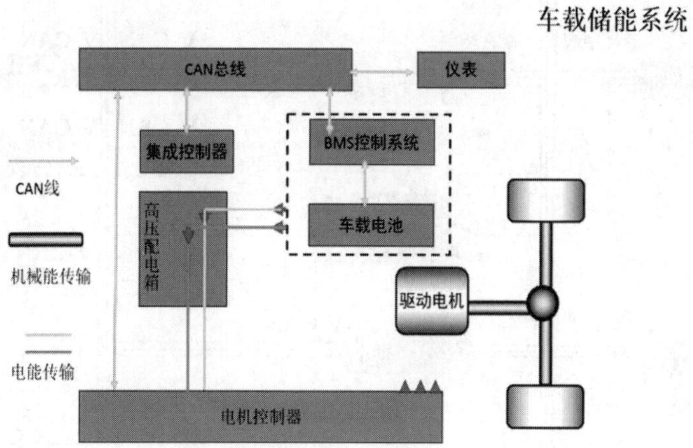

图 7.13 车载储能系统

CAN 总线包括节点、ID、报文和仲裁四部分内容。正如前文所说，如果将 CAN 总线发送数据的状态比作“开电话会议”，那么节点就相当于“参会人员”，ID 相当于“参会人员身份”，报文相当于“会议议题”，仲裁相当于“参会人员发言顺序裁定”。

三、典型新能源汽车的网络控制系统

（一）吉利帝豪 EV450 新能源汽车的网络控制系统

吉利帝豪 EV450 新能源汽车的网络控制系统主要采用 CAN 总线、LIN 总线两种通信方式。这两种通信方式的运用减少了控制电路导线的数量，极大地降低了线束的重量，减少了控制装置插头芯针的数量，提高了系统的可靠性和耐用性。

1.CAN 总线

在吉利帝豪 EV450 新能源汽车中，CAN 总线是微控制器通信总线在各控制单元之间交换信息，进而形成汽车电子控制网络。吉利帝豪 EV450 新能源汽车有两路 CAN 总线，分别为 P-CAN 总线和 V-CAN 总线。P-CAN 总线可让整车控制器分别与电子换挡器、BMS、电机控制器等部件实现通信，V-CAN 总线可让整车控制器分别与组合仪表、电子稳定控制系统（ESC）、EPS 等部件实现通信。此外，诊断接口、远程控制器可同时连接 P-CAN 总线和 V-CAN 总线。吉利帝豪 EV450 新能源汽车的 CAN 总线结构如图 7.14 所示。

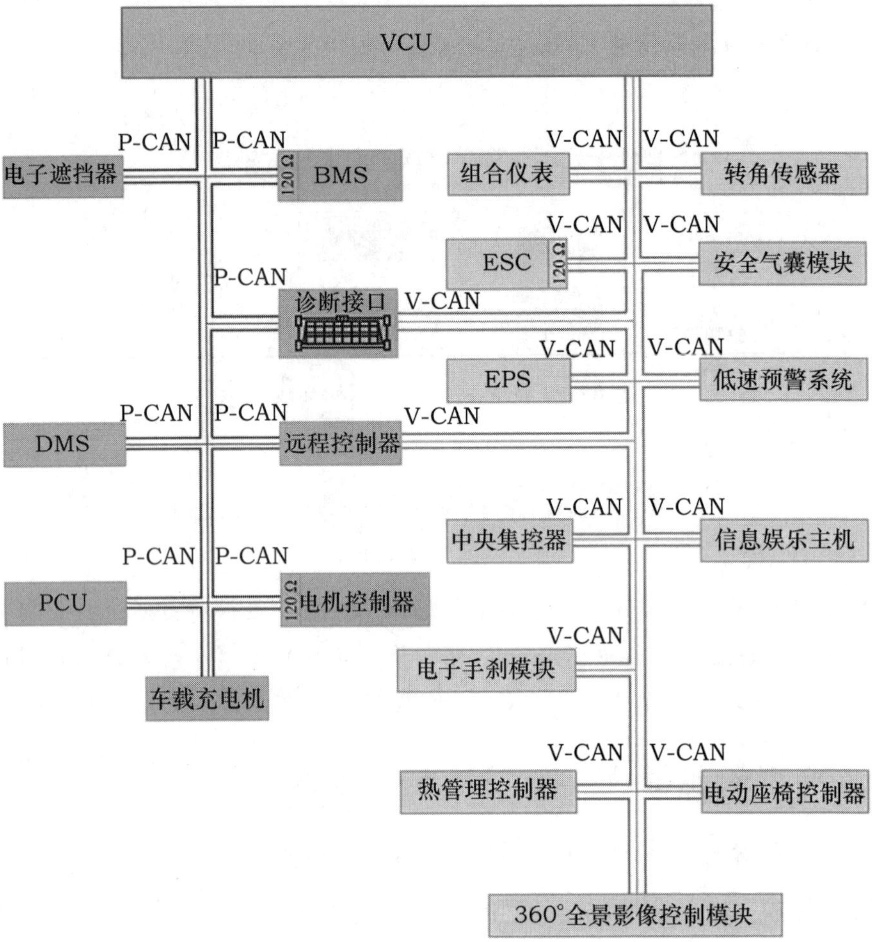

DMS—配电管理系统；PCU—动力控制单元

图 7.14 吉利帝豪 EV450 新能源汽车的 CAN 总线结构

知识链接：

诊断接口（DLC）用来连接故障诊断仪，以实现故障诊断仪与车辆的通信。

2.LIN 总线

LIN 总线是用于汽车分布式电控系统的一种新型低成本串行通信系统。在吉利帝豪 EV450 新能源汽车中，LIN 总线主要用于智能传感器和执行机构的串行通信。其中，中央集控器使用 LIN 总线与启动开关、电子转向锁中的防盗基站进行数据通信，以验证遥控钥匙的有效性，中央集控器使用 LIN 总线与车门的防夹电机进行数据通信；空调控制面板（ACCM）使用 LIN 总线与 PTC 加热器（PTC 即正温度系数热敏材料）、水泵控制器等进行数据通信。吉利帝豪 EV450 新能源汽车的 LIN 总线结构如图 7.15 所示。

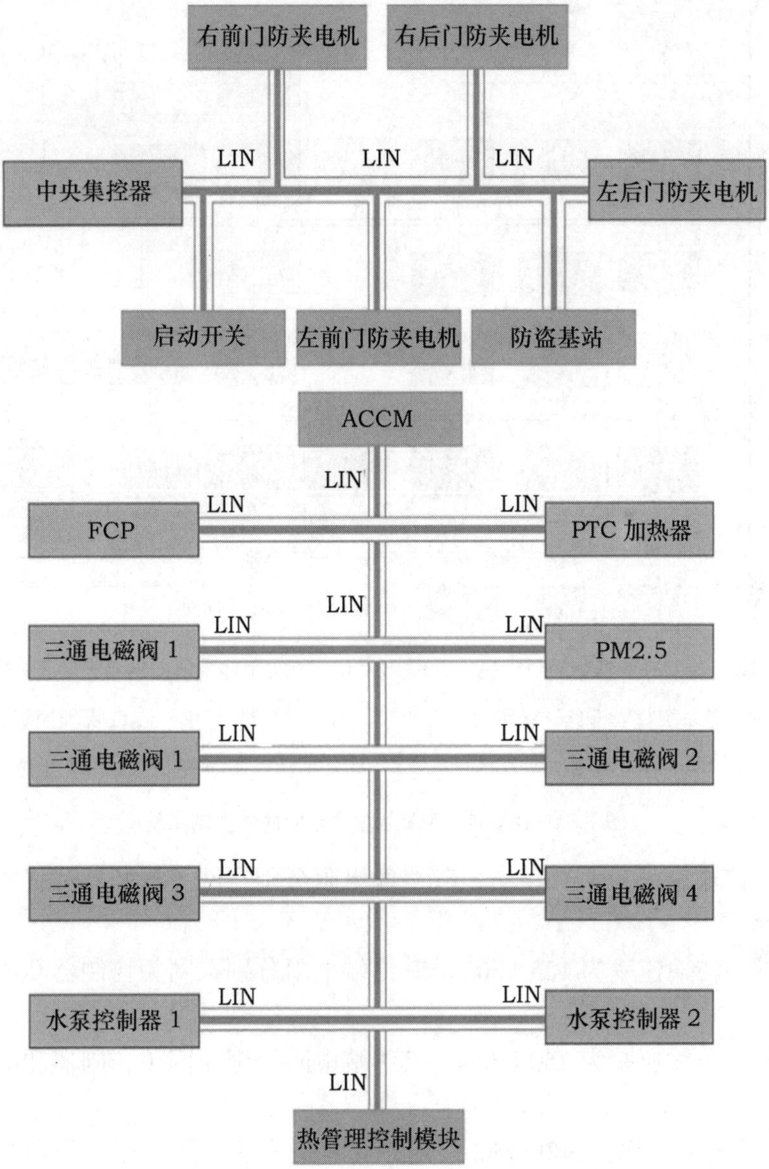

图 7.15 吉利帝豪 EV450 新能源汽车的 LIN 总线结构

（二）比亚迪 e5 新能源汽车的网络控制系统

比亚迪 e5 新能源汽车的网络控制系统同样采用了 CAN 总线，分为启动网、舒适网、动力网和 ESC 网（电子稳定控制系统网），如图 7.16 所示。

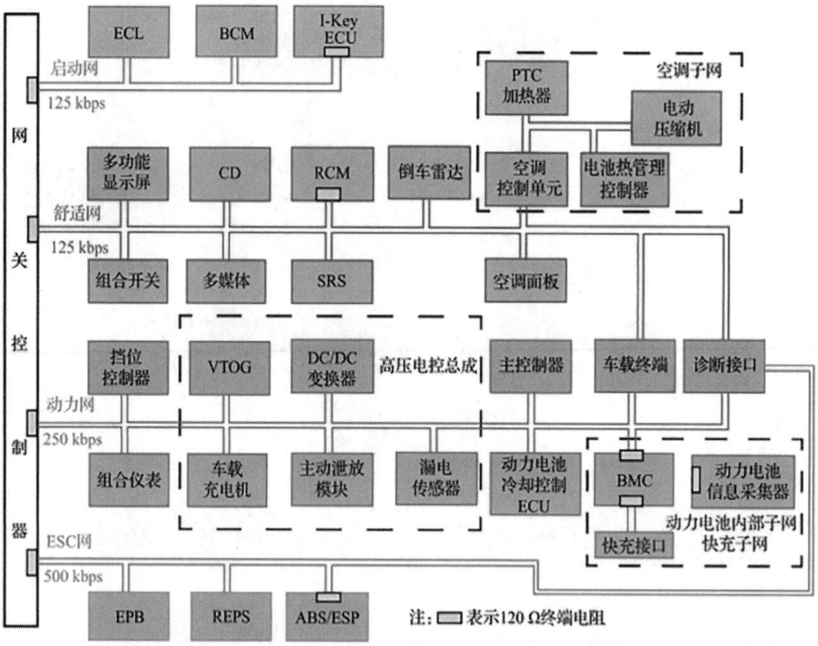

ECL—电子控制线；BCM—车身控制模块；I-KeyECU—智能钥匙模块控制单元；RCM—继电器控制模块；SR—安全气囊系统；VTOG—双向交流逆变式；电机控制器 BMC—电池管理控制器；EPB—电子驻车控制单元 REPS—齿条式电动助力转向系统；ABS/ESP—制动防抱死系统 / 车身电子稳定系统

图 7.16 比亚迪 c5 新能源汽车的网络控制系统

启动网：传输速率为 125 kbit/s，其终端电阻分别在网关控制器和智能钥匙模块控制单元中。

母舒适网：传输速率为 125 kbit/s，其终端电阻分别在网关控制器和继电器控制模块中。

母动力网：传输速率为 250 kbit/s，其终端电阻分别在网关控制器和电池管理控制器中。

GESC 网：传输速率为 500 kbit/s，其终端电阻分别在网关控制器和车身电子稳定系统中。

此外，比亚迪 e5 新能源汽车的网络还包括空调子网、动力电池内部子网、快充子网等。其中，空调子网的终端电阻分别在空调控制单元和电动压缩机中，动力电池内部子网的终端电阻分别在电池管理控制器（BMC）和动力电池信息采集器中，快充子网的终端电阻分别在电池管理系统和快充桩中。

第三节　整车控制器

整车控制器（vehicle control unit，VCU）即动力总成控制器，是新能源汽车的核心控制部件，它必须具有高可靠性以及良好的容错性、电磁兼容性和环境适应性，以保障新能源汽车的安全、稳定运行。

整车控制器能采集加速踏板位置信号、制动踏板信号及其他部件信号并进行相应判断，控制下层各部件控制单元动作，进而实现相应功能。同时，整车控制器还能通过 CAN 总线对整车运行状态进行管理和调度。

一、整车控制器的组成

整车控制器的硬件包括微处理器、电源管理模块、电源保护模块、功率驱动模块、信号采集模块、CAN 通信模块等，如图 7.17 所示。

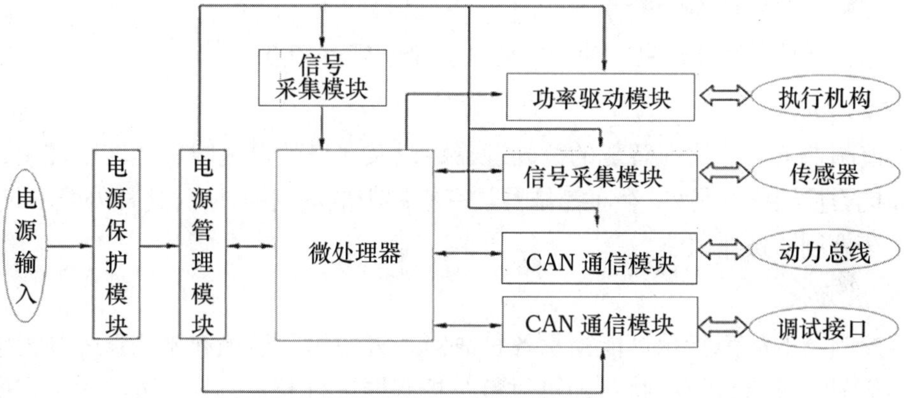

图 7.17　整车控制器的硬件结构

1. 微处理器

微处理器是整车控制器的核心部分，主要负责外部输入信号的采集和处理、控制指令的输出等。微处理器包含复位电路、晶振电路和程序开发接口等。

视野拓展：

晶振即晶体振荡器，是指在集成电路中添加电感和电容组成振荡电路的晶体元件。

2. 电源管理模块

电源管理模块可用来实现电压转换，它能将动力电池的高压电转换为低压电，并将低电压提供给微处理器、CAN 通信模块，以及需要整车控制器提供电能的传感器等。

3. 电源保护模块

电源保护模块位于每个芯片的电源输入管脚处。它能减小电源电压扰动对整个电路的影响，从而在输入电源电能时保护整个电路。

4. 功率驱动模块

功率驱动模块主要在执行机构的控制电路中使用，它能放大整车控制器发出的动作控制指令，达到驱动执行机构动作的目的。功率驱动模块在各控制单元中均属于执行控制元件。

5. 信号采集模块

信号采集模块能对输入的信号进行滤波、限流、分压处理，从而保证输入到微处理器的信号在微处理器 I/O 管脚的输入范围内。

6.CAN 通信模块

CAN 通信模块负责整车控制器与网络控制系统高速 CAN 的信息发送与接收。但是，CAN 通信模块作为 CAN 总线的终端节点时，应添加终端电阻，以防 CAN 总线出现通信故障（如抗干扰能力和可靠性的降低、通信丢帧、无法通信等情况）。

二、整车控制器的特点

整车控制器具有性能优良、使用方便、安全性好等特点。

1. 性能优良

整车控制器具有强大、智能的微处理器，以及严格的电流限制和转矩控制，其抗干扰性和抗震性很强。另外，整车控制器具有铝制带散热刺的外壳，这种外壳不仅美观，还能使整车控制器快速散热。

2. 使用方便

整车控制器的故障指示灯能指示各种故障，方便用户检测和维护。另外，整车控制器安装简易，连接计算机接口即可对整车控制器进行配置，且配置程序可在所有的 Windows 版本上运行

3. 安全性好

整车控制器的安全性好表现在以下几个方面：

（1）整车控制器具有动力电池保护功能。

当动力电池电压较低时，整车控制器会及时报警并使动力电池电流衰减，当动力电池电压过低时，整车控制器将停止动力电池输出，以保护动力电池。

（2）整车控制器具有过温保护功能。

当温度过高或过低时，整车控制器会自动使自己和动力电池的电流衰减，以保护自己和动力电池。

（3）整车控制器具有自动限速功能。

例如，在倒车时，整车控制器会控制车辆速度为全速的一半，以确保安全。

（4）整车控制器具有油门保护功能。

当打开启动开关时，整车控制器将检测油门信号，如果检测到信号较高将不输出行驶信号，以确保安全。

三、整车控制器的发展

我国整车控制器技术经历了传统控制器改造阶段、整车控制器专用化阶段、整车控制器通用化阶段三个阶段。

1. 传统控制器改造阶段

2010 年至 2013 年，在国内新能源汽车开发刚起步时，我国出现了第一代量产型整车控制器产品。当时的技术主要来源于传统汽车的电控技术，且设计方法、电路、软件、标准等都来源于发动机控制器及车身控制器等传统技术。

2. 整车控制器专用化阶段

2013 年至 2018 年，国内新能源市场迅速成长，整车控制器的开发已形成一套专业方法，市场上出现了成熟的专用产品。硬件方面设计变化并不大，软件方面形成了基于模型自动代码的开发方式，引入了开发流程、专用集成工具等。

3. 整车控制器通用化阶段

2018 年至今，整车控制器进入了高速发展阶段，为整车控制器的高实时性需求、复杂应用和算法提供了强有力的保障。最引人注目的是汽车电子功能安全标准（ISO26262）的引入，这极大地加速了整车控制器通用化的脚步。

4. 展望未来

汽车的未来发展趋势是智能化（甚至是软件定义汽车），其将通过域控制器技术来实现。域控制器技术将汽车电子各部分功能划分成几个功能域，如动力域、传动域、传统车身电子域、智能辅助驾驶域、安全域等，利用域内唯一的、处理能力强大的多核 CPU/GPU 芯片，对控制域内原本归属各控制单元的大部分功能进行综合监控。

第八章　新能源汽车维护保养

章节概述

保持车辆技术状况良好，提高使用寿命，确保行车安全，充分发挥汽车使用效能，并将运行消耗降至最低，从而取得良好的经济效益、社会效益和环境效益，这就是汽车维护的意义所在。新能源汽车与传统汽车在维护上具有许多共性的地方，譬如在底盘方面，特别是基于传统燃油汽车平台开发的纯电动汽车；但是控制系统方面就有许多不同，特别是在高压控制系统维护方面，有许多特殊的作业需要去完成。

学习目标

- 了解新能源汽车维护保养的类别、周期与内容。
- 熟悉新能源汽车 VIN 码的相关知识。
- 掌握新能源汽车维护保养前高压安全防护作业的流程。
- 掌握新能源汽车维护中常用运行材料的选用。

第一节　概　述

一、车辆维护保养的意义

与传统汽车基本一样，新能源汽车的日常保养工作很简单，归纳起来就是：清洁、紧固、检查、补充。

保持车辆干净、整洁，防止水和灰尘腐蚀车身及零件。在车辆行驶一定里程后，要对车辆各部件连接处的螺栓进行检查、调整，发现有松动的地方要按要求及时拧紧，消除事故隐患，保证行车安全。润滑包括对各运动部件的润滑，是保证车辆各运动部件正常运转、减小运转阻力，降低温度、减少磨损的重要手段。

定期保养主要以检查和调整为主，对制动、转向、传动、悬架等系统的定期检查是每一类型的保养都会提供的，这样可以拥有安全的驾驶环境。新能源纯电动汽车需要对特有的高压系统进行相应检查，譬如对高压线缆外观的检查、插接头连接是否松动的检查，对车载充电机、高压控制盒、DC/DC 变换器、电机控制器、驱动电机、动力电池、空调压缩机、PTC 等高压器件外观的检查，绝缘性能的测试；还需要对各个模块如整车控制模块（VCU）、动力电池管理模块（BMS）等进行相应的升级；等，总之，通过定期检查和保养，可以及时发现和解决存在的隐患及故障，避免更大故障的发生。

二、车辆维护保养的内容

新能源纯电动汽车的维护保养有和传统汽车相同的地方，也有一些维护保养项目和内容在传统汽车中是没有的，具体如下。

（一）检查

（1）外观检查。检查全车漆面、前后风窗、左右车窗、前后车灯表面等是否完好；检查确认车顶装饰条粘贴良好无损坏，车门、舱盖、灯具安装各处缝隙均匀，过渡无明显阶差。除此之外，还要检查充电口开启开关是否正常，充电口盖是否能够正常开启。图 8.1 所示为新款北汽 EV200 的外观。

图 8.1 新款北汽 EV200 的外观

（2）内饰检查。检查确保门内侧、门框、转向盘、仪表台、变速杆、中央扶手箱、座椅、地毯、车顶内饰等安装可靠，无划伤，无脏污，车内无杂物、无缺件、无漏装，如图 8.2 所示。

图 8.2 车辆内饰

（3）充电主要功能检查。先连接慢充线，检查慢充过程，仪表上应出现充电指示灯，中控台屏幕显示充电画面；再连接快充线检查，仪表上也应出现充电指示灯，中控台屏幕显示充电画面，如图 8.3 所示。

图 8.3 车辆充电功能检查

（4）诊断仪测试检查。连接诊断仪，读取车辆故障码。如有故障码，应先清除故障码，再起动车辆，重新读取故障码，如故障码不再出现，说明刚才读出的故障码是随机出现的；如故障码再次出现，则需要进一步维修，最终交给客户的应是一辆没有故障的车。

此外，还要查看系统版本号，以确认是否需要更新或升级，如图 8.4 所示。

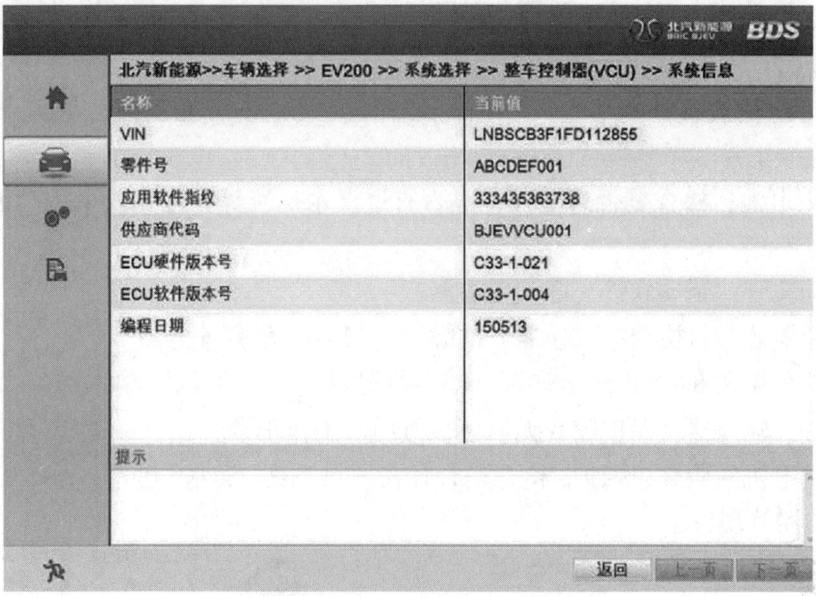

图 8.4　车辆检测设备检查

（5）油液检查。检查各种油液液位是否正常，如图 8.5 所示。

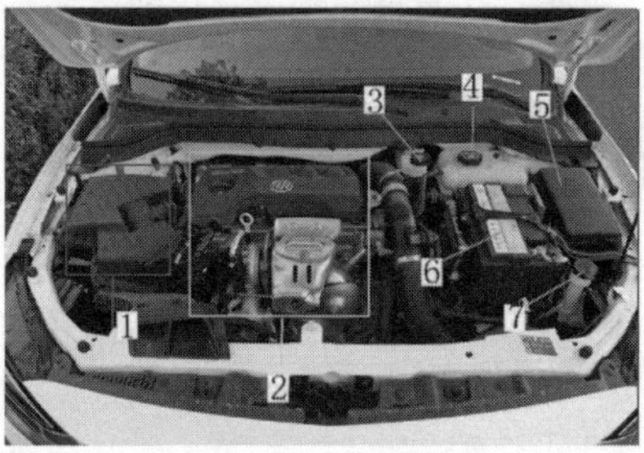

1—空气滤芯；2—发动机；3—刹车油壶；4—冷却液膨胀罐；5—保险丝盒；6—蓄电池；7—雨刮水壶

图 8.5　车辆前机舱

（6）DC/DC（PEU）输出电压检测：

① 将车钥匙置于 OFF 挡，断开所有在用电器并拔出钥匙。

② 打开护盖并裸露出低压蓄电池正极。

③ 使用专用万用表电压挡测量低压蓄电池的电压，并记录此电压值。

④ 将车钥匙插入后置于 ON 挡位置。

⑤ 使用专用万用表电压挡测量低压蓄电池正、负极的电压，这时所测得的电压值是 DC/DC 的输出电压。

检测结果：DC/DC 的正常输出电压在 13.2 ~ 13.5 V（车型不一样，数值可能会有变化）之间（关闭车上用电设备的情况下）。

（7）底盘主要项目检查：

① 轮胎、轮辋：轮胎表面无割伤，胎压正常；轮辋及螺栓无划伤，无生锈；翼子板内衬齐全。

② 动力电池底板：电池底板平整，无凹陷、无划伤、无锈蚀，与车身连接牢固；高压线束连接正常。

③ 动力电池：检查是否有漏液，是否有过浸水痕迹等。慢充线束护套无损坏，固定可靠。

④ 制动软管：制动软管完好，无渗漏。

⑤ 减速器放油口检查：减速器放油螺栓无损坏、无渗漏。

⑥ 悬架（见图 8.6）：悬架弹簧、减震器完好。

⑦ 半轴、转向器：保护胶套无损坏，万向节工作正常。

⑧ 驱动电机的检查与维护：检查是否存在散热不良、滴水、脏污、壳体变形、异响、动力输出卡滞等现象。

图 8.6 车辆底盘悬架

（8）高压电缆及低压线束的检查：

① 检查高压电缆的敷设是否遵循横平竖直原则，有无 S 状走线、生拉硬拽、缠绕绞织等现象。譬如，高压电缆敷设到拐弯处不得硬拉成直角状，应弯成大于该电缆直径一倍尺寸的弯弧形，且在两头设立固定点。

② 检查高压电缆的敷设是否与车辆低压线束（包括信号线束）交叉并行，如并行应检查与低压线束及信号线束间隔是否大于 150 mm；使用 Ω 状跨过交叉的，检查两端固定是否牢靠，跨线处包裹铝箔或锡箔是否完好，应使用铝箔纸或锡箔纸包裹低压及信号线束，包裹固定好之后检查包裹物表面接地是否可靠（电阻值应小于 0.1 Ω）；检查在一些信号线上（如 CAN 通信线）使用的磁环是否完好。

③ 检查高压电缆是否沿车架敷设；如有悬空处，检查固定线缆两端的固定抱箍是否可靠，线缆是否成半弧形固定。

④ 检查高压电缆的固定抱箍是否可靠；过孔处的防护是否完好；过刃口处的防护是否完好。

⑤ 检查高压电缆进入各设备接线盒处是否成半弧形接入；进入设备接线盒的固定点是否可靠，离设备入线位置是否在 200 mm 左右。

⑥ 为防备雨水进入设备接线盒，应确保接线盒高压电缆在进入设备接线盒处固定在低于进入口处，如无法避免高于接线盒，进入口应在固定完电缆后打胶密封。注意：胶应涂抹在进入口处的外部。

⑦ 检查高压电缆的外部防护层是否有破损或扭绞，如果出现破损或扭绞必须重新做好防护和捋顺扭绞；如外部防护破损严重，则必须更换该电缆。

（二）其他维护保养项目

1. 变速器的维护保养

对于初期保养，变速器磨合后，建议 3 000 km 或 3 个月更换润滑油，以后进行定期维护（见表 8.1）。其维护保养应在整车特约维修点进行。

表 8.1　维护周期表

里程 /km	1 万	2 万	3 万	4 万	5 万	6 万	7 万	8 万
时间 / 月	6	12	18	24	30	36	42	48
原则	H	B	H	B	H	B	H	B

注：B—在维护保养检查必要时更换润滑油；H—更换润滑油。

（1）维护周期以里程表读数或月数判断，以先到为准。表 8.1 显示了 8 万千米以内的定期维护，超过 8 万千米按相同周期进行维护。

（2）适用于各种工况行驶（重复的短途行驶；不平整或泥泞的道路上行驶；多尘路上行驶，极寒冷季节或盐碱路上行驶；极寒冷季节的重复短途行驶）。

（3）如因其他维修作业（不因换油）提升车辆时，也应同时检查变速器是否漏油。

（4）根据整车驾驶性能及供应商要求，整车将在维护保养时进行软件更新。

（5）要求润滑油为 GL-475W-90 合成油，持续许用温度≥ 140 ℃，油量为 0.9 ~ 1.1 L。

维护保养时，润滑油的检查方法如下：

① 确认车辆是否处于水平状态，以检查油位。

② 检查变速器是否有漏油痕迹，如有，应分析漏油原因，修理漏油部位。

③ 拆下油位螺塞，检查油位。如润滑油与油位螺塞孔齐平，则说明油位正常。否则，应补加规定润滑油，直到油位螺塞孔口出油为止，如图 8.7 所示。

维护保养时，润滑油的更换方法如下：

① 在换油前，必须停车断电，水平提升车辆。

② 在升起车辆的状态下，检查油位以及是否漏油，如有漏油，应处理。

③ 拆下放油螺塞，排放废油。

④给放油螺塞涂布少量密封胶并按规定力矩（12 ~ 18 N · m）拧紧，如图 8.8 所示。

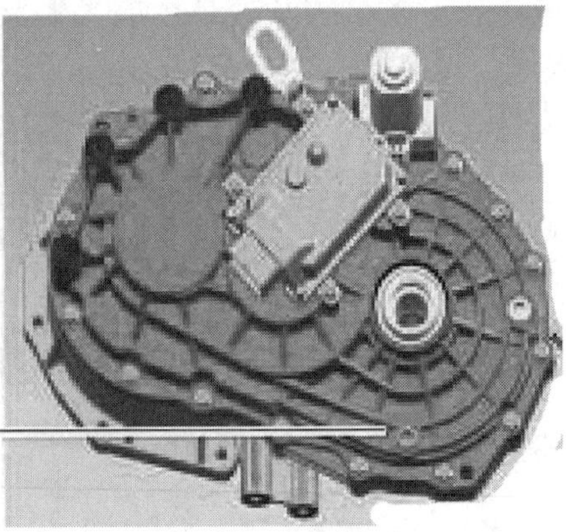

图 8.7 减速器的油位螺塞

2. 制动系统的日常保养

主要集中检查制动总泵储液罐的液面高度是否符合要求，制动踏板的自由行程是否太大，电动真空泵的管路是否存在松动，驻车制动的拉索收紧程度及手柄拉起的齿数是否符合要求等。

3. 冷却系统维护及冷却液补充和加注

依据整车保养里程保养，建议频次为每 2 年完全更换一次。

检查冷却液液位时需确保整车处于冷车状态，查看液面是否处于“MIN”与“MAX”之间，如低于“MIN”，需添加冷却液至“MIN”与“MAX”之间。

冷却液加注：冷却液型号应满足“-40 ℃”的使用要求，整车加注量：风冷充电机车型为 3.8 L，水冷充电机车型为 4.5 L。手工加注流程如图 8.9 所示。

一次加注：大约加 3 L 冷却液。

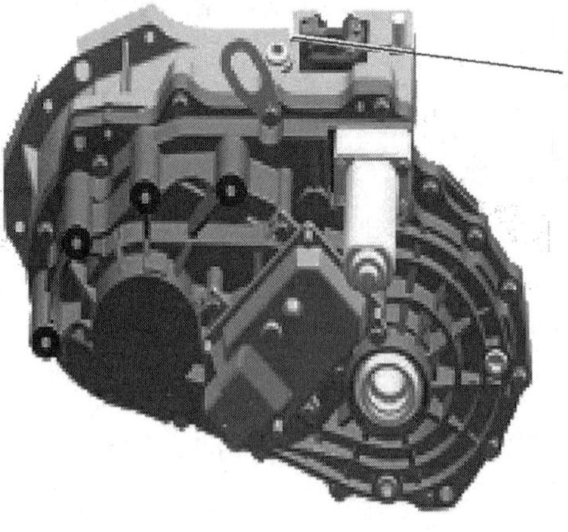

图 8.8 减速器的放油螺塞

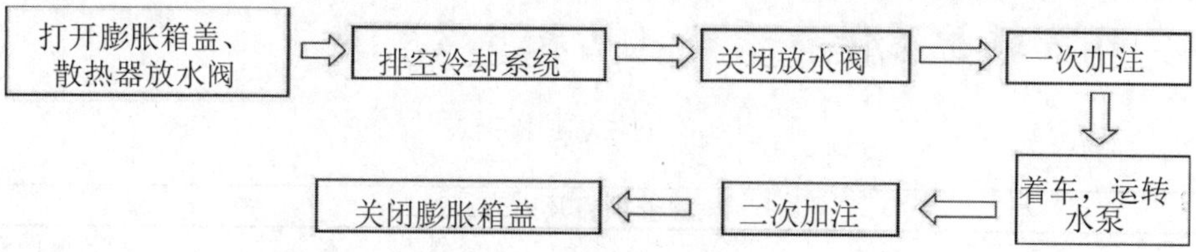

图 8.9　冷却液加注流程

二次加注：使膨胀箱液位在“MIN”和“MAX”之间。

注：手工加注存在驱动电机和控制器中冷却液无法彻底排出现象，使实际加注量可能低于标准值。

4. 充电系统维护保养

（1）车载充电机日常保养注意事项：

① 检查散热风扇是否有异物。

② 散热翅上尽可能地减少杂物，保证散热时风道畅通。

③ 低压插接器是否有松动，保证插接器可靠插接。

④ 检查高压插接器是否可靠插接。

⑤ 检查外壳是否有明显碰撞痕迹，对充电机内部模块是否造成损坏。

⑥ 检查后用干燥过滤后的高压气进行去尘清洁处理。

（2）DC/DC 变换器日常保养注意事项：

① 散热翅上尽可能地减少杂物，保证散热时风道畅通。

② 低压连接器是否有松动，保证连接器可靠连接。

③ 检查高压连接器是否可靠连接。

④ 检查外壳是否有明显碰撞痕迹，对 DC/DC 变换器模块是否造成损坏。

⑤ 检查后用干燥过滤后的高压气进行去尘清洁处理。

5. 动力电池维护

视情对动力电池进行相应的维护，譬如对于使用时间较长（超过 2 年）的，还应进行容量检查，以及对动力电池组并行进行均衡充电维护。

对两年以上车辆的建议：一是可以使用外接绝缘测试仪对全车高压系统进行绝缘测试；二是可以分段对高压线缆用普通绝缘测试仪进行绝缘测试。

三、日常维护保养里程、间隔时间（见表 8.2）

表 8.2　保养里程间隔表

保养类别	保养项目	累计行驶里程 /km					
		10 000	20 000	30 000	40 000	50 000	以此类推
A 级保养	全车保养	√		√		√	
B 级保养	高压安全检查		√		√		√

四、日常维护及保养项目（见表 8.3）

表 8.3 日常维护检查表

保养项目及内容								
系统类别	检查内容	处理方法	A 级保养			B 级保养		
			项目	配件及材料	数量或价格	项目	配件及材料	数量或价格
动力电池系统	安全防护	检查并视情处理	✓			✓		
	绝缘	检查并视情处理	✓			✓		
	插接器状态	检查并视情处理	✓			✓		
	标识	检查并视情处理	✓					
	螺栓紧固力矩	检查并视情处理	✓		✓			
	动力电池加热功能检查	检查并视情处理	✓					
	外部检查	清洁处理	✓					
	数据采集	分析并视情处理	✓			✓		
电机系统	安全防护	检查并视情处理	✓			✓		
	绝缘检查	检查并视情处理	✓			✓		
	电机及控制器冷却检查	检查并视情处理	✓			✓		
	外部检查	清洁处理	✓			✓		
电器电控系统	机舱及各部位低压线束防护及固定	检查并视情处理	✓			✓		
	机舱及各部位 插接器状态	检查并视情处理	✓			✓		
	机舱及底盘高压线束防护及固定	检查并视情处理	✓		✓			
	机舱及底盘各高、低压电器固定及插接器连接状态	检查并视情处理	✓			✓		
	蓄电池	检查电量状态，并视情处理	✓			✓		
	灯光、信号	检查并视情处理	✓			✓		
	充电口及高压线	检查并视情处理	✓			✓		
	高压绝缘监测系统	检测并视情处理	✓					
	故障诊断系统报警监测	检测、检查并视情处理	✓					
制动系统	驻车制动器	检查效能并视情处理	✓			✓		
	制动装置	泄漏检查	✓			✓		
	制动液	液位检查	✓	更换制动		✓	检查并视情添加	
	制动真空泵、控制器	检查是否漏气，并视情处理				✓		
	前、后制动摩擦副	检查并视情更换				✓		

（续表）

保养项目及内容								
系统类别	检查内容	处理方法	A 级保养			B 级保养		
			项目	配件及材料	数量或价格	项目	配件及材料	数量或价格
转向系统	方向盘及转向管柱连接紧固状态	检查并视情处理	✓			✓		
	转向器本体连接紧固状态	检查并视情处理	✓					
	检查转向横拉杆球头及防尘套	检查并视情处理	✓					
	检查转向助力功能	路试并视情处理	✓					
车身系统	风窗及副水器	检查并视情更换处理		添加风窗洗涤剂	材料收费		检查并视情添加	
	顶风窗	检查并视情处理	✓			✓		
	座椅及滑道	检查并视情处理	✓			✓		
	门锁及铰链	检查并视情处理	✓	加注润滑脂	润滑脂 250 g		加注润滑脂	润滑脂 250 g
	机躯铰链及锁扣	检查并视情处理	✓			✓		
	后背门（厢）饺链	检查并视情处理	✓					
传动及悬架系统	变速器	检查变速器连接、紧固及渗漏		更换变速器齿轮油	E150EW 车减 1.1 L 多减 2 L		检查并视情添加	
	传动轴	检查球笼间 R 及防罩并视情处理						
	轮轴	检查、紧固，视情处理	✓			✓		
	轮胎	检查陷压，并视情况处理						
	副车架及各悬置连接状态	检查紧固						
	前后减震器	检查渗漏情况并紧固，并视情更换						
冷却系统	冷却液液位及冰点	液位及冰点测试，视情添加	✓	更换冷却液	冷却液 6 L	✓	检查并视情添加	
	冷却管路	检查渗漏情况并处理	✓			✓		
	水泵	检查渗漏情况并处理	✓			✓		
	散热器	检查并清洁	✓			✓		
空调系统	空调冷、暖风功能	测试并处理	✓					
	压缩机及控制器	检查压缩机及控制器安装及线束插接器状态	✓					
	空调管路及连接固定	管路防护检查并视情检漏处理				✓		
		检查、处理	✓					
	空调滤芯	检查处理	✓	更换空调滤芯	滤芯收费（首次保养免费）	✓	清洁	

第二节　高压安全防护

新能源电动汽车有一个非常明显的特点，就是整车带有“高”压动力电回路，在乘用车上，最高电压可达 600 V 以上，虽然这在传统的电工分级中远未达到真正的高压电，但和传统汽车的电气系统中的用电的电压相比，已经是足以伤害到我们的“高”压电，这就给我们带来了不容忽视的“高”压安全用电问题。因此，在推广新能源电动汽车的同时，如何保证驾驶人员、乘车人员、汽车保养和维修人员的安全将是重点工作之一。不仅在设计时要在车辆上有相关的保护措施，在使用、维护维修时，为保证所有人员、新能源汽车及相关设备的安全，也必须建立安全用电意识，创造可靠的安全作业环境，严格按照安全操作规程作业。每个人及维修企业都应须贯彻“安全第一，预防为主”的方针，加强安全用电教育和安全技术学习和培训，掌握人身触电事故的规律性及防护技术，采取各种切实有效的措施以防止事故发生。

一、电的危害

电能做功的多少跟电流的大小、电压的高低、通电时间的长短都有关系。加在电器上的电压越高、通过的电流越大、通电时间越长，电流做功越多。任何可以形成电流回路的物质都会和电能进行能量的转换，所以说，如果有电压施加于人体就会有相应的电流从人体中流过，造成不同程度的伤害。

（一）人体是导体

人体是导体，有一定阻值，阻值如图 8.10 所示。当人体与带电体构成电气连接时，就形成了电流回路。

电流路径	人体电阻 / Ω
手→手 手→脚	1 000
手→脚	750
手→脚	500
手→胸	450
手→胸	230
手→臀部	300

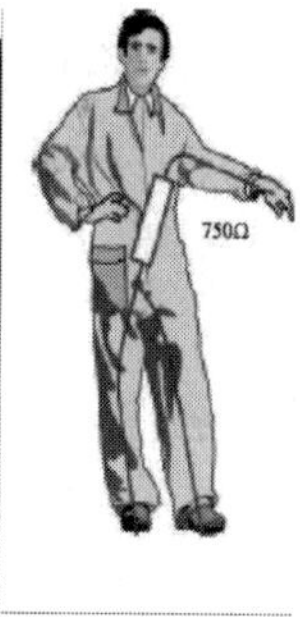

图 8.10　人体导电电阻

人体导电时的电阻值与所穿衣物和皮肤湿度两个因素有关。当知道人体等效电阻后，可根据欧姆定律清晰地计算出不同电压对应的触电电流。

一个人接触到带电壳体时，流经人体的电流可根据触电部位进行计算：

① 从手到手：$I_T = \frac{U_T}{R_T} = \frac{230\ V}{1\ 000\ \Omega} = 0.23\ A = 230\ mA$

② 从手到脚：$I_T = \frac{U_T}{R_T} = \frac{230\ V}{500\ \Omega} = 0.46\ A = 460\ mA$

（二）通过人体的电流

流过人体的电流越大，人的生理反应和病理反应越明显，引起心室颤动所需的时间越短，致命的危险性越大。按照人体呈现的状态，可以将流过人体的电流分为三个级别。

1．感知电流

在一定概率下，通过人体引起人有任何感觉的最小电流（有效值），称为该概率下的感知电流，感知电流的最小值称为感知阈值。感知电流一般不会对人体构成伤害，但当电流增大时，感觉增强，反应加剧，可能导致坠落等二次事故。

2．摆脱电流

当通过人体的电流超过感知电流时，肌肉收缩增加，刺痛感觉增强，感觉部位扩展。当电流增大到一定程度时，由于中枢神经反射和肌肉收缩、痉挛，触电人将不能自行摆脱带电体。在一定概率下，人触电后能自行摆脱带电体的最大电流，称为该概率下的摆脱电流，摆脱电流的最小值，称为摆脱阈值。摆脱电流与人体生理特征、电极形状、电极尺寸等因素有关。对应于概率 50% 的摆脱电流，成年男子约为 16 mA，成年女子约为 10.5 mA；对应于概率 99.5% 的摆脱电流则分别为 9 mA 和 6 mA；儿童的摆脱阈值较小。摆脱电流是人体可以忍受但一般尚不致造成不良后果的电流。电流超过摆脱电流以后，人会感到异常痛苦、恐慌和难以忍受；如时间过长，则可能昏迷、窒息，甚至死亡。因此，可以认为摆脱电流是对人体有较大危险的界限，如图 8.11 所示。

3．室颤电流

通过人体引起心室发生纤维性颤动的最小电流称为室颤电流，室颤电流的最小值称为室颤阈值。室颤电流是短时间内使人致命的最小电流。室颤电流受电流持续时间、电流途径、电流种类、人体生理特征等因素的影响。当电流持续时间超过心脏搏动周期时，人的室颤电流约为 50 mA；当电流持续时间短于心脏搏动周期时，人的室颤电流约为数百毫安；当电流持续时间在 0.1 s 以下时，如电击发生在心脏易损期，500 mA 以上的电流可引起心室颤动。

电流在人体内作用的时间越长，危险性越大，主要原因是：

（1）人体电阻减小。电击持续时间越长，人体由于出汗、击穿、电解而使电阻下降，电击危险性越大。

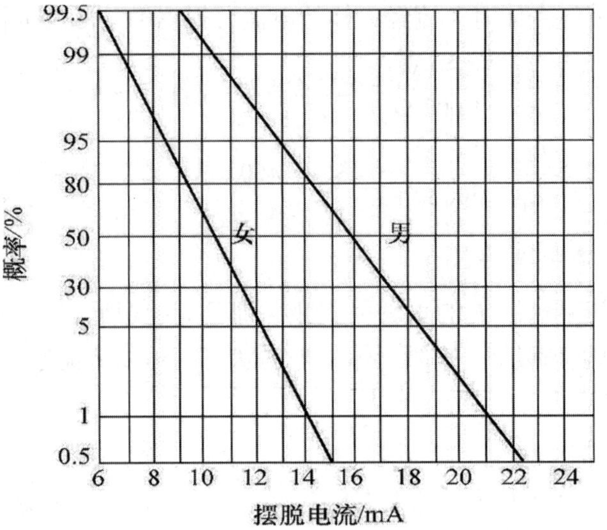

图 8.11 摆脱电流

（2）能量增加。电流持续时间越长，体内积累外界电能越多，伤害程度增高，表现为室颤电流减小。

（3）中枢神经反射增强。电击持续时间越长，中枢神经反射越强烈，电击危险性越大。

（三）人体触电后的生理反应

电气事故可以按不同的方式进行分类。按灾害形式可分为人身事故、设备事故、火灾事故、爆炸事故等；按电路状况可分为短路事故、断线事故、接地事故、漏电事故等。触电对人体的伤害一般可分为电击和电伤两种。图 8.12 为心脏承受的电流曲线。

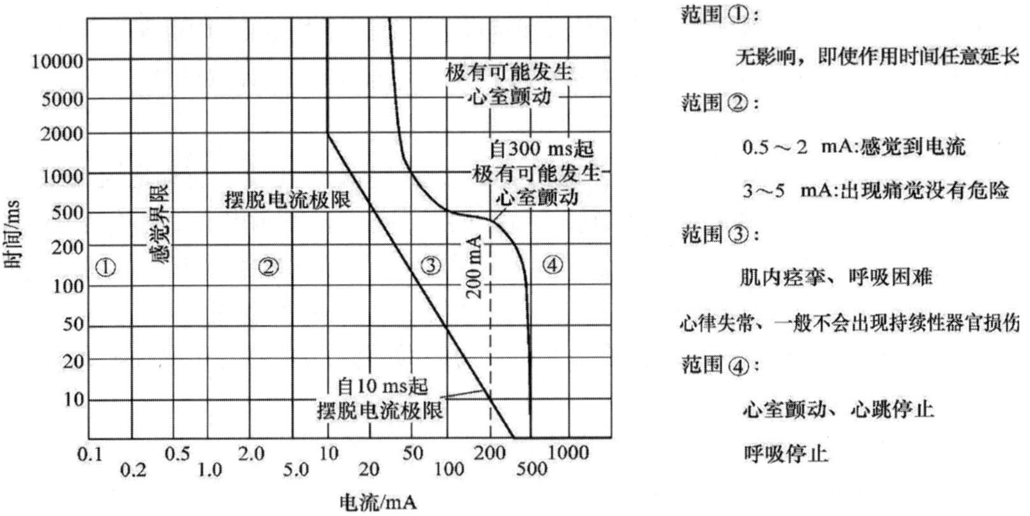

图 8.12 心脏承受的电流曲线

1. 电击

电流直接通过人体的伤害称为电击。电流通过人体内部造成人体器官的损伤，破坏人体内细胞的正常工作，主要表现为生物学效应。电流通过人体，会引起麻感、针刺感、压迫感、打击感、痉挛、疼痛、呼吸困难、血压异常、昏迷、心律不齐、窒息、心室颤动等症状。心室颤动是小电流电击使人致命最多见和最危险的原因。发生心室颤动时，心脏每分钟颤动 1 000 次以上，但幅值很小，而且没有规则，血液实际上已终止循环。发生心室颤动时的心电图如图 8.13 所示，心室颤动是在心电图上 T 波前半部发生的。

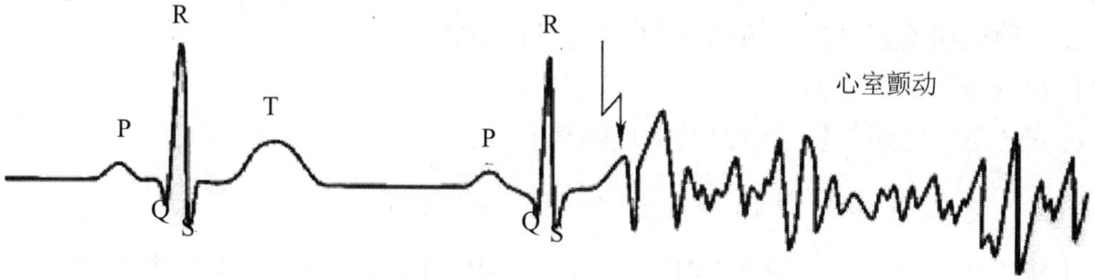

图 8.13　心电图

当人体遭受电击时，如果有电流通过心脏，可能直接作用于心肌，引起心室颤动；如果没有电流通过心脏，亦可能经中枢神经系统反射作用于心肌，引起心室颤动。

由于电流的瞬间作用而发生心室颤动时，呼吸可能持续 2 ~ 3 min，在其丧失知觉前，有时还能叫喊几声，有的还能走几步，但是，由于其心脏已进入心室颤动状态，血液已终止循环，大脑和全身迅速缺氧，病情将急剧恶化，如不及时抢救，很快将导致死亡。

2. 电伤

电流转换为其他形式的能量作用于人体的伤害称为电伤。电伤是由于电流的热效应、化学效应和机械效应等对人造成的伤害。

（1）电灼伤：灼伤是电流的热效应造成的伤害，分为电流灼伤和电弧烧伤两种情况。电流灼伤是人体与带电体接触，电流通过人体由电能转换成热能造成的伤害。电弧烧伤是由弧光放电造成的烧伤，分为直接电弧烧伤和间接电弧烧伤两种情况。直接电弧烧伤是带电体与人体之间发生电弧，有电流流过人体的烧伤；间接电弧烧伤是电弧发生在人体附近对人体的烧伤，包括熔化了的炽热金属溅出造成的烫伤。

（2）电烙印：人体与带电体接触的部位留下的永久性斑痕，斑痕处皮肤失去弹性，表皮坏死。

（3）皮肤金属化：由于电流的作用使熔化和蒸发了的金属微粒，渗入人体皮肤，使皮肤坚硬、粗糙、呈现特殊的颜色。皮肤金属化多是在弧光放电时发生和形成的，在一般情况下，此种伤害是局部性的。

（4）机械性损伤：电流作用于人体，由于中枢神经反射和肌肉强烈收缩等作用导致的机体组织断裂、骨折等伤害。

（5）电光眼：电光眼的成因是当发生弧光放电时，由红外线、可见光、紫外线对眼睛造成的伤害。电光眼表现为角膜炎或结膜炎。

二、用电安全及防护应急措施

根据对人体影响的程度不同对电流划分了等级，同样，按照幅值和对人体的伤害程度不同也把电压划分成了三个等级：安全电压、低压、高压。

安全电压是指不会使人直接致死或致残的电压。一般环境条件下允许持续接触的“安全特低电压”是 36 V。安全电压也指为了防止触电事故而由特定电源供电所采用的电压系列。安全电压应满足以下三个条件：

a. 标称电压不超过交流 50 V（AC）、直流 120 V（DC）。

b. 由安全隔离变压器供电。

c. 安全电压电路与供电电路及大地隔离。

（一）电动汽车的电压等级划分

中华人民共和国国家标准 GB/T18384.3—2015《电动汽车 安全要求第 3 部分：人员触电防护》中的第 4 条电路的电压分级中明确规定：

根据电路的工作电压，将电路分为 A 和 B 两级，如表 8.4 所示。

表 8.4 电动汽车的工作电压等级划分

工作电压等级	直流电压 U / V	交流电压 U / V
A 级	$0<U\leqslant60$	$0<U\leqslant25$
B 级	$60<U\leqslant1\,000$	$25<U\leqslant660$

触电防护应包含防止人员与任何带电部件的直接接触和在带电部件基本绝缘故障的情况下的触电防护。对于 A 级电压的电路不要求提供触电防护。

对于任何 B 级电压电路的带电部件，都应为人员提供危险接触的防护。直接接触防护应由带电部件的基本绝缘提供或由遮挡、外壳或两者结合来提供。所有的防护及规定都是从安全的角度出发，防止人体及电气设备因触电或短路发生故障、造成事故。

遵循车上零部件所附的所有警告标签的要求。

例如，⚠警告标记表明：为了减少人员受到伤害或者车辆受到严重损伤，所陈述的步骤必须严格遵循，或者必须仔细考虑所提供的信息。

（二）触电急救

新能源汽车的电气安全工作是一项综合性工作，有技术的一面，也有组织管理的一面。技术和组织管理相辅相成，有着十分密切的联系。电气安全工作主要有两方面的任务：一方面是研究各种电气事故的机理、原因、构成、特点、规律和防护措施；另一方面是研究正确使用电气的方法，解决各种安全问题，即研究运用电气监测、电气检查和电气控制的方法来评价系统的安全性或获得必要的安全条件。

进行触电急救，应坚持迅速、就地、准确、坚持的原则。触电急救必须分秒必争，立即就地用心肺复苏法进行抢救，并坚持不断地进行，同时及早与医疗部门联系，争取医务人员接替救治。在医务人员未接替救治前，不应放弃现场抢救，更不能只根据没有呼吸或脉搏擅自判定伤员死亡，放弃抢救，只有医生有权做出伤员死亡的诊断。进行触电急救时首先使触电者脱离电源，然后再进行相应的处理。

1. 脱离电源

（1）首先要使触电者迅速脱离电源，越快越好。因为电流作用的时间越长，伤害越重。

（2）触电者未脱离电源前，救护人员不准直接用手触及伤员，因为有触电的危险。

（3）使用绝缘工具或不导电的东西（干燥的木棒、木板、绳索等）解脱触电者；也可抓住触电者干燥而不贴身的衣服，将其拖开，切记：要避免碰到带电物体和触电者的裸露身躯；也可戴绝缘手套后解脱触电者。

（4）若是在维修动力电池组或更换电芯时触电，触电者受到电击后极易麻痹、昏厥或休克而倒在电池上，由于电池内部的带电部分裸露较多，为避免触电面积增加，进而对触电者的伤害加大，施救时可用绝缘隔板、干木板或绝缘塑料板插于触电者与电池之间将触电者脱离移开，同时施救者也要保护自身安全。

2. 伤员脱离电源后的处理

（1）触电伤员如神志清醒，应使其就地躺平，严密观察，暂时不要站立或走动。

（2）触电伤员如神志不清，应就地仰面躺平，且确保气道通畅，并用 5 s 时间，呼叫伤员或轻拍其肩部，以判定伤员是否意识丧失。禁止摇动伤员头部呼叫伤员。

（3）需要抢救的伤员，应立即就地坚持正确抢救，并设法联系医疗部门接替救治。

（4）呼吸、心跳情况的判定：触电伤员如意识丧失，应在 10 s 内，用看、听、试的方法，判定伤员呼吸心跳情况。看——看伤员的胸部、腹部有无起伏动作；听——用耳贴近伤员的口鼻处，听有无呼气声音；试——试测口鼻有无呼气的气流。再用两手指轻试一侧（左或右）喉结旁凹陷处的颈动脉有无搏动。若看、听、试的结果，既无呼吸又无颈动脉搏动，可判定呼吸心跳停止。触电伤员呼吸和心跳均停止时，应立即按心肺复苏法支持生命的三项基本措施，正确进行就地抢救，如图 8.14 所示。

（a）通畅气道。

（b）口对口（鼻）人工呼吸。

（c）胸外接压（人工循环）。

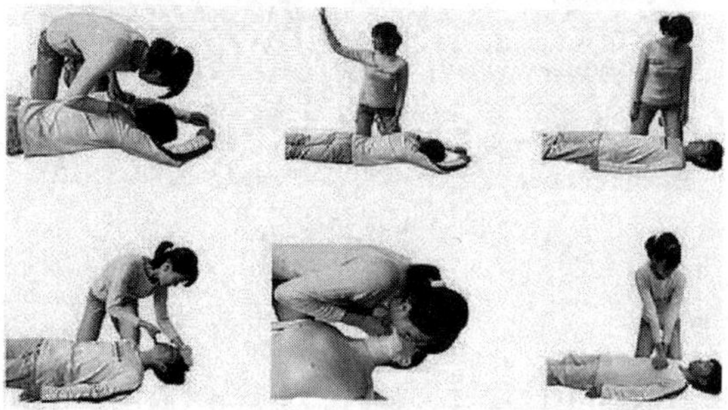
(a)　(b)　(c)

图 8.14 人工呼吸的操作要点

三、高压安全防护用具

电动汽车高压部件维护前需准备必要的绝缘防护用具和辅助安全用具，确保工作时的安全性。常用的绝缘防护用具有：绝缘手套、安全防护镜、绝缘鞋及标示牌等，辅助安全用具有：灭火器、绝缘胶布和吸水毛巾布等，如图 8.15 所示。

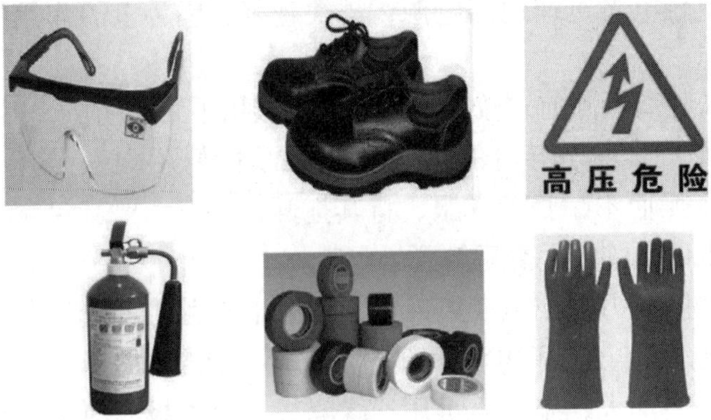

图 8.15 绝缘防护用具和辅助安全用具

四、高压安全措施

相对于传统燃油汽车，电动汽车具有高压系统，因此就会存在高压用电危险。考虑到驾驶人和维修人员的安全，防止触电事故的发生，在设计生产电动汽车时，采取了一些高压用电安全措施。

（一）高压线束

电动汽车上的所有高压系统线束都使用橙色线束，以区分低压系统的黑色线束，如图 8.16 所示。

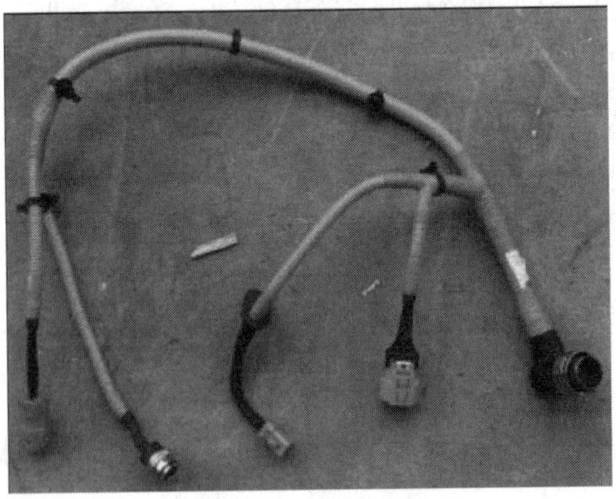

图 8.16 高压线束

（二）高压标识牌

所有高压用电设备，比如 PTC（空调加热器）、DC/DC、电机控制器、高压控制盒、充电口和车载充电机等上面都贴有高压危险的标识牌，如图 8.17 所示。

图 8.17 高压标识牌

（三）高压熔断器

电动汽车上除了有低压熔丝，还有高压熔断器用来保护电路和高压用电安全。由于高压系统对熔丝要求较高，所以高压熔断器能够快速熔断，拉弧时间短，如图 8.18 所示。

图 8.18 高压熔断器

（四）维修开关

电动汽车的动力电池上设有维修开关，如图 8.19 所示。维护车辆时需要将其拔下，断开电路，避免人接触车身造成电击伤。

图 8.19 维修开关

（五）高压互锁

若检查高压系统线束连接情况时发现异常，高压互锁装置断开动力电池的高压电源，识别回路，防止人员被电击伤。图 8.20 所示为高压互锁插件。

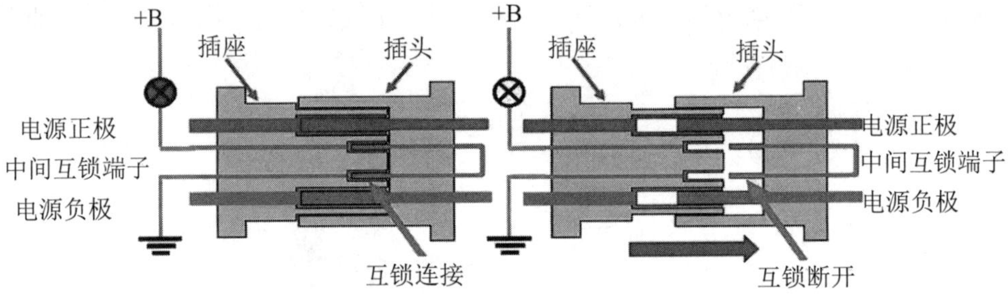

图 8.20 高压互锁插件

第三节 新能源汽车维护工具使用

电动汽车车辆高压部分维护一定要坚持“安全第一”的原则，为防止电击伤害。在维护前，维护人员必须做好高压安全防护，正确选择和佩戴绝缘防护用具，使用高压检测工具。传统部分（如制动系统、行驶系统、转向系统等）的维护也应正确使用相关检查和维护工具。

一、高压防护工具

（一）绝缘手套

绝缘手套是用天然橡胶制成的，起到对人的保护作用，具有防电、防油、耐酸碱等功能，如图 8.21 所示。绝缘手套主要在操作高压电器设备时使用，如动力电池高压回路放电、验电，高压部件的拆装，绝缘手套最长使用时间不得超过 6 个月，以防橡胶老化。

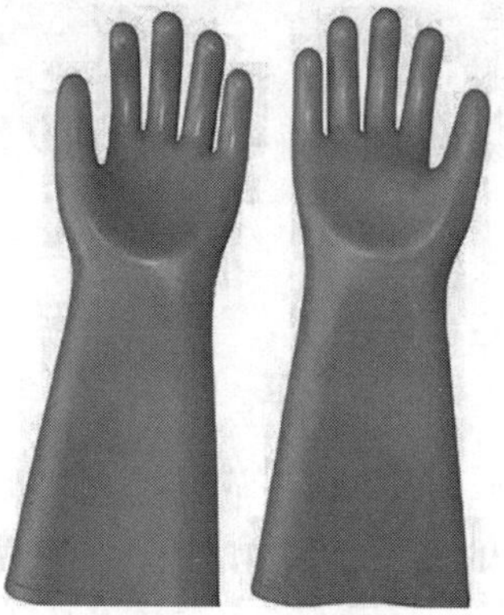

图 8.21　绝缘手套

绝缘手套铭牌上有最大使用电压，电压值越大，手套越厚。应根据测量实物的最大电压值选择绝缘手套。

（1）使用绝缘手套前必须进行充气以检验气密性，如图 8.22 所示，检查步骤：

① 选择绝缘手套袖口处横向位置；② 将手套从袖口处向指尖方向卷 1 ~ 2 圈；③ 用一只手封紧袖口位置；④ 检查是否会漏气，发现有任何破损都不能使用。

（2）当戴绝缘手套作业时，应将衣袖口放进手套筒内，以防发生意外。

（3）绝缘手套使用完后，应将内外擦洗干净，待干燥后，撒上滑石粉放置平整，以防受压受损，且不能放置于地上。

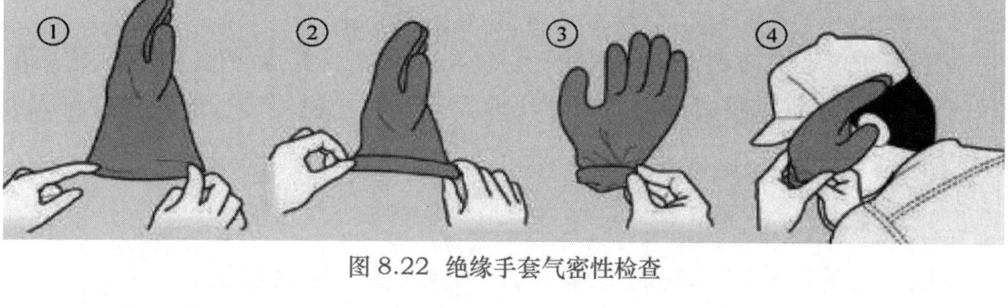

图 8.22　绝缘手套气密性检查

（二）绝缘帽

当电动汽车处于举升状态，进行维护时应使用绝缘帽。使用前应检查绝缘帽有无裂缝或损伤，有无明显变形，下颚带是否完好、牢固，佩戴时必须按照头围大小调整并系好下颚带，如图 8.23 所示为绝缘帽正确佩戴方式。

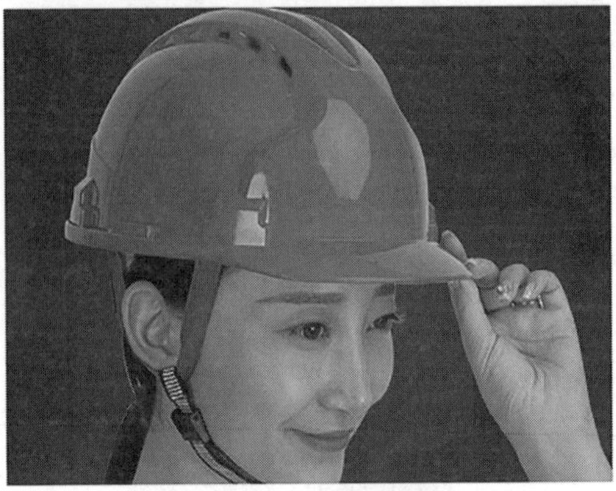

图 8.23 绝缘帽正确佩戴方式

（三）绝缘鞋

绝缘鞋是高压操作时使人与大地绝缘的防护用具，一般在较潮湿的场所使用。穿戴绝缘鞋前需检查鞋面有无划痕、鞋底有无断裂、鞋面是否干燥，如图 8.24 所示。

绝缘鞋应放在干燥、通风处，不能随意乱放，并且避免接触高温、尖锐物和酸碱油类物质。

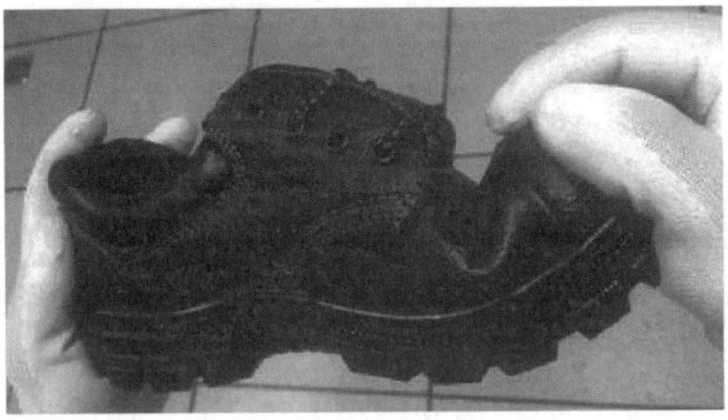

图 8.24 绝缘鞋检查

（四）防护目镜

检查和维护电动汽车时需要佩戴防护目镜（见图 8.25）。防护目镜主要用于防御电器拉弧产生的电火花对眼睛的损伤。使用前需要对防护目镜进行检查，看有无裂痕、损坏。

（五）绝缘服

绝缘服（见图 8.26）主要用于维护人员带电作业时的身体防护。

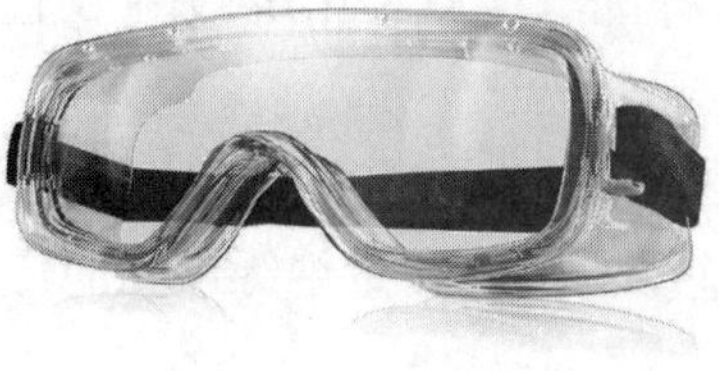

图 8.25 防护目镜

图 8.26 绝缘服

（六）绝缘垫

绝缘垫（见图 8.27）是具有较大电阻率和耐电击穿的胶垫，主要在电动汽车维护时用于地面的铺设，起到绝缘的作用，在雨季湿度大或者地面潮湿时，绝缘垫就更加重要了。

（七）绝缘工具

在维修高压系统时必须使用电工专用绝缘工具，如图 8.28 所示。使用绝缘工具时，要加强日常保养，防止受潮、损坏和脏污。

图 8.27 绝缘垫

图 8.28 绝缘工具

二、高压检测工具

1. 绝缘表

绝缘电阻是表征电动汽车电气安全好坏的重要参数。高压电线绝缘介质的老化或受潮湿环境影响等会导致高压电路和车辆底盘之间的绝缘性能下降，负极线通过绝缘层和底盘构成漏电回路，使底盘电位上升，危及乘客的人身安全。为了消除高压电对车辆和驾乘人员的潜在威胁，保证电动汽车电气系统的安全，在电动汽车维护时需要使用绝缘表检测绝缘电阻。

绝缘表主要分为绝缘电阻表和数字测试绝缘表两种。

（1）绝缘电阻表。绝缘电阻表又称兆欧表，由一个手摇发电机、表头和三个接线柱（L、E 和 G）组成。L 为接线端，E 为搭铁端，G 为屏蔽端（也叫作保护环），一般被测绝缘电阻都接在 L 端和 E 端之间，但当被测绝缘体表面漏电严重时，必须将被测物的屏蔽环或不需测量的部分与 G 端相连接。这样漏电流就经由屏蔽端 G 直接流经发电机的负极形成回路。

绝缘电阻表的额定电压有 250 V、500 V、1 000 V、2500 V 等几种，测量范围有 500 MΩ、1 000 MΩ、2 000 MΩ 等几种。用绝缘电阻表测量绝缘电阻时应该根据什么原则选择呢？

① 根据额定电压等级选择，如表 8.5 所示。

表 8.5 根据额定电压等级选择

被测设备额定电压	选用摇表额定电压
<500 V	500 V 或 1 000 V
⩾ 500 V	1 000 V 或 2 500 V

② 根据电阻量程范围选择。表头刻度线上有两个小黑点，小黑点之间的区域为准确测量区域。在选表时，应使被测设备的绝缘电阻值在准确测量区域内。

使用绝缘电阻表测量绝缘电阻前，需要检查绝缘电阻表是否处于正常工作状态，先将其放在平稳、牢固的地方，然后进行断路试验和短路试验：

断路试验：将 L 端和 E 端分开，由慢到快摇动手柄使发电机达到 120 r/min 的额定转速，观察指针是否指在标度尺"∞"位置，如果是，为正常。

短路试验：将 L 端和 E 端短接，由慢到快摇动手柄使发电机达到 120 r/min 的额定转速，观察指针是否指在标度尺"0"位置，如果是，则为正常。

摇表使用注意事项：

① 为了保证安全，测量前必须将被测设备电源切断，并对地短路放电，决不允许设备带电进行测量。

② 检测过程中，被测设备上不能有人。

③ 摇表的引线应用多股软线，且两根引线不能绞在一起，以免造成测量数据不准。

④ 测量绝缘电阻时，一般只用"L"和"E"端，但在测量电缆对地的绝缘电阻或被测设备的漏电流较严重时，就要使用"G"端，并将"G"端接屏蔽层或外壳。线路接好后，可按顺时针方向转动摇把，摇动的速度应由慢而快，当转速达到 120 r/min 左右时，保持匀速转动，1 分钟后读数，并且要边摇边读数，不能停下来读数。

⑤ 测试完毕后，先拆线然后停止摇动摇表，防止电气设备向摇表反向充电损坏摇表。

⑥ 禁止在雷电时或高压设备附近测绝缘电阻。

（2）数字测试绝缘表。数字测试绝缘表是一种由电池供电的绝缘测试仪，它可以测量交 / 直流电压、接地耦合电阻和绝缘电阻。数字绝缘表上有三个插线孔对应三根表笔（两红一黑），根据测量数据的不同选用不同的插线端子。就像绝缘电阻表一样，检查其是否处于正常状态。数字测试绝缘表使用之前也需要进行断路试验和短路试验。

数字测试绝缘表的使用步骤：

① 根据测试车辆的电压范围值选择量程。例如，对于 EV200 除 PTC 控制器选 500 V 档位，其他绝缘电阻检测选用 1 000 V 档位。

② 将绝缘测试表笔与部件高压端子接触，负极表笔与部件壳体或车体接触。

③ 按住绝缘测试表笔测试键或表体的测试键，待数值稳定后，读取屏幕上数据，即为绝缘电阻值。

注意事项：

① 必须在断电情况下进行绝缘电阻的测量。

② 一定是各导电端子与车体或壳体之间的测量。

③ 因为高压部件内部有电容存在，严禁对端子之间的绝缘电阻测量。

④ 绝缘阻值测量需要保持 1 min，待数值稳定后结束测量。

⑤ 由于绝缘表两表笔之间的电压为 1 000 V，因此测量过程中注意保持手指与身体不与任何导电部位接触。

2. 钳形电流表

钳形电流表又叫电流钳，是利用电流互感原理制成的，分为指针式和数字式两种，本书主要以数字式钳形电流表为主来介绍。电流钳可以在不断开电路的情况下测量线路电流，电流钳使用前应先确认它是否正常工作。

（1）测量之前应检查钳口上是否有污物，检查被测导线是否绝缘。

（2）根据额定功率估测额定电流，选择合适的量程挡位，不可用小量程测量大电流。如果电流大小无法估算，就选最大量程，以防烧表。如果读数过小，再切换至小量程重新测量。严禁在测量过程中切换量程挡。

（3）测量时被测导线应垂直放在钳形电流表的钳口中心。钳形电流表测量时一次只能测量一根导线，不可以同时测量多根导线。

（4）钳形电流表上有额定电压，不能用钳形电流表去测量超过额定电压的高压电路电流，否则容易造成事故或引起触电危险。

（5）测量时，测量人员应戴绝缘手套，穿绝缘鞋，双手不得触碰其他设备，防止短路或接地。如果被测电流较小，应将被测导线缠绕几圈后放进钳口内测量。

实际电流值 = 表盘读数 / 导线缠绕的圈数。

3. 绝缘工具

绝缘工具属于高压作业工具，是能够保证带电作业安全的工具。和传统工具相比，增加了抗高压的绝缘层，从而保证维护人员的人身安全。

4. 放电工装

由于电动汽车整车动力电池以及一些高压部件带有电容，断开电源后，电容还会存储部分电量，因此，电动汽车需要使用放电工装对高压端口进行放电，避免产生触电危险。

三、传统维护工量具

1. 冰点仪

冰点仪（见图 8.29）是根据溶液含量与折射率的对应关系设计的光学仪器，可测量乙二醇和丙二醇冷却液的结晶冰点，用以测量电动汽车冷却液和玻璃水的冰点。

2. 轮胎气压表

轮胎气压表用于测量轮胎气压，可直接按在气嘴上，在不漏气后读取数据，可以避免因气压不足或过高造成轮胎使用寿命减短。图 8.30 所示为实车测胎压。

图 8.29 冰点仪

图 8.30 实车测胎压

3. 轮胎花纹深度尺

轮胎花纹深度尺，如图 8.31 所示，可以很快地测出轮胎花纹深度，判断轮胎的磨损情况。使用时需要多次测量轮胎不同位置的花纹深度。

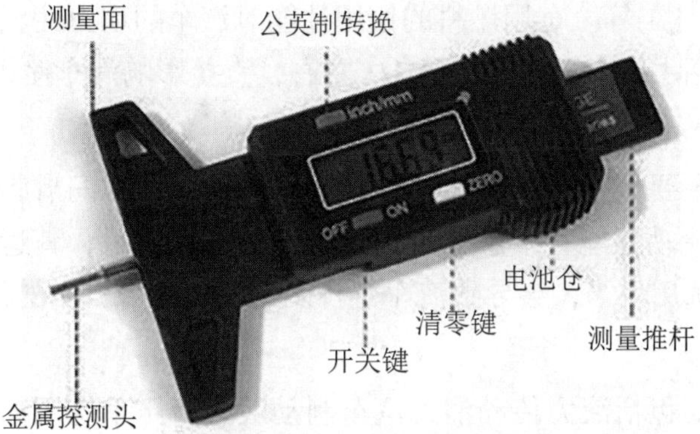

图 8.31　轮胎花纹深度尺

4. 外径千分尺

外径千分尺（见图 8.32）是依据螺旋放大的原理制成的，即螺杆在螺母中旋转一周，螺杆便沿着旋转轴线方向前进或后退一个螺距的距离。千分尺是比游标卡尺更精密的长度测量工具，读数一般精确到小数点后三位，最后一位为估读值。外径千分尺可以用来测量制动片厚度等。

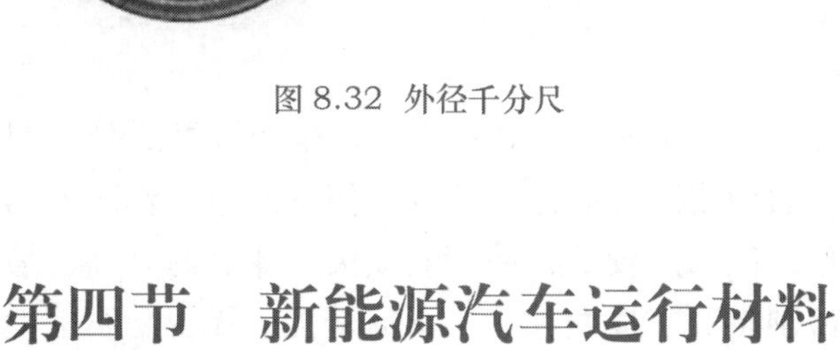

图 8.32　外径千分尺

第四节　新能源汽车运行材料

一、汽车运行材料分类

汽车运行材料是指在车辆运行过程中，使用周期较短，消耗量较大，对车辆使用性能有较大影响的一些非金属材料。按其对汽车运行的作用和消耗方式可分为四大类：

1. 车用燃料

车用燃料主要包括车用汽油、车用柴油、车用替代燃料（如甲醇、乙醇、乳化燃料、天然气、石油气、氢气）等。车用燃料的使用性能对汽车的动力性、排放性有直接影响。车用燃料的消耗费用占汽车运输成本的1/3左右，直接影响汽车使用的经济性。

2. 车用润滑油料

车用润滑油料主要包括车辆润滑油、车辆齿轮油、车用润滑脂等。车用润滑油料的润滑性能、低温流动性能直接影响汽车运动件的有效润滑，其运动黏度直接影响汽车的传动效率，如选用不当，会导致汽车起步困难，并缩短汽车的使用寿命。

3. 车用工作液

车用工作液主要包括液力传动油、汽车制动液、液压系统用油、车用冷却液、车用空调制冷剂、风窗玻璃清洗液等。车用工作液的消耗费用与其他运行材料相比，虽然较少，但其对汽车性能（如行驶安全性、行驶舒适性等）有显著的影响。选用的合理与否，对节约车用燃料和车用润滑油料，发挥车辆动力性，延长汽车使用寿命，有重要影响。

4. 汽车轮胎

轮胎是汽车行驶系统的主要组成部分之一，使用的合理与否，直接关系到汽车的行驶安全性和使用经济性。

二、工作液

（一）冷却液

冷却液的全称是防冻冷却液，是指有防冻功能的冷却液，可以防止寒冷季节停车时，冷却液结冰而胀裂散热器或冻坏气缸体。纠正一个误解：防冻液不仅仅在冬天使用，它应该是全年使用。正常的汽车保养项目中，每年需更换车辆冷却液一次，如图8.33所示。

1. 冷却液性能

冷却液由水、防冻剂、添加剂三部分组成，按防冻剂成分不同可分为酒精型、甘油型、乙二醇型等。酒精型冷却液是用乙醇（俗称酒精）作防冻剂，价格便宜，流动性好，配制工艺简单，但沸点较低、易蒸发损失、冰点易升高、易燃等，现已逐渐被淘汰；甘油型冷却液沸点高、挥发性小、不易着火、无毒、腐蚀性小，但降低冰点效果不佳、成本高、价格昂贵，用户难以接受，只有少数北欧国家仍在使用；乙二醇型冷却液是用乙二醇作防冻剂，并添加少量抗泡沫、防腐蚀等综合添加剂配制而成。由于乙二醇易溶于水，可以任意比例配成各种冰点的冷却液，其最低冰点可达 −68 ℃，这种冷却液具有沸点高、泡沫倾向低、黏温性能好、防腐和防垢等特点，是一种较为理想的冷却液，目前国内外车辆所使用的和市场上所出售的冷却液几乎都是乙二醇型冷却液。

图 8.33　汽车冷却液

2. 冷却液作用

（1）冬季防冻。为了防止汽车在冬季停车后，冷却液结冰而造成散热器、气缸体胀裂，要求冷却液的冰点应低于该地区最低温度 10 ℃左右，以备天气突变。

（2）防腐蚀。冷却系统中的散热器，水泵，缸体及缸盖，分水管等部件是由钢、铸铁、黄铜、紫铜、铝、焊锡等金属制成，由于不同金属的电极电位不同，在电解质的作用下容易发生电化学腐蚀；同时，冷却液中的二元醇类物质分解后形成的酸性产物、燃料燃烧后形成的酸性废气也可能渗透到冷却系统中，导致冷却系统腐蚀。冷却系统腐蚀会使散热器的下水室、喷油嘴隔套、冷却管道、接头，以及排管发生故障，同时腐蚀产物堵塞管道，引起车辆过热甚至瘫痪；若腐蚀穿孔，冷却液渗入燃烧室或曲轴箱会产生严重的破坏，因为当冷却液与润滑油混合时，产生油污和胶质，削弱润滑效果，使得液压阀及其推杆和活塞环黏结。因而冷却液中都加入一定量的防腐蚀添加剂，防止冷却系统产生腐蚀。

（3）防水垢。应尽量减少冷却液在循环中产生的水垢，以免堵塞循环管道，影响冷却系统的散热功能。因此，在选用、添加冷却液时，应该慎重。首先，应该根据具体情况选择合适配比的冷却液。其次，将选择好配比的冷却液添加到散热器中时，使液面达到规定位置即可。

（4）防“开锅”符合国家标准的冷却液，沸点通常都超过 105 ℃，比起水的沸点 100 ℃，冷却液能耐受更高的温度而不沸腾（俗称“开锅”），在一定程度上满足了高负荷车辆的散热冷却需求。

3. 注意事项

正确使用冷却液，可起到防腐蚀、防穴蚀渗漏、防散热器“开锅”、防水垢和防冻结等作用，能够使冷却系统始终处于最佳的工作状态，保证车辆的正常工作温度。如果使用中不注意，将严重影响车辆正常工作性能和寿命。

（1）要坚持常年使用冷却液。对于传统车辆，能够保证车辆正常工作的冷却液温度为 80 ~ 90℃，但由于新能源车辆高转速、高压缩比和高功率的工作特点，其机械负荷及热负荷较大，摩擦热较高，因而对冷却液正常工作温度的要求已提高到 95 ~ 105 ℃。此外，要注意冷却液使用的连续性，那种只想在冬季使用冷却液的观点是错误的，因为不能只知道利用冷却液的防冻功能，而忽视了冷却液的防腐、防沸、防垢等作用。

（2）正确选用。选用冷却液时，其冰点要低于环境最低温度 10 ℃左右。汽车配件市场上的冷却液种类多，大多“冷却液”实际上只是“防冻液”，是用醇和水混合后添加色素制成的，其内无任何冷却液应该具有的添加剂，沸点在 90 ℃左右，腐蚀性较强，难以防止车辆过热现象的发生。

（3）分辨真伪的方法。优质冷却液颜色醒目、清亮透明且无异味。还可以用烧杯加热冷却液，用温度表测量其沸点，沸点在 100 ℃以上才为真品，沸点不足 100 ℃者为伪品。

（二）齿轮油

齿轮油是以石油润滑油基础油或合成润滑油为主，加入极压抗磨剂和油性剂调制而成的一种重要的润滑油。用于润滑各种齿轮传动装置，以防止齿面磨损、擦伤、烧结等，延长其使用寿命，提高传递效率。齿轮油应具有良好的抗磨性、耐负荷性和合适的黏度。此外，还应具有良好的热氧化安定性、抗泡性、水分离性能和防锈性能。由于齿轮负荷一般都在 490 MPa 以上，而双曲线齿面负荷更是高达 2 942 MPa，为防止油膜破裂造成齿面磨损和擦伤，在齿轮油中常加入极压抗磨剂，普遍采用硫 – 磷或硫 – 磷 – 氮型添加剂，如图 8.34 所示。

图 8.34　车辆齿轮油

1. 齿轮油性能

（1）合适的黏度。黏度是齿轮油最基本的性能，黏度大，形成的润滑油膜较厚，抗负载能力相对较大。

（2）足够的极压抗磨性。极压抗磨性是齿轮油最重要的性质、最主要的特点，是赖以防止运动中齿面磨损、擦伤、胶合的性能。

（3）良好的抗乳化性。齿轮油遇水发生乳化变质会严重影响润滑油膜的形成，进而引起擦伤、磨损。

（4）良好的氧化安定性和热安定性。良好的热、氧化安定性有利于保证油品的使用寿命。

（5）良好的抗泡性。生成的泡沫不能很快消失将影响齿轮啮合处油膜的形成，夹带泡沫使实际工作油量减少，影响散热。

（6）良好的防锈、防腐蚀性。腐蚀和锈蚀不仅破坏齿轮的几何学特点和润滑状态，腐蚀与锈蚀产物还会进一步引起齿轮油变质，产生恶性循环。

此外，齿轮油还应具备其他一些性能，如黏附性、剪切安定性等。目前我国多数中、重负荷工业齿轮油所用的极压添加剂以硫－磷型为主，与国外同类产品质量水平相当。

2．齿轮油的作用

（1）降低齿轮及其他运动部件的磨损，延长齿轮寿命。

（2）降低摩擦，减少功率损失。

（3）分散热量，起一定的冷却作用。

（4）防止腐蚀和生锈。

（5）降低工作噪声、减少振动及齿轮间的冲击作用。

（6）冲洗污物，特别是冲去齿面间污物，减轻磨损。

3．齿轮油的正确使用

（1）根据齿轮工作条件的苛刻程度选用使用等级。齿轮工作条件的苛刻程度是由齿轮的类型及其工作时的负荷和表面滑移速度决定的。普通齿轮传动可选用普通车辆齿轮油，准双曲面齿轮传动必须选用准双曲面齿轮油。若汽车在山区或满载拖挂行驶，并经常处于高负荷状态下时，工作条件苛刻、油温较高，也可以选用准双曲面齿轮油。

（2）依据季节气温选择黏度等级。齿轮油的低温黏度达 150 000 mPa·s 时的最高温度决定其适用的最低气温，因此齿轮油的黏度等级一般是根据不同地区或季节的气温情况来选择的。气温高时，选择黏度高的齿轮油；气温低时，选择黏度低的齿轮油。如长江流域及其他冬季气温不低于 −10 ℃的地区，全年可用 90 号油；长江以北冬季气温不低于 −26 ℃的寒区，全年可用 80 W/90 号油；黑龙江、内蒙古、新疆等冬季气温在 −26 ℃以下的严寒区，冬季使用 75 W 号油，夏季换用 90 号油；其他地区全年可用 85 W/90 号油。

（三）制动液

制动液（见图 8.35）是液压制动系统中传递制动压力的液态介质，在采用液压制动系统的车辆中使用。制动液俗称刹车油或迫力油，它的英文名为 Brake Fluid，是制动系统制动不可缺少的部分。

制动液是用于液压制动系统中传递压力以制止车轮转动的一种功能性液体，其工作压力一般在 2 MPa 以上，高的可达 4 ~ 5 MPa。具有不可压缩特性，在密封的容器中或充满液体的管路中受到压力作用时，便会很快地、均匀地把压力传到液体的各个部分，液压制动便是利用这个原理工作的。

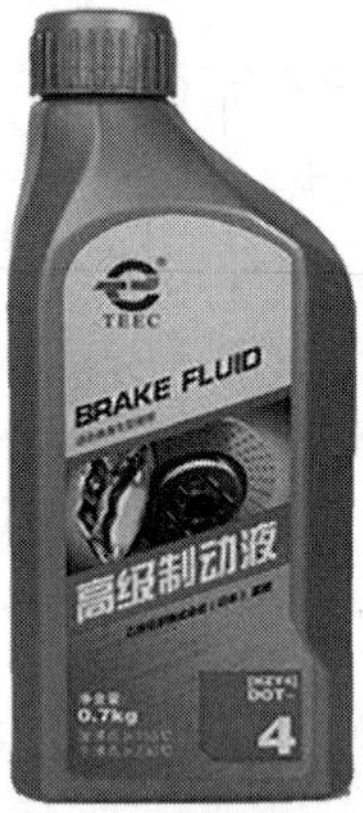

图 8.35 制动液

1. 类型

制动液有三种类型：蓖麻油 - 醇型、合成型、矿油型。

（1）蓖麻油 - 醇型：由 45% ~ 55% 精制的蓖麻油和 55% ~ 45% 低碳醇（乙醇或丁醇）调配而成，经沉淀获得无色或浅黄色清澈透明的液体，即醇型汽车制动液。蓖麻油加乙醇为醇型 1 号，蓖麻油加丁醇为醇型 3 号。醇型制动液的原料容易得到，合成工艺简单，产品润滑性好；缺点是沸点低，低温时性质不稳定。醇型 1 号在 45℃以上易出现乙醇蒸气，产生气阻；在 -25℃以下时蓖麻油呈乳白色胶状物析出，并随温度降低而增加，堵塞制动系统，使制动系统沉重失灵。在醇型 3 号的皮碗试验中发现，制动液颜色稍变深，丁醇稍有溶解腐蚀橡胶的现象，在 -28 ℃时也有白色沉淀物析出。

（2）合成型：用醚、醇、酯等掺入润滑、抗氧化、防锈、抗橡胶溶胀等添加剂制成。

（3）矿油型：用精制的轻柴油馏分加入稠化剂和其他添加剂制成。

2. 性能要求

（1）黏度高，凝固点低，低温流动性好。

（2）沸点高，高温下不产生气阻。

（3）使用过程中品质变化小，不引起金属件和橡胶件的腐蚀和变质。

（4）在高温、严寒、高速、湿热等工况条件下保证灵活传递制动力。

（5）能够有效润滑制动系统的运动部件，延长制动分泵和皮碗的使用寿命。

3. 制动液的选择

（1）沸点越高越好。沸点不低于 205 ℃，当汽车长时间行驶、在高速或下坡行驶时，制动摩擦面温度会高达数百摄氏度。制动液温度随着制动蹄片温度升高而升高，若制动液沸点不够高，制动液汽化，产生气泡，导致制动发软，不能立即达到制动的目的，就不能保证行车安全。

（2）对制动系统各种金属的防锈性要好。一般制动液腐蚀性较强，但优质制动液对各类金属的防腐、防锈能力强，可延长制动油泵寿命。

（3）低温流动性要好，这对于严寒地区特别重要。在严寒时使用优质制动液，制动一样灵敏、可靠，而使用劣质制动液时，由于低温性能差，凝固点高，低于 -20 ℃时就会有凝固现象发生，将大大影响行车安全。

（4）对各种橡胶不腐蚀。优质制动液使用后极少发生皮碗严重膨胀变形现象。若使用劣质制动液，皮碗容易膨胀变形，导致车辆漏油、制动时翻转，造成事故。标准制动液膨胀率一般在 0.1% ~ 5% 之间。

（5）长期使用无沉淀物。制动液长期在高温状态下使用，质量不稳定就会产生热分解，产生沉淀物，同样影响制动性能。

4. 使用注意事项

制动液是汽车制动系统中很关键的部分，关系着车主的切身安全。在制动液的使用上要注意以下五点：

（1）不同类型和不同品牌的制动液不要混合使用。由于配方不同，制动液混合使用会造成制动性能下降。

（2）制动液吸入水分或有杂质时，应及时更换或过滤，否则会造成制动压力不足，影响制动效果。我国华南地区天气总体较为潮湿，这点尤为重要。

（3）车辆正常行驶 4 万千米或制动液连续使用两年以上，制动液很容易由于使用时间过长而变质，应及时更换。

（4）车辆正常行驶中，若出现制动忽轻忽重时，要对制动液及时更换，并在更换前先用酒精清洗制动系统。

（5）车辆制动出现跑偏时，应选择质量比较好的制动液更换，同时更换皮碗。

（四）玻璃水

汽车玻璃水（见图 8.36）广泛用于汽车风窗玻璃、后视镜等多种玻璃的快速去污、光亮清洗。

1. 玻璃水性能特点

（1）清洗性能：玻璃水是由多种表面活性剂及添加剂复配而成。表面活性剂通常具有润湿、渗透、增溶等功能，从而起到清洗去污的作用。

（2）防冻性能：能显著降低液体的冰点，从而起到防冻的作用，能很快溶解冰霜。

图 8.36 汽车玻璃水

（3）防雾性能：能使玻璃表面形成一层单分子保护层。这层保护膜能防止形成雾滴，保证风窗玻璃清澈透明、视野清晰。

（4）抗静电性能：用玻璃水清洗后，吸附在玻璃表面的物质，能消除玻璃表面的电荷。

（5）润滑性能：黏度较大，可以起润滑作用，减少刮水器与玻璃之间的摩擦，防止产生划痕。

（6）防腐蚀性能：玻璃水中含有多种缓蚀剂，对金属没有任何腐蚀作用，保证汽车面漆、橡胶绝对安全。

（7）高效洁净：彻底去除光滑表面的尘垢、污渍，一擦即亮。

（8）无须过水，不留水痕，持久光洁。

2. 玻璃水的种类

市场上的玻璃水可分为三大类：第一类是夏季用的，在原成分基础上增加了除虫胶成分，可以更快速地清除撞在风窗玻璃上的飞虫残留物，对汽车前风窗的飞虫残留痕迹也有很好的清除效果。第二类是冬季专用的防冻型玻璃水，能保证在外界气温低于 –20 ℃时，依旧不会结冰。冬季天气寒冷而路上又需要清洗风窗玻璃时，玻璃水不仅能够有效清洁，还能够起到吸收静电的作用。第三类是特效防冻型玻璃水，保证在 –40 ℃时依旧不结冰，适合我国最北部的严寒地区使用。

5. 助力转向油

助力转向是汽车上的一种增加驾驶舒适性的新技术，在转向的时候自动提供转向助力，从而减轻驾驶人的劳动强度，而助力转向油就是加注在助力转向系统里面的一种介质油，起到传递转向力和缓冲的作用。

助力转向油（见图 8.37）是汽车助力转向泵里面用的一种特殊液体，通过液压作用，可以使转向盘的操作变得非常轻巧，与自动变速器油液、制动油液等油液类似，使用时加入助力转向油罐（见图 8.38）中。

图 8.37 助力转向油

图 8.38 助力转向油罐

（1）更换周期

一般汽车厂家并不严格规定助力转向油的更换周期。参考国外汽车公司的汽车保养要求，并结合我国的道路状况、空气质量和使用人员的技术水平等因素，建议为防止助力转向油过脏或变质，两年或三万千米更换一次助力转向油。

（2）注意事项

① 助力转向油含有致癌物质，如果沾到皮肤应及时清洗干净。

② 助力转向油有腐蚀性，可能导致油漆失去光泽，也会导致橡胶配件老化，如有沾染应及时清洗。

③ 配有液压助力转向系统的汽车，在使用过程中避免把转向盘转到极限位置（俗称“打死”），因为长时间那样会烧蚀助力转向油泵。

6. 汽车空调制冷剂和冷冻油

汽车空调制冷剂属于中温（中压）制冷剂，适用温度范围为 –60 ~ 0℃，压力范围为 0.3 ~ 2.0 MPa。主要有 R12、R134a、R404a 等类型。因为 R12 对大气臭氧层有严重破坏作用，并产生温室效应，危及人类赖以生存的环境，因此，它已禁用。

（1）R134a 型空调制冷剂

R134a（见图 8.39）的标准蒸发温度为 –26.5 ℃，凝固点为 –101 ℃，属中温制冷剂。它的特性与 R12 相近，无色、无味、无毒、不燃烧、不爆炸。汽化潜热比 R12 大，与矿物性润滑油不相溶，必须采用聚酯类合成油（如聚烯烃乙二醇）。与丁腈橡胶不相溶，须改用聚丁腈橡胶作密封元件。吸水性较强，且易与水反应生成酸，腐蚀制冷机管路及压缩机，故对系统的干燥度提出了更高的要求，系统中的干燥剂应使用 XH–7 或 XH–9 型分子筛，压缩机线圈及绝缘材料须加强绝缘等级。击穿电压、介电常数比 R12 低。热导率比 R12 高 30% 左右。对金属、非金属材料的腐蚀性及渗漏性与 R12 相同。R134a 对大气臭氧层无破坏作用，但仍有一定的温室效应（GWP 值约为 0.27），目前是 R12 的主要替代工质之一。

图 8.39 R134a

（2）冷冻油

用于制冷压缩机内各运动部件的润滑油称为冷冻油。在压缩机中，冷冻油主要起润滑、密封、降温及能量调节等作用。

① 润滑。冷冻油在压缩机运转中起润滑作用，以减少压缩机运行摩擦和磨损程度，从而延长压缩机的使用寿命。

② 密封。冷冻油在压缩机中起密封作用，使压缩机内活塞与气缸面之间、各转动的轴承之间达到密封的效果，以防止制冷剂泄漏。

③ 降温。冷冻油在压缩机各运动部件间润滑时，可带走工作过程中所产生的热量，使各运动部件保持较低的温度，从而提高压缩机的效率和使用的可靠性。

④ 能量调节。对于带有能量调节机构的制冷压缩机，可利用冷冻油的油压作为能量调节机械的动力。

（3）操作与保存制冷剂机油时的注意事项

① 制冷剂不能开盖保存，应保存在干燥、密闭的容器中，放在阴暗处（特别是在高湿度地区）。

② 用完后应立即关闭打开的盖子，防止空气中水分进入。

③ 不同的空调系统应使用该系统规定的制冷剂，因为不相溶的油混合物会引起空调系统的严重损坏。

④ 更换系统部件时应适量补充制冷剂。

⑤ 应按空调系统规定量添加制冷剂。

二、轮胎

轮胎是汽车的重要部件之一，如图 8.40 所示，它直接与路面接触，和汽车悬架共同缓和汽车行驶时所受到的冲击，保证汽车有良好的乘坐舒适性和行驶平顺性；保证车轮和路面有良好的附着性；提高汽车的牵引性、制动性和通过性；承受着汽车的重力，轮胎在汽车上所起的重要作用越来越受到人们的重视。

图 8.40　汽车轮胎

轮胎按结构可分为子午线轮胎、斜交轮胎；按轮胎花纹分类可分为条形花纹轮胎、横向花纹轮胎、混合花纹轮胎、越野花纹轮胎。轮胎按适用车型大概可分为 8 种：PC——轿车轮胎，LT——轻型载货汽车轮胎，TB——载货汽车及大客车胎，AG——农用车轮胎，OTR——工程车轮胎，ID——工业用车轮胎，AC——飞机轮胎，MC——摩托车轮胎。备胎按照尺寸可分为全尺寸备胎和非全尺寸备胎。

1. 子午线轮胎

乘用车的车轮一般使用子午线轮胎，如图 8.41 所示。子午线轮胎的规格包括宽度、高宽比、内径和速度极限符号等。以丰田 CROWN3.0 轿车为例，其轮胎规格是 195/65R15，195 表示轮胎两边侧面之间的宽度是 195 mm，65 表示高宽比，R 代表单词 Radial，表示子午线轮胎，15 表示轮胎的内径，单位为英寸（in）。有些轮胎还标注有速度极限，分别用 P、R、S、T、H、V、Z 等字母代表各速度极限值。

图 8.41　子午线轮胎

特别需要指出的是高宽比，其含义是轮胎胎壁高度占胎宽的百分比。现代轿车轮胎的高宽比多在50%~70%之间，数值越小，轮胎形状越扁平。随着车速的提高，为了降低轿车的重心和轴心，轮胎的直径不断缩小。为了保证有足够的承载能力，改善行驶的稳定性和抓地力，轮胎和轮圈的宽度不断加大。因此，轮胎的截面形状由原来的近似圆形向扁平化的椭圆形发展。

子午线轮胎的特点是帘布层帘线排列的方向与轮胎的子午断面一致（即胎冠角为0°），由于帘线的排列方式，使帘线的强度能得到充分利用，子午线轮胎的帘布层数一般比普通的斜线胎可减少40% ~ 50%。帘线在圆周方向只靠橡胶来联系。

子午线轮胎与普通斜线胎相比，具有弹性大、耐磨性好，可使轮胎使用寿命提高30% ~ 50%，滚动阻力小，可降低汽车油耗8%左右，附着性能好，缓冲性能好，承载能力大，不易穿刺等优点。缺点是：胎侧易裂口，由于侧面变形大，导致汽车侧向稳定性差，制造技术要求及成本高。

2. 使用注意事项

① 汽车起步不可过猛，无论空载、满载都应低速平稳起步。避免轮胎与地面滑磨，以减少胎面磨损。

② 在良好路面上行驶时，应保持直线前进，除会车和避让障碍物外，禁止左右摇摆和急剧转向，以防轮胎和轮辋之间产生横向切割力损伤轮胎。

③ 车辆下长坡时应根据坡度大小、长度和道路情况，适当控制车速。在坡长、路陡、路况复杂的情况下，应挂挡行驶，并利用轻微制动控制车速下坡，这样不但可以避免紧急制动，减少轮胎磨损，而且安全行车也有保障。

④ 车辆上坡时，应尽量利用惯性行驶，适时变速，及时换挡，上坡时要保持车辆有适当的余力，不要等车停了再重新起步，以减少轮胎的磨损。

⑤ 行车转弯应根据弯道情况控制车速，不要高速转弯，否则车辆产生较大的离心力，使车载货物倾斜，质心偏移一侧，单边轮胎超载拖曳，加速磨耗，同时还会使轮胎被轮辋横向切割，造成损坏。

⑥ 在复杂情况下（会车、超车、通过城镇、交叉路口、过铁路）行驶时，应掌握适当的行车速度，减少频繁制动，避免紧急制动，否则造成轮胎与地面之间的滑动摩擦，致使胎面严重磨损。

⑦ 在不良道路上行驶时，应减速慢行，并仔细观察，择路通过，通过后应停车检查双胎之间是否夹有石子，如有应及时排除。

⑧ 车辆途中停车和到场停车时，要养成安全滑行的停车习惯。在停车前要选择地面平整、干净和无油污的地面停放，每条轮胎都要平稳落地，尤其是车辆装载过夜，更应该注意选好停放地点，必要时将后轮顶起。

3. 维护保养方法

（1）注意轮胎气压。气压是轮胎的命门，过高和过低都会缩短它的使用寿命。气压过低，胎体变形增大，胎侧容易出现裂口，同时产生屈挠运动，导致过度生热，促使橡胶老化，帘布层疲劳、帘线折断，还会使轮胎接地面积增大加速胎肩磨损。气压过高，会使轮胎帘线受到过度的伸张变形，胎体弹性下降，使汽车在行驶中受到的负荷增大，如遇冲击会产生内裂和爆破，同时气压过高还会加速胎冠磨损，并使耐轧性能下降。

（2）定期检查前轮定位。前轮定位对轮胎的使用寿命影响较大，其中前轮前束和前轮外倾为最主要因素。前轮外倾主要会加速胎肩的磨损即偏磨；前轮前束过小或过大会加速轮胎内外侧的磨损。

（3）注意驾驶方式。驾驶人在行车中除了处理情况外，还应选择行驶路面，躲避锋利的石头、玻璃、金属等可能扎破和划伤轮胎的物体，躲避化学遗洒物质对轮胎的黏附、腐蚀。行驶在拱度较大的路面时，要尽量居中行驶，减少一侧轮胎负荷增大而使轮胎磨损不均。超载、急速转弯、紧急制动、高速起步，以及急加速等都对轮胎的磨损产生影响，是驾驶人在行车中要避免的。

（4）根据道路情况行车。路面的种类及状况对轮胎使用寿命的影响很大，驾驶人应根据道路条件选择路面。掌握适当的行车速度，对增加轮胎的行驶里程具有积极作用。

车辆在平整、宽敞且视野良好的道路上行驶时，如高速公路、国道线和省道线等，可根据车辆本身的技术条件和轮胎的性能适当提高车速，但也不宜过高，否则影响行车安全，降低轮胎的使用寿命。在不平整的碎石路和矿区路上行驶时，由于尖石裸露或路边石块锐利，极易损坏轮胎，应注意选择路面并在较低车速下行车，以防止轮胎爆破损坏。

在冰雪路面上行驶时，由于路面与车轮的摩擦系数较小，要注意防滑；若车轮打滑，应立即停车，试行倒退，另选路线前进，若倒退仍打滑，则应排除车前后和两旁的冰雪，或将后轮顶起，铺上石块、砖头、稻草，以便车辆通行。不要猛踏加速踏板，强行起步，以免轮胎越陷越深，原地空转剧烈生热，导致轮胎胎面及胎侧严重刮伤、划伤，甚至剥离掉块。在转弯频繁的路面上或陡坡上行驶时，轮胎受到部分拖曳，即使路面条件较好，也应当在较低车速下行驶，以减少轮胎磨耗，确保行车安全。

（5）掌握轮胎的温度变化。炎热天气行车，由于外界气温较高，轮胎积热散发困难，由于行车速度快、运距长，道路条件恶劣等原因，胎温急剧上升，胎内气压也随之增加，从而加速橡胶老化，降低帘线与橡胶的黏合力，致使帘布层脱空或轮胎爆裂，故炎热天气行车应注意控制轮胎的使用温度。在酷热时行车，除应适当降低车速外，有条件的情况下可在早晚气温较低时行车，或车辆行驶一定距离后停车休息，防止胎温过高。严禁采用放气降压的做法，因放气后轮胎变形增大，会使胎温升高，最后也会因过热而使轮胎损坏。在气温低的季节，因为轮胎在使用时散热快，不容易产生高热，胎面较为耐磨。在气温低的季节，特别是严寒天气，车辆过夜或长时间停放后重新行驶时，为了提高轮胎温度，最好在刚起步阶段以低速行驶为宜。

4. 轮胎更换频率

（1）胎面损耗接近磨损标记时应更换。任何品牌的轮胎都会在胎面沟槽底部设置一个磨损标记。一般轿车轮胎的磨损标记高度为 1.6 mm（这个高度也是法定的轮胎最小沟槽深度），载重轮胎上的磨损标记高度为 2.4 mm。有的驾驶人认为只要轮胎没破，即使轮胎花纹快磨光了仍可继续用，这样的旧轮胎其实是十分危险的。当遇上湿滑路面时，胎面花纹无法将轮胎下方的积水完全排出，很容易导致车辆失控。

（2）轮胎出现裂缝或鼓包等受损情况时应更换。在日常用车的过程中，轮胎或被异物扎到，或不小心撞到马路牙子，这些都会导致轮胎受损。轮胎受损的情况包括胎面裂缝、胎面鼓包、胎面橡胶缺失、胎侧磨损严重、轮胎多次被异物扎到等。尤其是鼓包，轮胎随时都会有爆裂的危险。只要发现轮胎出现这些受损情况，就要尽早到专业的轮胎店检查轮胎，及时更换。

（3）轮胎年限到期时要及时更换。轮胎的使用年限通常在 5 年左右，超过这个年限，轮胎就会开始老化。轮胎老化的主要表现首先是表面硬化，继而出现龟裂纹。老化的轮胎会失去应有的弹性，继续使用的话会导致胎面变形，存在爆胎风险。

5. 轮胎养护注意事项

（1）提高对轮胎安全性的认识。平时要多检查轮胎，特别是上高速前，一定要做充分细致的检查，除了胎压之外，还要观察轮胎侧面是否有裂口、胎面磨损状况，发现隐患应及时排除。

（2）定期修正车轮平衡度。车轮不平衡度超标，高速行驶时将会产生高频的摆动，造成轮胎偏磨，不利于行车安全。轮胎修补后应该进行动平衡检测调整，轮胎单边动平衡检测值应小于等于 40 g。

（3）定期实施轮胎换位。为保持同一辆车上轮胎磨损均匀，车辆每行驶 5 000 km 应做一次轮胎换位，每行驶 5 000 ~ 10 000 km 做一次四轮定位，以避免轮胎非正常过度磨损。不允许在同一轴上安装不同型号或者新旧差异较大的轮胎。

三、制动盘和制动片

1. 制动盘

制动盘是一个金属圆盘，用合金钢制造并固定在车轮上，随车轮转动。制动盘是盘式制动器摩擦副中的旋转元件，是以两端面工作的金属圆盘，如图 8.42 所示。车辆行驶过程中踩制动踏板时，制动钳夹住制动盘起到减速或者停车的作用。一般制动盘上有圆孔，其作用是减轻质量和增加摩擦力。制动盘种类繁多，不同种类的制动盘在盘径、盘片厚度及两片间隙尺寸上存在差异，盘毂的厚度和高度也各不相同。

图 8.42　汽车制动盘

（1）制动盘特点

① 优点。一般无摩擦助势作用，因而制动器效能受摩擦因数的影响较小，即效能较稳定；进水后效能降低较少，而且只需经一两次制动即可恢复正常；在输出制动力矩相同的情况下，尺寸和质量比鼓式制动器小；制动盘沿厚度方向的热膨胀量极小，不会像制动鼓那样使制动器间隙明显增加而导致制动踏板行程过大；较容易实现间隙自动调整，其他保养修理作业也比较简单。

② 缺点。制动效能较低，故用于液压制动系统使所需制动促动管路压力较高，一般要求伺服助力装置；兼用于驻车制动时，需要加装的驻车制动传动装置较鼓式制动器复杂，因而在后轮上的应用受到限制。

（2）制动盘的更换

从理论上来讲，制动盘的最大磨损极限为 2 mm，使用到极限后必须更换新制动盘。更换频率也要根据驾驶习惯来衡量，大致标准如下：

① 看制动片的更换频率。如果制动片的更换频率很高，那就建议多检查制动盘的厚度。

② 根据磨损状况来决定。因为制动盘除了正常磨损以外，还有因为制动片或制动盘的质量及正常使用过程中异物造成的磨损，如果制动盘被异物磨损出一些比较深的沟，或盘面磨损得有偏差（有的地方薄，有的地方厚）的话，就建议更换，因为这种磨损产生偏差后会直接影响驾驶安全。

2. 制动片

在汽车的制动系统中，制动片是最关键的安全零件，制动片对制动效果的好坏起决定性作用。如图 8.43 所示，制动片一般由钢板、粘胶层、隔热层和摩擦块构成，其中隔热层是由不传热的材料组成，目的是隔热。摩擦块由摩擦材料、黏合剂组成，制动时被挤压在制动盘或制动鼓上产生摩擦，从而达到车辆减速制动的目的。由于摩擦作用，摩擦块会逐渐被磨损，一般来讲成本越低的制动片磨损得越快。摩擦材料使用完后要及时更换制动片，否则钢板与制动盘就会直接接触，最终会丧失制动效果并损坏制动盘。

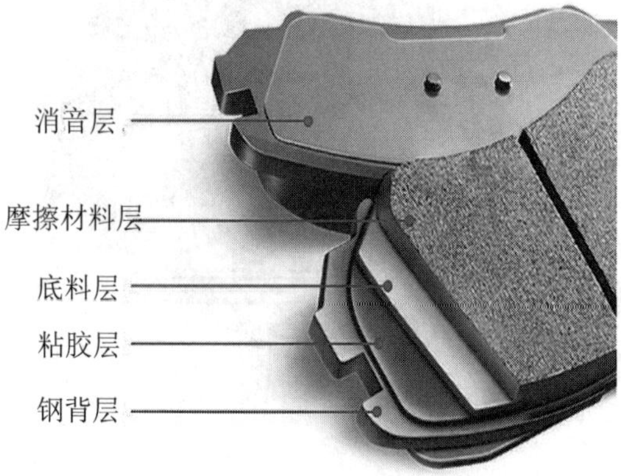

图 8.43 制动片

小型客车上的制动片一般分为用于盘式制动器的制动片和用于鼓式制动器的动蹄。

（1）更换周期

制动片和制动盘的更换时间周期不是固定的，应取决于车辆行驶路况、驾驶人踩制动踏板的频率及力度。一般常规制动片的更换里程是 2.5 万 ~ 3 万千米。

（2）注意事项

① 一般报警会出现一个红色的字“请检查制动片”。然后有个图标，是一个圆圈，外面是几个虚线括号包围着的，一般显示出来就表示接近极限了，需要立刻更换。自动挡汽车比手动挡汽车费制动片，因为自动挡汽车的换挡就是靠加速踏板和制动踏板。

② 常开市区的车，制动片的耗损会比常开公路的车快。因为常开市区的车，经常要走走停停，用制动会多。

新、旧制动片的对比如图 8.44 所示。

图 8.44 新、旧制动片对比

第九章　新能源汽车的维护保养规范

章节概述

新能源汽车的维护保养一般分为定期维护与非定期维护，定期维护又分为日常维护、一级维护和二级维护。日常维护一般由驾驶人自己承担；一级、二级维护应根据车辆使用说明书规定的行驶里程或者车辆使用时间，由专业的汽车维修人员实施。

新能源汽车保养规范包括新车交付PDI检测流程和方法、新能源汽车首保及走合期维护、新能源汽车定期维护（主机厂常保及强保规定）、汽车维修管理部门制定的维护规定等。

学习目标

- 了解新车PDI检测的意义及检测流程和方法。
- 掌握新能源汽车首保及走合期的维护规定。
- 掌握新能源汽车主机厂制定的常保和强保规定。
- 掌握汽车维修管理部门制定的汽车维护规定。

第一节 新车交付PDI检测

一、PDI检测概述

新车交付检测，也称为车辆移交检查（Pre Delivery Inspection，PDI）。PDI检测是一项售前检测证明，是新车在交车前必须通过的检查。因为新车从生产厂到达经销商处经历了长途运输和长时间的停放，为了向顾客保证新车的安全性和原厂性能，PDI检测必不可少。越是高档车辆，其电子自动化程度越高，PDI检测的项目也就越多。例如，未做PDI的新车，会始终在运输模式运行。这种模式只能简单行驶，很多系统没有被激活。强行使用会导致功能不全，甚至会严重损害车辆，给车辆及驾驶人的安全造成极大的危害。PDI检测项目范围很广，如电池是否充放电正常、钥匙记忆功能是否匹配、舒适系统是否激活、仪表灯光功能是否设置到原厂要求等。技术人员所做的一切，为的是确保车辆的安全性和驾驶的舒适性。

二、PDI检测流程及方法

1.PDI检测总则

（1）对于所有交付客户之前的销售车辆，100%进行PDI检测。

（2）所有PDI检测人员必须经培训并取得资格证书方可上岗。

（3）PDI检测前，车辆必须按照规定的程序进行洗车。

（4）为避免天气和阳光变化引起检测结果的变化，PDI应在规定的场地进行，或在类似的亮度条件下进行。场地要求：检测场地应在室内或遮阳棚下，室内或遮阳棚内灯光强度在车辆腰线处大于1 100 Lux。

（5）PDI检测分为动态检测和静态检测两部分。

PDI检测推荐分车内、车外两名检验员；如果是一人则应保证覆盖所有检测内容，外观检测应离车1 m；必须用气压计检测轮胎气压；缺陷判断标准根据《售前车辆缺陷判断标准》判定；将检测结果填写在《售前检测单》上，并将相关信息上报。

（6）检测前的注意事项。为了保证检测工作顺利完成，避免将汽车擦伤和弄脏，检测人员在进行检测时必须注意以下事项：

① 检测人员在进行车辆内饰检测时，需要头戴工作帽，以防头发脱落在车内。

② 检测人员的制服应整洁、合身，应穿无扣或有暗扣的工作服，鞋子不能沾有泥土。

③ 检测人员的衣服口袋不能放任何工具和硬物。

④ 检测人员不能佩戴钥匙链、手表、戒指、手链、项链等金属物品。

⑤ 检测人员应穿软底平跟鞋，不能穿拖鞋、硬底鞋、高跟鞋。

⑥ 检测人员的双手应保持干净，指甲不能太长。

⑦ 检测人员应准备棉纱手套及白色手套各一副，棉纱手套用来检查汽车前机舱、底盘等，白色薄手套用来检查车辆的内、外饰。

⑧ 检测人员的服装、手套、帽子、软底平跟鞋应定期清洗或者更换，以保持清洁。

2.PDI 检测基本操作流程

PDI 检测基本操作流程如图 9.1 所示。

步骤一：根据《售前检测单》核对选装单上的有关信息，以及 VIN 码的一致性

⇩

步骤二：钥匙通电，待车辆自检结束，起动车辆，观察各种指针、指示灯是否异常

⇩

步骤三：系安全带，检查安全带指示灯是否熄灭

⇩

步骤四：将车开到 PDI 检测棚，同时检查转向盘、转向、悬架、制动是否异常

⇩

步骤五：停车熄火，拔出钥匙，完成检测

图 9.1　PDI 动态检测步骤

3.PDI 静态检测步骤

PDI 静态检测步骤，如图 9.2 所示。

步骤一：打开前盖，检查机舱：包括蓄电池、标签、液位、旋盖松紧等，关前盖

⇩

步骤二：站在车前部，检查前盖表面，车前灯光等

⇩

步骤三：检查车前舱情况：漏液、异响、电子风扇、高低压线束连接情况等

⇩

步骤四：检查左前翼子板，左前门防擦条、后视镜等表面与配合

⇩

步骤五：进入驾驶室，检查天窗、刮水器、音响、空调、左前座椅等内饰功能

⇩

步骤六：进入前排乘客座，检查座椅、遮阳板等内饰，以及前风窗玻璃表面

⇩

步骤七：检查车辆右侧表面质量与配合，包括右前后门、前后翼子板

⇩

步骤八：检查后排座椅以及相关内饰功能与表面配合，检查后风窗玻璃

⇩

步骤九：检查后档加热、行李箱，检查后盖、后保险杠、尾灯功能及表面质量等

⇩

步骤十：检查左后门、左后翼子板表面与配合、后排座椅情况

⇩

步骤十一：绕车检查轮胎的型号、胎压，是否有鼓包，漏水情况，钥匙的防盗、遥控功能、门锁等

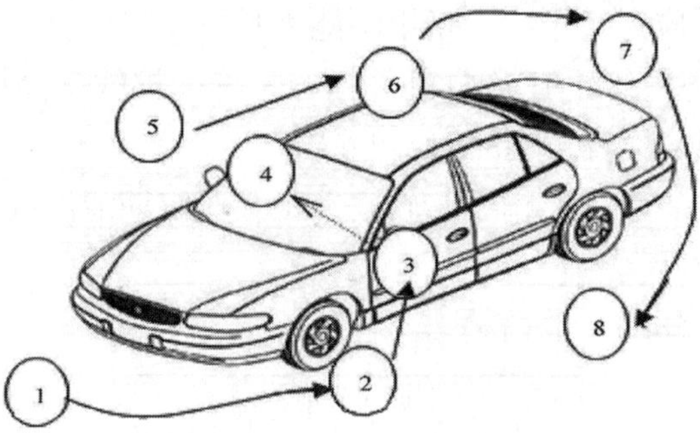

图 9.2 PDI 静态检测流程

第二节 新能源汽车走合期维护

一、走合期维护概述

新车、大修车以及装用大修发动机的汽车在初始一段里程内所进行的维护称为走合期维护。汽车经过初期使用阶段的磨合，使各运动部件摩擦表面之间进行相互研磨，提高配合精度，从而顺利过渡到正常使用状态。汽车的使用寿命、工作可行性和经济性在很大程度上取决于汽车使用初期的磨合，而且磨合的好坏将直接影响到汽车的使用寿命。因此，汽车磨合的目的就是使各运动部件快速适应各种工况，并大大延长汽车的使用寿命，降低维修成本。

汽车的走合期里程一般规定为 2 500 ~ 3 000 km，或按汽车使用说明书规定的里程执行。汽车在走合期的各项维护作业，要按汽车使用说明书的规定执行，货车和客车一般分为走合前期、走合中期和走合后期三个阶段的维护。乘用车首次保养时间与内容按厂方规定执行。

二、走合期维护项目

1. 走合前期维护

走合前期维护是为了防止汽车出现事故和损坏，保证顺利地完成走合，其主要内容有：

（1）清洗全车，检查各部件的连接及紧固情况。

（2）检查散热器存水量，并检查冷却系统各部位有无漏水现象。

（3）检查发动机、制动器、变速器，以及助力器装置用油的数量和质量，视需要添加或更换，并检查各部位有无漏油现象。

（4）检查变速器各挡是否正确接合。

（5）检查转向机构各部位有无松旷或发卡现象。

（6）检查电器设备、灯光和仪表是否正常，并检查蓄电池电解液密度与液面高度。

（7）检查和调整轮胎气压，使之符合标准。

（8）检查制动效能（制动距离、有无跑偏和发咬现象），如不符合要求应查明原因，及时排除故障。

2. 走合中期维护

走合中期的维护是在汽车行驶 500 km 左右时进行的，主要是对技术状况开始发生变化的部位进行一次及时的维护，以恢复其良好的技术状况，保证下阶段走合顺利进行。主要内容有：

（1）清洁发动机润滑系统，更换润滑油和滤清器。

（2）润滑全车各润滑点，最初行驶 30 ~ 40 km 时，应检查变速器、前后驱动、轮毂和传动轴等处是否发热或有异响。如发热或有异响应查明原因，予以调整或修理。

（3）检查制动效能和各连接处、制动管路的密封程度，必要时加以调整和紧固。

（4）检查调整离合器踏板自由行程。

（5）按规定力矩和顺序拧紧气缸盖及进、排气歧管螺栓、螺母和轮胎螺母。

3. 走合后期维护

走合结束时应对汽车进行一次二级维护。检查、紧固全车各连接部分，进行必要的调整和润滑，使汽车达到良好的技术状况后，投入正常运行。其作业内容主要有：

（1）检查和调整制动器。

（2）检查、调整离合器踏板的自由行程。

（3）检查、调整、紧固前桥转向机构。

（4）按规定力矩检查，紧固底盘各部的连接螺栓、螺母。

（5）检查并紧固车身各部件连接。

走合期后运行中，仍应中速行驶，不超载和拖带挂车行驶。

乘用车走合期的使用和维护根据制造厂要求，走合期里程一般为 2 500 ~ 3 000 km。

第三节　主机厂规定的定期维护（常保）

汽车在行驶过程中，由于受各种因素的影响，各零部件必然会逐渐产生不同程度的自然松动、磨损和机械损坏，如不及时采取必要的技术措施，汽车的动力性、经济性会变差，汽车的可靠性也将随之降低，甚至发生意外损坏。汽车维护就是为了防止机件过早磨损，保证汽车具有良好工作性能，预防故障产生和延长车辆使用寿命而采取的维护性技术措施。我国交通部发布的《汽车运输业车辆技术管理规定》明确规定了车辆维护要遵循“预防为主，定期检测，强制维护”的原则，在车辆维护作业中，必须根据国家标准《汽车维护、检测、诊断技术规范》（GB/T 18344—2016）的要求强制执行。

一、汽车定期维护的意义

汽车由大量的零部件构成，随着车辆的使用时间变长，会受到磨损、老化或腐蚀而降低性能，从而需要定期维护，经调整或更换机件来保持其性能。通过实施定期维护，可达到以下效果：

（1）避免发生由于机件损坏引起的故障。

（2）使车辆保持在符合法律规定的状态中。

（3）延长车辆使用寿命。

二、汽车维护分类

汽车使用过程中，由于汽车新旧程度及使用地区的条件不同，各个时期对汽车维护的作业项目也不同。根据国家标准《汽车维护、检测、诊断技术规范》（GB/T18344—2016）有关规定，汽车维护分为日常维护、一级维护和二级维护三类。

日常维护是以清洁、补给和安全性能检视为中心内容的维护作业。

一级维护是除日常维护作业外，以润滑、紧固为作业中心内容，并检查有关制动、操纵等系统中的安全部件的维护作业。

二级维护是除一级维护作业外，以检查、调整制动系统、转向操纵系统、悬架等安全部件，并拆检轮胎，进行轮胎换位，检查调整发动机工作状况和汽车排放相关系统（传统车）等为主的维护作业。

三、汽车维护周期

汽车维护周期根据国家标准分为日常维护周期、一级维护周期和二级维护周期。

日常维护周期为出车前、行车中和收车后。

汽车一级维护、二级维护周期的确定应以行驶里程间隔为基本依据，行驶里程间隔执行车辆维修资料等有关技术文件的规定。

对于不便用行驶里程间隔统计、考核的汽车，可用行驶时间间隔确定一级维护、二级维护周期。道路运输车辆一级维护、二级维护推荐周期参见表 9.1 所示。

表 9.1 道路运输车辆一级维护、二级维护推荐周期

适用车型		维护周期	
		一级维护行驶里程间隔上限值或行驶时间间隔上限值	二级维护行驶里程间隔上限值或行驶时间间隔上限值
客车	小型客车（含乘用车）（车长≤ 6 m）	10 000 km或30日	40 000 km或120日
	中型及以上客车（车长>6 m）	15 000 km或30日	50 000 km或120日
货车	轻型货车（最大设计总质量≤ 3 500 kg）	10 000 km或30日	40 000 km或120日
	轻型以上货车（最大设计总质量>3 500 kg）	15 000 km或30日	50 000 km或120日
挂车		15 000 km或30日	50 000 km或120日

注：对于以山区、沙漠、炎热、寒冷等特殊运行环境为主的道路运输车辆，可适当缩短维护周期。

四、汽车定期维护作业要求

（一）汽车日常维护

1. 总要求

日常维护是由驾驶人负责执行的日常性车辆维护作业，其作业中心内容是清洁、补给和安全检视，并坚持以下原则：

坚持“三检”：在出车前、行车中、收车后，对汽车制动、转向、传动、悬架、灯光、信号等部位和发动机进行检视、校紧，以确保行车安全。

保持“四清”：保持发动机外表面、空气滤清器、燃油滤清器和蓄电池的清洁。

防止“四漏”：对润滑油、燃油、冷却液、各种工质、轮胎气压进行检视并视情补给，防止出现漏水、漏油、漏气、漏电等情况。

日常维护作业项目及技术要求如表 4.2 所示。

表 9.2　日常维护作业项目及技术要求

序号	作业项目	作业内容	技术要求	维护周期
1	车辆外观及附属设施	检查、清洁车身	车身外观及客车车厢内部整洁，车窗玻璃齐全、完好	出车前或收车后
		检查后视镜，调整后视镜角度	后视镜完好、无损毁，视野良好	出车前
		检查、清洁车身	车身外观及车厢内部整沾，车窗玻璃齐全、完好	出车前或收车后
		检查后视镜，调整后视镜角度	后视镜完好、无损毁，视野良好	出车前
		检查安全带	安全带固定可靠、功能有效	出车前或收车后
		检查风窗玻璃刮水器	刮水器各挡位工作正常	出车前
2	冷却系统	检查冷却液液面高度，视情补给	油（液）面高度符合规定	出车前
3	制动系统	制动系统自检	自检正常，无制动警告灯闪亮	出车前
		检查制动液液面高度，视情补给	液面高度符合规定	出车前
		检查行车制动、驻车制动	行车制动、驻车制动功能正常	出车前
4	车轮及轮胎	检查轮胎外观、气压	轮胎表面无破裂、凸起、异物刺人及异常磨损，轮胎气压符合规定	出车前、行车中
		检查车轮螺栓、螺母	齐全完好，无松动	
5	照明、信号、指示装置及仪表	检查前照灯	前照灯完好、有效，表面清洁，远近光变换正常	出车前
		检查信号指示装置及仪表	转向灯、制动灯、示廓灯、危险警告灯、雾灯喇叭、标志灯及反射器等信号指示装置完好有效，表面清洁	
		检查仪表	工作正常	出车前、行车中

注：“符合规定”指符合车辆维修资料等有关技术文件的规定，以下同。

2. 纯电动汽车日常维护

（1）纯电动汽车蓄电池的维护与保养

① 经常用抹布蘸水把蓄电池外部擦洗一遍，将面板、柱头上（即正负两个极头）擦拭干净，这样，有助于提高蓄电池的使用寿命。

② 日常行车时，应经常检查蓄电池盖上的小孔是否畅通。

③ 定期检查蓄电池电缆的连接问题，查看电缆有无松动情况。

④ 蓄电池长期不用，会慢慢自行放电，直至报废。若长久不用时，每隔一个月对蓄电池进行一次充电维护。

⑤ 对蓄电池充电时，要将车放置在通风较好的位置，打开蓄电池盖（充电时务必关断电源）。

⑥ 充电时不能用带明火的物体接近正在充电的蓄电池口。

⑦ 电动车在使用时，要轻踏加速踏板，否则瞬间的大电流放电会损坏蓄电池。

⑧ 当仪表上的电量降低到红色预警线时，应当及时进行充电。

⑨ 将蓄电池拆下来时，应先拆负极再拆正极，安装时与此相反。

⑩ 电动汽车在短距离使用后，建议及时将蓄电池充满电，让蓄电池始终保持饱和状态，可保持蓄电池的使用寿命。

（2）纯电动汽车的日常维护关键项目

① 电动汽车的清洗。按照正常洗车方法，在清洗过程中应注意避免水流入车体充电插座，避免车身线路短路。电动汽车的手工清洗，应在阴凉处，待车身温度降至 40 ℃以下时再进行清洗。在沿海一带行驶时，在撒有防冻剂的路面上行驶时，在沾有油脂杂物时，在空气里含有大量灰尘、铁屑或化学物质的地区内行驶时，容易引起油漆层的剥落或导致车身和零部件腐蚀，须立刻清洗车辆。

② 经常检查轮胎气压。将轮胎气压保持在正常的胎压，必须每两星期或至少每月检查一次轮胎气压。不正常的轮胎气压会耗电，缩短行驶里程，降低驾驶的舒适性，降低轮胎寿命并降低行车安全。

③ 防止金属生锈。长期停驶的电动汽车，应保持金属表面清洁。停放车辆的车库应经常保持通风，使空气湿度保持在 70% 以下，需及时清除汽车上的灰尘、脏物和水分。在易锈蚀的部位和机件表面应涂以机油、润滑脂，或者用油纸包扎起来。对于各总成机构上的孔隙，应加以密封，避免空气、水分和灰尘进入内部。

④ 防止橡胶制品老化变质。车上的橡胶制品，如轮胎、传动带以及防尘罩等，经常会发生老化、膨胀或变形现象，致使性能变坏，使用寿命变短。为防止橡胶制品老化，应避免阳光直射及与矿物油的接触。

（3）其他需要注意项目

① 每天起动电动汽车前，先检查电量是否充足，制动性能是否良好，螺栓是否松动等，有故障时及时修理排除，检查完成确定没有故障时才能出车。

② 充电部分修理或更换充电熔断丝时，必须先拔下 220 V 电源插头，不准带电操作。

③ 每次停车都必须关闭电源开关，拔出钥匙，将挡位开关扳至空挡位置。

④ 维护与更换蓄电池、电器时，须关闭电源总开关后操作。

⑤ 充电应在儿童无法接触的地方进行。

⑥ 因事故或其他原因造成起火时，应立即关闭总电源开关。

（二）汽车一级维护

汽车一级维护中心作业内容为润滑和紧固。一级维护应由专业维修企业执行，这对确保维护质量具有十分重要的意义。

汽车一级维护作业项目及技术要求如表 9.3 所示。

表 9.3　汽车一级维护作业项目及技术要求

序号	作业项目		作业内容	技术要求
1	动力系统	冷却液	检查液面高度，视情更换	按规定的里程或时间更换冷却液，液面高度符合规定
2	转向系统	部件连接	检查、校紧万向节、横直拉杆、球头销和转向节等部位的连接螺栓、螺母	各部件连接可靠
3		转向器润滑油及转向助力油	检查油面高度，视情更换	按规定的里程或时间更换转向器润滑油及转向助力油，油面高度符合规定
4	制动系统	制动管路、制动阀及接头	检查制动管路、制动阀及接头，校紧接头	制动管路、制动阀固定可靠，接头紧固，无漏气（油）现象
5		缓速器	检查、校紧缓速器的连接绷栓、螺母，检查定子与转子间隙，清洁缓速器	缓速器连接紧固，定子与转子间隙符合规定，缓速器外表、定子与转子间清洁，各插接器与接头连接可靠
6		储气筒	检查储气筒	无积水及油污
7		制动液	检查液面高度，视情更换	按规定的里程或时间更换制动液，液面高度符合规定
8	传动系统	各连接部位	检查、校紧变速器、传动轴、驱动桥壳、传动轴支撑等部位的连接螺栓、螺母	各部位连接可靠，密封良好
9		变速器、主减速器和差速器	清洁通气孔	通气孔通畅
10	车轮	车轮及半轴的螺栓、螺母	校紧车轮及半轴的螺栓、螺母	紧固力矩符合规定
11		轮辋及压条挡圈	检查轮辋及压条挡圈	轮辋及压条挡圈无裂损及变形
12	其他	蓄电池	检查蓄电池	液面高度符合规定，通气孔畅通，电桩、夹头清洁，牢固，免维护蓄电池电量状况指示正常
13		防护装置	检查侧防护装置及后防护装置，校紧螺栓、螺母	完好有效，安装牢固
14			检查、润滑各润滑点	润滑嘴齐全有效，润滑良好。各润滑点防尘罩齐全完好。集中润滑装置工作正常，密封良好
15		整车密封	检查泄漏情况	全车不漏油、不漏液、不漏气

（三）汽车二级维护

当汽车行驶到一定里程后，零部件的磨损和变形会增加，为了延长汽车的使用寿命和保证行车安全，必须按期进行汽车二级维护，其主要作业内容是检查和调整。汽车二级维护应由专业维修企业执行。

（1）汽车二级维护作业项目及技术要求：汽车二级维护的作业项目、作业内容和技术要求如表 9.4 所示，车辆维修资料中与标准规定的二级维护基本作业项目不同的部分，依据车辆维修资料的有关条款执行。

表 9.4 汽车二级维护作业项目及技术要求

序号	作业项目		作业内容	技术要求
1	制动系统	制动踏板	检查、调整制动踏板自由行程	制动踏板自由行程符合规定
2		驻车制动	检查驻车制动性能，调整操纵机构	功能正常，操纵机构齐全完好、灵活有效
3		防抱死制动装置	检查连接线路，清洁轮速传感器	各连接线及插接器无松动，轮速传感器清洁
4		鼓式制动器	检查制动间隙调整装置	功能正常
			拆卸制动鼓、轮毂、制动蹄，清洁轴承位、轴承、支承销和制动底板等零件	清洁，无油污，轮毂通气孔畅通
			检查制动底板、制动凸轮轴	制动底板安装牢固、无变形、无裂损。凸轮轴转动灵活，无卡滞和松旷现象
			检查轮毂内外轴承	滚柱保持架无断裂，滚柱无缺损、脆落，轴承内外圈无裂损和烧蚀
			检查制动摩擦片、制动蹄及支承销	摩擦片表面无油污、裂损，厚度符合规定。制动蹄无裂纹及明显变形，铆接可靠，铆钉沉入深度符合规定。支承销无过量磨损，与制动蹄轴承孔衬套配合无明显松旷
			检查制动蹄复位弹簧	复位弹簧不得有扭曲、钩环损坏、弹性损失和自由长度改变等现象
			检查轮毂、制动鼓	轮毂无裂纹，制动鼓无裂缝、沟槽、油污及明显变形
			装复制动鼓、轮毂、制动蹄，调整轴承松紧度、调整制动间隙	润滑轴承，轴承位涂抹润滑脂后再装轴承。装复制动蹄时，轴承孔均应涂抹润滑脂，开口销或卡簧固定可靠。制动摩擦片与制动鼓摩擦面应清洁，无油污。制动摩擦片与制动鼓配合间隙符合规定。轮毂转动灵活且无轴向间隙。锁紧螺母、半轴螺母及车轮螺母齐全，紧固力矩符合规定
			检查制动摩擦片和制动盘磨损量	制动摩擦片和制动盘磨损量应在规定或制造要求的范围内，其摩擦工作面不得有油污、裂纹和沟槽等损伤
5		盘式制动器	检查制动摩擦片与制动盘间的间隙	制动摩擦片与制动盘之间的转动间隙应符合规定
			检查密封件	密封件无裂纹或损坏
			检查制动钳	制动钳安装牢固、无油液泄漏。制动钳导向销无裂纹或损坏

（续表）

序号	作业项目		作业内容	技术要求
6	转向系统	转向器和转向传动机构	检查转向器和转向传动机构	转向轻便、灵活，转向无卡滞现象，静止、限位功能正常
			检查部件技术状况	转向节臂、转向器摇臂及横直拉杆无变形、裂纹和拼焊现象，球销无裂纹、不松旷，转向器无裂损、无漏油现象
7		转向盘最大自由转动量	检查、调整转向盘最大自由转动量	最高设计车速不小于 100 km/h 的车辆，其转向盘的最大自由转动量不大于 15°，其他车辆不大于 25°
8	行驶系统	车轮及轮胎	检查轮胎规格型号	轮胎规格型号符合规定，同轴轮胎的规格和花纹应相同，公路客车（客运班车）、旅游客车、校车和危险货物运输车的所有车轮及其他车辆的转向轮不得装用翻新的轮胎
			检查轮胎外观	轮胎的胎冠、胎壁不得有长度超过 25 mm 或深度足以显露出帘布层的破裂和割伤，以及凸起、异物刺入等影响使用的缺陷。具有磨损标志的轮面，胎冠的磨损不得触及磨损标志；无磨损标志或标志不清的轮胎，乘用车和挂车胎冠花纹深度应不小于 1.6 mm；其他车辆的转向轮的胎冠花纹深度应不小于 3.2 mm，其余轮胎冠花纹深度应不小于 1.6 mm
			轮胎换位	根据轮胎磨损情况或相关规定，视情进行轮胎换位
			检查、调整车轮前束	车轮前束值符合规定
9		悬架	检查悬架弹性元件，校紧连接螺栓、螺母	空气弹簧无泄漏、外观无损伤。钢板弹簧无断片、缺片、移位和空形，各部件连接可靠，U 形螺栓、螺母、紧固力矩符合规定
			减震器 278/384	减震器稳固有效，无漏油现象，橡胶垫无松动、变形及分层
10	灯光导线	前照灯	检查远光灯发光强度，检查、调整前照灯光束照射位置	符合 GB 7258—2017 规定
11		线束及导线	检查发动机舱及其他可视的线束及导线	插接器无松动、接触良好。导线布置整齐、固定牢靠，绝缘层无老化、破损，导线无外露。导线与蓄电池桩头连接牢固，并有绝缘套
12	车架车身及附件	车架和车身	检查车架和车身	车架和车身无变形、断裂及开焊现象，连接可靠，车身周正。发动机罩锁扣锁紧有效。车厢铰链完好，锁扣锁紧可靠，固定集装箱箱体、货物的锁止机构工作正常
			检查车门、车窗启闭和锁止	车门和车窗应启闭正常，锁止可靠。客车动力启闭车门的车内应急开关及安全顶窗机件齐全、完好有效
13		支撑装置	检查、润滑支撑装置，校紧连接螺栓、螺母	完好有效，润滑良好，安装牢固

（2）汽车二级维护作业流程。汽车二级维护前首先要进行进厂检验，汽车进厂后，根据汽车技术档案（包括车辆运行记录、维修记录资料、检测记录、总成修理记录等）和驾驶人反映的车辆使用技术状况（包括汽车动力性、异响、转向、制动及燃油、润滑材料消耗等）确定所需检测项目，依据检测结果及车辆实际技术状况进行故障诊断，从而确定附加作业项目。附加作业项目确定后与基本作业项目一并进行二级维护作业。二级维护作业过程中要进行过程检测，过程检验项目的技术要求应满足《汽车维护、检测、诊断技术规范》（GB/T 18344—2016）要求。二级维护作业完成后，应进行竣工检验，经维护企业竣工检验合格的车辆，检测合格后，由维修企业填写《汽车维护竣

工出厂合格证》后方可出厂。

第四节 主机厂规定的定期维护（强保）

一、强保概述

强制保养即为走合期保养，是厂家为了保证汽车的正常运行而规定的一个保养。车辆在走合期内的行驶速度不要太快，因为新车在组装的时候可能存在铁屑或是杂物，部件之间没有油的润滑，过强、过快的摩擦对机器是个损伤，如果做了强保，整个机器通过油的保养润滑会起到减少摩擦的作用，同时也使得各个部件之间起到密封的作用，润滑油可以有效地阻止外界灰尘杂物进入机器内部影响机器正常运转。通过强制保养，车辆也正式地进入了“三包”阶段。这个时间和里程数要求得都不是十分严格，但是服务站有权利在规定里程数内和时间内不做强保则拒给车主服务。车辆强保要求遵照主机厂车辆服务手册。

二、纯电动汽车主机厂定期保养规定

为了保证汽车的行驶安全性和舒适性，主机厂对汽车定期维护项目都进行了相应规定，某主机厂保养规定如表 9.5 所示。

表 9.5 纯电动汽车 A、B 级保养项目

系统类别	检查内容	处理方法	A 级保养项目	B 级保养项目	合格	不合格
动力电池系统	安全防护	检查并视情处理	√	√		
	绝缘	检查并视情处理	√	√		
	插接器状态	检查并视情处理	√	√		
	标识	检查并视情处理	√			
	螺旋紧固力矩	检查并视情处瑾	√	√		
	电动电池加热功能检查	检查并视情处理	√			
	外部检查	清洁处理	√			
	数据采集	分析并视情处理	√	√		
电机系统	安全防护	检查并视情处理	√	√		
	绝缘检查	检查并视情处理	√	√		
	电机及控制器冷却检查	检查后视情处理并清洁	√	√		
	外部检查	情节处理	√			

（续表）

系统类别	检查内容	处理方法	A级保养项目	B级保养项目	合格	不合格
电器电控系统	机舱及各部位低压线束防护及固定	检查并视情处理	√	√		
	机舱及各部位插接器状态	检查并视情处理	√	√		
	机舱及底盘高压线束防护及固定	检查并视情处理	√	√		
	机舱及底盘各高低压电器固定及插接器连接状态	检查后视情处理并清洁	√	√		
	蓄电池	检查电量状态，并视情处理	√	√		
	灯光、信号	检查并视情处理	√	√		
	充电口及高压线	检查并视情处理	√	√		
	高压绝缘监测系统	检测并视情处理	√			
	故障诊断系统报警监测	检测、检查并视情处理	√			
制动系统	驻车制动器	检查效能并视情处理	√	√		
	制动装置	泄漏检查	√	√		
	制动液	液位检查	√	√		
	制动真空泵、控制器	检查（漏气），并视情处理	√	√		
	前、后制动摩擦衬块	检查并视情更换	√	√		
转向系统	转向盘及转向管柱链接紧固状态	检查并视情处理	√	√		
	转向器连接紧固状态	检查并视情处理	√	√		
	检查转向横拉杆间隙及防尘套	检查并视情处理	√	√		
	检查转向助力功能	路试检查并视情处理	√			
车身系统	风窗及洗涤、刮水器	检查并视情更换处理	√			
	顶盖	检查并视情处理	√	√		
	座椅及滑道	检查并视情处理	√	√		
	门锁及铰链	检查并视情处理	√	√		
	机舱铰链及锁扣	检查并视情处理	√	√		
	后门（厢）铰链及锁	检查并视情处理	√	√		
传动及悬架系统	变速器（减速箱）	检查变速器连接、紧固及渗漏	√	√		
	传动轴	检查球笼间隙及护罩，并视情处理	√	√		
	轮辋	检查、紧固，视情处理	√			
	轮胎	检查胎压，并视情处理	√	√		
	副车架及各悬置连接状态	检查紧固	√			
	前后减震器	检查渗漏情况并紧固，并视情更换	√			
冷却系统	冷却液液位及冰点	液位及冰点测试，视情添加	√	√		
	冷却管路	检查渗漏情况并处理	√	√		
	水泵	检查渗漏情况并处理	√	√		
	散热器	检查并清洁	√	√		
空调系统	空调冷、暖风功能	检查并处理	√			
	压缩机及控制器	检查压缩机及控制器安装及线束插接器状态	√			
	空调管路及连接固定	管路防护检查并视情检漏处理	√	√		
	空调系统冷凝水排水系统	检查、处理	√			
	空调滤芯	检查、处理并清洁	√	√		

参考文献

[1] 陈庆樟 . 电动汽车技术及应用 [M]. 北京：机械工业出版社，2021.

[2] 胡萍，余朝宽 . 新能源汽车概论 [M]. 重庆：重庆大学出版社，2021.

[3] 廖小峰 . 新能源汽车概论 [M]. 重庆：重庆大学出版社，2021.

[4] 胡振川，王超，王阳，等 . 新能源汽车电气构造与维修 [M]. 重庆：重庆大学出版社，2021.

[5] 刘建华，陈宏伟 . 新能源电动汽车构造与原理 [M]. 北京：北京交通大学出版社，2021.

图书在版编目（CIP）数据

新能源汽车技术 / 龙磊，李涛主编．-- 湘潭 ：湘潭大学出版社，2022.2（2025.9 重印）
ISBN 978-7-5687-0744-2

Ⅰ．①新… Ⅱ．①龙… ②李… Ⅲ．①新能源－汽车－中等专业学校－教材 Ⅳ．①U469.7

中国版本图书馆 CIP 数据核字（2022）第 057923 号

新能源汽车技术

XINNENGYUAN QICHE JISHU

龙磊 李涛 主编

责任编辑：丁立松
封面设计：中 航
出版发行：湘潭大学出版社
社　　址：湖南省湘潭大学工程训练大楼
电　　话：0731-58298960 0731-58298966（传真）
邮　　编：411105
网　　址：http://press.xtu.edu.cn/
印　　刷：长沙鸿和印务有限公司
经　　销：湖南省新华书店
开　　本：787 mm×1092 mm 1/16
印　　张：14.5
字　　数：327 千字
版　　次：2022 年 2 月第 1 版
印　　次：2025 年 9 月第 2 次印刷
书　　号：ISBN 978-7-5687-0744-2
定　　价：39.80 元

责任编辑　丁立松
封面设计　中　航

ISBN 978-7-5687-0744-2
9 787568 707442
湘潭大学出版社
定价：39.80元